1년에 10억 버는 방구석 비즈니스

29세에 자본도 직원도 없이 매출 10억을 달성한
사업 천재의 월급 독립 프로젝트

1년에 10억 버는
방구석
비즈니스

라이언 대니얼 모런 지음 | 신솔잎 옮김

비즈니스북스

옮긴이 | **신솔잎**

바른번역 에이전시에서 근무했고 숙명여대에서 테솔 수료 후 영어 강사로 활동했다. 다양한 외국어를 접하며 느꼈던 언어의 섬세함을 글로 옮기기 위해 늘 노력한다. 역서로는 《더 리치》, 《사이드 프로젝트 100》, 《최강의 인생》, 《유튜브 레볼루션》, 《나는 직원 없이도 10억 번다》, 《무엇이 성과를 이끄는가》(공역) 등이 있다.

1년에 10억 버는 방구석 비즈니스

1판 1쇄 발행 2021년 6월 15일
1판 13쇄 발행 2024년 7월 2일

지은이 | 라이언 대니얼 모런
옮긴이 | 신솔잎
발행인 | 홍영태
편집인 | 김미란
발행처 | (주)비즈니스북스
등 록 | 제2000-000225호(2000년 2월 28일)
주 소 | 03991 서울시 마포구 월드컵북로6길 3 이노베이스빌딩 7층
전 화 | (02)338-9449
팩 스 | (02)338-6543
대표메일 | bb@businessbooks.co.kr
홈페이지 | http://www.businessbooks.co.kr
블로그 | http://blog.naver.com/biz_books
페이스북 | thebizbooks
ISBN 979-11-6254-216-3 03320

⋮

이때를 위해 태어난 에스더에게
사랑을 담아
아빠가

⋮

"라이언을 내 팟캐스트에 여러 번 초대해 이야기를 들으며 그가 걸어가는 길을 옆에서 지켜보는 내내 정말로 즐거웠다. 조금은 직설적인 책 제목에 의구심을 품을 수도 있겠지만 새로운 형태의 사업가를 탄생시킬 책이라고 확신한다."

··· 게리 바이너척, 바이너X 회장

"사업가가 되어 셀 수조차 없이 많은 실패를 겪고 42세가 되었을 때 푸푸리 사업 아이디어가 떠올랐다. 푸푸리로 첫해 100만 달러(약 10억 원) 이상의 매출을 달성했다. 과거 사업 경험이 없었다면 이 정도의 성과를 이룰 수 없었다. 진심으로 과거의 경험이 성공에 필수적인 요소라고 믿는다. 이 책을 쓴 라이언도 마찬가지다. 그는 자신이 했던 도전은 물론 영감을 주는 수많은 사업가의 지식과 경험을 토대로 당신의 비즈니스가 한결 수월하게 성장할 수 있는 방법을 알려준다. 이 프로세스에 집중하면 정말로 성공할 수 있다!"

··· 수지 바티즈, 푸푸리와 슈퍼내추럴 창립자 겸 CEO

"비즈니스를 시작하기로 결심했을 때 찾아간 사람이 바로 라이언이었다. 그에게서 사업을 배운 사람들과 교류했는데 성공한 사례가 너무도 많아 일일이 거론하기 어려울 정도였다. 또한 라이언이 기획하는 행사는 항상 최고 수준을 자랑한다. 특히 내가 사회자로 참여할 때는 더욱 그렇다. 오늘날처럼 양극화된 세상에서 비즈니스, 돈, 자본주의를 하나로 통합시키는 메시지를 전하려면 아주 특별한 능력이 필요하다. 그런데 라이언에게는 바로 그런 능력이 있다. 비즈니스로 100만 달러 매출을 달성하기 위해 어떻게 해야 하는지 이렇게 자세히 기술한 책은 본 적이 없다. 그리고 라이언보다 이런 책을 잘 쓸 수 있는 사람도 도무지 떠오르지 않는다."

··· JP 시어스, 코미디언이자 유튜브 채널 'Awaken With JP' 운영자

"라이언의 전략과 교육 덕분에 내 사업은 첫해에 100만 달러 이상으로 성장했다. 그리고 100만 달러를 넘어 1,000만 달러로 도약할 때도 그의 도움이 컸다. 사업을 운영한 지 2년 반 만에 나는 운 좋게도 수천만 달러에 회사를 매각할 수 있었다. 지금 나는 자유롭게 세계여행을 하거나 흥미진진한 프로젝트에 투자한다. 사실만을 말하겠다. 라이언의 성공 공식이 내 인생을 바꿨다."

··· 알렉스 어퍼먼, 12오크캐피털 창립자

"라이언의 동영상과 팟캐스트, 콘퍼런스 덕분에 내 사업은 100만 달러에 안착했다. 우크라이나 출신 이민자인 내게는 엄청난 숫자다. 나아가 라이언은 그 결과가 단지 경제적 성공 이상임을 알려주었다. 나는 내 브랜드인 트래블리제이션Travelization으로 커뮤니티를 만들었다. 그리고 사업을 시작하고부터 내 인생은 긍정적으로 바뀌었다. 사람들을 위한 특별한 가치를 만든다면 부는 자연스럽게 따라온다는 것도 깨달았다. 사업을 통해 나는 경제적 자유뿐만 아니라 전 세계 사람들에게 영향을 끼칠 수 있는 능력을 얻었다."

··· 앤드리 새들락, 트래블리제이션 창립자

"지금 나는 사업을 운영할 뿐만 아니라 사업 운영에 대해 강의하고 조언하는 일까지 한다. 이 새로운 일에 도전하지 않았더라면 지금과 같은 삶은 결코 살 수 없었을 것이다. 이제까지 열심히 일했고 여전히 많은 일을 하고 있지만, 과거의 나와 지금의 내가 다른 점은 하고 싶은 대로 할 수 있는 자유가 있다는 것이다. 라이언을 알고 나서부터 새로운 삶을 개척할 수 있었다. 한 가지 주의할 점은 이 프로세스를 한번 시작하면 절대로 멈출 수 없다는 점이다."

··· 예브 마르센코

"첫 제품을 만들고 브랜드를 론칭했을 때 내 나이는 38세였다. 사업 첫해에 1억 달러 이상의 매출을 올리고 수백 개의 일자리를 창출하며 전 세계 수백만 명의 고객에게 영향을 주는 성공을 꿈꿨다. 이 책에는 내가 맨몸으로 부딪치며 깨우쳐야 했던 중요한 팁과 교훈이 다 들어 있다. 내가 창업했을 때 이 책이 있었다면 얼마나 좋았을까. 성공하고 싶다면 비즈니스를 하는 내내 봐야 할 사업가의 필독서다."

··· 조시 베조니, 바이오트러스트 창립자

"이 책은 제목 그대로 나를 백만장자로 만들어주었다. 수십 년간 정해진 시간에 출퇴근하고 나이가 들면 은퇴하는 직장인에서 벗어나고 싶다면, 자유로운 사업가로 성공하고 싶다면 라이언이 소개하는 성공 공식을 따라 해보라. 그러면 나를 비롯해 많은 사람이 겪었던 인생의 변화를 경험할 것이다."

··· 채드 매길스

"라이언의 공식을 따라 한 결과 트루독TruDog은 미국에서 39번째로 빠르게 성장한 비상장 기업이 되었다. 회사를 매각하기 직전 주식의 가치는 자그마치 1억 달러였다! 라이언이 아무것도 없는 맨땅에서 브랜드를 만들어낸 것처럼 나도 해낸 것이다! 영감을 준 라이언에게 감사의 마음을 전한다."

··· 로리 테일러, 트루독 창립자

"수백만 달러를 벌 수 있는 공식이 있다고 누군가 말한다면 절대로 믿지 않을 것이다. 하지만 라이언에 대한 좋은 이야기를 많이 들었기 때문에 남편과 나는 사업을 시작한 지 1년 후 워크숍에 참석했다. 결과적으로 그것은 옳은 선택이었다. 라이언은 누구나 바로 실천할 수 있는 확실한 전략을 제시했을 뿐만 아니라 사업을 키우는 방법에 대한 영감을 주었다. 2년 후 우리는 첫 번째 회사를 수천만 달러에 매각했고 더 멋진 사업을 할 수 있게 되었다."

··· 쇼나 채드웰

"10년 전 미국 기업에서 일할 때부터 온라인 보험대행사를 시작할 때까지 나는 항상 더 많은 것을 갈망했다. 현재는 수백만 달러짜리 온라인 비즈니스와 마케팅 대행사를 운영하고 세계를 여행하며 강연을 하고 있다. 나는 자유를 얻었고 덕분에 더 나은 남편, 아버지, 친구가 될 수 있었다. 나를 성장시킨 것은 바로 라이언의 명확한 콘텐츠였다."

··· 리란 허시콘

"의료 사업을 하는 나와 남편의 꿈은 은퇴하고 비영리사업을 운영하는 것이었다. 우리는 20년은 걸릴 프로젝트라고 생각했지만 라이언의 프레젠테이션을 듣자마자 모든 것이 바뀌었다. 아무것도 없이 시작한 우리의 사업은 불과 몇 년 만에 수백만 달러대로 성장했을 뿐만 아니라 의료 사업을 매각한 후에는 우리가 생각했던 것보다 10년 더 빨리 비영리사업을 시작할 수 있었다. 이렇게 시작한 비영리사업에 우리는 미친 듯 빠져들었다. 우리가 했던 일 가운데 아이를 갖는 걸 제외하고 가장 재밌고 도전적이며 보람찬 일이었다."

··· 제나 지글러

"하루 종일 책상에 앉아 일하는 것보다 좀 더 내게 의미 있는 일을 찾기 위해 사업가가 되었다. 라이언은 그런 꿈을 현실로 만들 수 있는 플레이북을 내게 주었다. 첫해에 100만 달러대를 넘었고 3년 만에 회사를 매각해 가족과 나는 말 그대로 부자가 되었다. 그 여정이 쉽진 않았지만 그만큼의 가치가 있었다. 경제적 기회뿐만 아니라 당신이 원하는 사람이 될 수 있다는 것만으로도 이 길을 따를 이유는 충분하다."

··· 크리스 노박

"나는 항상 직장을 그만두고 내가 원하는 방식으로 사는 것을 꿈꿨지만 이를 실현할 명확한 계획은 없었다. 그런데 라이언의 비즈니스 플랜을 실시간으로 들은 후에는 모든 것이 바뀌었다. 이는 내 사업을 성장시키는, 반드시 따라야 할 로드맵이었다. 그리고 아내 케이티와 나는 비즈니스에 뛰어들어 약 2년 만에 100만 달러대를 넘어섰다. 현재 우리는 온전히 비즈니스에 몸담고 있다. 물론 사업가가 되는 것은 쉽지 않다. 많은 헌신과 집중이 필요하다. 동기부여가 필요할 때 라이언의 팟캐스트와 비디오는 큰 힘이 되었다. 내가 초보 사업가에게 하는 조언은 딱 한 가지다. 라이언의 플랜을 그대로 따라 하라는 것이다. 분명 성과를 얻을 것이다."

··· 데빈 도로시

"라이언의 비즈니스 플랜을 알게 된 후 나는 100만 달러 이상의 온라인 비즈니스를 만들 수 있었다. 그 덕에 나는 열심히 일하며 내가 만들어낸 것의 가치를 믿고 매일 조금씩 성장하는 사업가가 되었다. 모든 것은 이 책과 성공을 향한 나의 열망에서 시작되었다."

··· 저스틴 레이

"작년에 내 비즈니스 매출이 100만 달러를 돌파했다는 사실을 자랑스럽게 말할 수 있어 기쁘다. 라이언이 이 책에서 제시한 방법이 효과가 있다는 증거가 바로 나다! 나는 비로소 진짜 사업가가 되었다. 그리고 내가 만든 제품을 진심으로 사랑한다."

··· 제이슨 프란초사, 엘리먼트 26 창업자

"이 책에는 많은 단어가 있어서 좋다. 크기도 딱 내 마음에 든다. 아직은 이 책을 읽을 수 없지만 사람들이 좋아할 거라고 생각한다."

··· 에스더 모런, 4세

다음 세대의 사업가들에게 고전이 될 책

"딱 하나, 퍼널funnel만 통과하면 됩니다."

사업가들에게 나는 이렇게 말하며 약속한다. 퍼널은 원래 깔때기를 의미하지만 여기서는 소비자가 제품을 인지하고 구매하기까지의 과정을 빗대어 표현한 것이다.

나는 단순하면서도 수익성 높은 비즈니스를 만들어낸 사업가들의 커뮤니티를 이끌고 있는데, 이 커뮤니티에서 우리는 스스로를 '퍼널 해커'라고 부른다. 그간 우리와 같은 퍼널 해커 수천 명이 아이디어 하나와 성공하고자 하는 의지만으로 비즈니스를 만들어내는 걸 봐왔다. 우리의 소프트웨어 플랫폼인 클릭퍼널스ClickFunnels를 통해 최소 100만 달러의 매출을 달성한 이들의 모임인 투콤마 클럽two-comma club만 해도 600명이 넘는다.

우리 중 누구도 금수저를 물고 태어나지 않았다. 대단한 팀도 없으며 뭔가 속임수를 써서 벤처 투자를 받아낸 것도 아니다. 투자를 받는다고 해도 우리의 황당한 꿈을 믿어주는 사람들에게서 몇천 달러 정도를 받는 수준이다. 독보적인 기술을 갖췄거나 사전 경험이 있는 상태에서 시작한 것도 아니며 비즈니스계의 거물 집안에서 태어난 것도 아니다. 우리는 단지 사업가가 되는 것 외에 다른 일은 할 수 없는 열정적인 '비즈니스 빌더'일 뿐이다.

왜 사업가가 될 수밖에 없을까? 그 무엇보다 자유를 갈망하기 때문이다. 우리는 가족과 지역사회, 교회에 더 많은 것을 베풀 자유를 갈망하며 우리가 살아온 세상보다 더 나은 세상을 만들고 떠날 수 있기를 갈망한다. 우리가 누리지 못한 것들을 우리 아이들에게 제공해줄 자유를 갈망한다. 우리의 뜻대로 세상을 보고 삶을 살아갈 자유를 갈망한다.

사실은 모든 사람이 자신이 바라는 자유에 이르기까지 퍼널 하나, 아이디어 하나, 돌파구 하나만을 남겨두고 있다. 퍼널 하나만 통과하면 당신이 원하는 삶을 얻을 수 있다. 당신은 100만 달러 이상의 비즈니스까지 퍼널 하나만 거치면 된다. 가장 갈망하는 삶에 이르기까지 오직 퍼널 하나만을 남겨놓고 있다.

더 좋은 소식은 우리 같은 사람들이 수천 명이나 있다는 점이다. 우리 같은 사람들이 세상을 바꿀 수 있다. 아무리 크게 성공한다 해도 퍼널 해커들은 2008년부터 시작된 사업가들의 세계에서 극히 일부일 뿐이다. 그전까지만 해도 사업가의 삶은 몹시 위태로웠다. 안락하고 편한 일이 있는데 굳이 사업을 하며 위험을 감수할 필요는 없었기 때문이다.

하지만 경제위기와 함께 안전하다고 믿었던 직장들이 무너졌고 우리는 자신의 의지대로 삶을 개척하는 것이 낫다는 결론에 이르렀다. 경제

붕괴로 모든 것을 잃을 수도 있다면 차라리 약간의 위험을 감수하고 행복하고 자유로운 여생을 도모하는 편이 낫지 않을까?

그렇게 선구자들이 틀을 깨기 시작했다. 방관자로 머물러 있던 사업가들이 시스템 속에서 길을 찾기 시작했고 힘을 합쳐 비즈니스의 원칙을 깨나갔다. 그 결과 기회의 문이 활짝 열렸다. 한 번도 사업을 해본 적 없던 사람들이 게임에 뛰어들기 시작했다. 소셜 미디어, 크라우드 펀딩, 아마존, 퍼널 해킹(경쟁사의 마케팅 퍼널을 분석한 후 달리 적용해서 자신의 사업에 활용하는 프로세스 — 옮긴이), 드롭 시핑drop shipping(재고를 보유하지 않고 고객의 주문이 들어오면 공급업체에서 소비자에게 바로 전달하는 유통 방식 — 옮긴이) 등 새로운 과학기술은 누구나 비즈니스를 시작할 수 있는 환경을 제공했다. 평범한 사람도 상품을 제작하거나 다른 누군가의 상품을 판매하는 식으로 사업가가 될 수 있었다. 매일 이런 사업가들이 등장했으며 그중에는 백만장자가 된 이들도 있다.

사업을 하는 것은 과거에는 특이한 일처럼 여겨졌지만 이제는 많은 이가 희망하는 대중적인 직업이 되었다. 전 세계 많은 어린이가 사업가가 되겠다는 꿈을 꾼다. 이런 변화가 긍정적인 이유는 우리 같은 사람들이 직업을 창출하고 기회를 만들며 라이언이 좋아하는 표현처럼 '변화를 창조'하기 때문이다.

우리의 '물결'은 이제 겨우 2이닝에 진입했을 뿐이다. 해가 갈수록 더 많은 기회가 열릴 것이며 자유를 갈망하는 사람이라면 누구나 이 변화를 주목해야 한다. 매일 신생 사업가들이 탄생하고 있다. 그저 부업처럼 시작하는 사람도 있고 전업으로 매진하는 사람도 있으며 그중 많은 이들이 수백만, 수천만 달러의 성과를 달성한다. 당신이 품은 야망의 크기와 관계없이 과거 그 어느 때보다 기회가 많이 보장되는 시대다. 따라서 사업가의 소명을 타고난 사람들에게는 지금이 역사상 가장 짜릿한 시기일 것이다.

그렇기에 이 책에 흥분을 감출 수가 없다. 10년 전부터 우리 같은 사람들에게 새로운 아이디어를 불러일으키는 도서가 등장하기 시작했다. 로버트 기요사키의《부자 아빠 가난한 아빠》, 팀 페리스의《나는 4시간만 일한다》, 게리 바이너척의《크러쉬 잇! SNS로 열정을 돈으로 바꿔라》 등. 이 책들은 사업가들에게 영감을 제공하고 멀찍이 구경만 하던 몽상가들이 자유를 향한 자신만의 여정을 시작하게 해주었다. 지금까지도 많은 이에게 기회와 영감을 주는 고전이다.

지금 당신이 읽는 라이언 대니얼 모런의 이 책 역시 다음 세대의 사업가들을 위한 고전이 될 것이라 믿는다. 100만 달러 이상의 비즈니스를 만들어내는, 간단하지만 굉장히 효과적인 그의 공식은 수많은 사업가에게서 새롭고 흥미진진한 비즈니스를 이끌어냈다.

라이언을 처음 알게 된 계기는 페이스북의 바이럴 영상 속에서 지금은 아주 유명해진 그의 티셔츠를 접하면서였다. 티셔츠에는 이런 문구가 쓰여 있었다.

민주주의자
공화주의자
사업가

그가 남들과 다르게 생각하는 사람이라는 걸 한눈에 알아봤다. 규범에 저항하는 것을 두려워하지 않고 평범함의 한계를 뛰어넘는 사람이었다.

라이언이 주최하는 캐피털리즘 컨퍼런스의 연사로 나를 초대했을 때 비로소 그를 만날 수 있었다. 처음에는 초대를 거절했지만 라이언은 내가 도저히 거부할 수 없는 제안을 했다. 날 위해 보이시로 전용기를 보내서 밤 비행으로 텍사스주 오스틴까지 데려온 뒤, 연설을 마친 후에는 가족과의 저녁 식사 시간에 맞춰 다시 집까지 데려다준다는 것이었다. 뭘 좀 제대로 하는 사람이군. 나는 속으로 생각했다.

그것만으로도 상당히 만족스러웠지만 그의 행사에 모인 사업가 커뮤니티는 더 큰 감동이었다. 사업을 성장시키겠다는 일념 하나로 전 세계에서 비행기를 타고 찾아온 수많은 사람이 있었다. 그중 많은 이가 2년 이내에 백만장자가 되었다. 하나같이 배우고 성장하려는 열의가 넘쳤으며 세상에 더 많은 것을 제공하고 싶은 열정으로 가득 차 있었다.

말만 번지르르하게 하는 세일즈맨들이 모인 행사와는 차원이 달랐다. 그들은 정말로 베풀고 싶어 했고 그 순간에 충실했으며 변화를 가져오고자 하는 열망이 있었다. 그들이야말로 진짜 자본주의자였다. 자신의 삶에 책임을 지고 가치를 창조하며 자신이 속한 커뮤니티에 기여하고자 했다.

이런 커뮤니티를 만든 사람을 지지하고 응원할 수 있어 영광스럽게 생각한다. 라이언은 나와 비슷하게 어린 시절에는 기회가 거의 없었지만 꿈을 크게 품었다. 그리고 어려운 상황에서도 사업가가 되는 길을 찾아냈다. 그와 나 같은 사람들이 시작할 때는 비즈니스를 만들어내는 안내서가 없었지만 이제 그간의 경험을 통해 얻은 지식을 다음 세대의 사업가들에게 전달해 힘과 용기를 주는 것이 우리의 책임이라고 생각한다. 나는 여러 권의 저서와 팟캐스트, '퍼널 해킹 라이브'라는 연간 행사를 하고 있다. 라이언 또한 수년간 팟캐스트를 통해 그의 경험을 전하고 있지만 지금 당신이 손에 쥐고 있는 이 책에 비할 바는 아니다.

몇 년 전 라이언의 팟캐스트를 처음 접했을 때 나는 그가 자신이 이룬 모든 것을 사람들과 공유하려고 한다는 걸 알았다. 그는 제대로 된 상품을 고르는 법, 수익을 남겨 판매하는 법, 100만 달러 이상의 성장을 이루는 법 그리고 엑시트Exit(출구 전략)에 이르기까지 비즈니스를 만드는 법에 대한 모든 전략을 공유했다. 또한 어떻게 돈을 투자해야 평생을 자유롭게 살 수 있는지 그 방법도 알려주었다.

그는 보기 드물게 모든 것을 기꺼이 사람들과 공유하고자 하는 인물이다. 더불어 대부분의 사람들은 숨기고 싶어 하는 사업의 기복에 대해서도 거리낌 없이 오픈한다. 그는 멋진 자동차를 자랑하거나 모든 것이 순탄하고 행복하다며 부를 과시하지 않는다. 오히려 사업할 때 맞닥뜨리는 어려움을 솔직히 드러내면서 다른 사람들이 고난을 극복하고 더욱 자신감을 갖고 앞으로 나아갈 수 있도록 돕는다. 그의 영상 가운데 내가 가장 좋아하는 에피소드는 '나는 백만장자가 되기만을 바랐다'All I Ever Wanted to Be Was a Millionaire이다. 혹시 아직 못 봤다면 구글에서 검색해보라. 충분히 시간을 들여 볼 만한 가치가 있다.

또한 라이언의 전략은 나의 전략을 완벽하게 보완한다. 나는 긍정적인 현금흐름에 치중한 비즈니스로 놀라운 단기적 성과를 창출하는 데 초점을 맞추지만, 라이언은 확장 또는 매각이 가능한 장기적 자산을 구축하는 데 주력한다. 내가 항상 그의 의견에 동의하는 것도 아니며 그는 나보다 좀 더 논란의 여지가 많은 길을 택하지만 그의 멘티들이 보여준 성과는 모든 것을 방증한다. 둘이서만 하는 말이긴 하지만 우리 두 사람은 세상 어떤 이들보다 백만장자를 많이 만들어냈다.

역사상 지금이 단연코 사업가가 되기에 가장 완벽한 때다. 자유로운 삶을 살기에 가장 좋은 시대다. 이전만 해도 사람들은 이런 지식에 접근할 수가 없었다. 사업가들이 각자 알아서 길을 찾아야만 했다. 이 책은 100만 달러 비즈니스 설립을 향한 로드맵이다. 불가능한 일처럼 느껴지겠지만 사람들이 이를 달성하는 것을 수천 번 목격했다. 라이언의 커뮤니티 회원들을 직접 만났고 그들이 성공하는 모습을 지켜봤다. 그들은 크게 생각했다. 열심히 노력했다. 남들과는 다르게 접근했다. 시대에 앞서 있었다. 무엇보다 그들은 이 책에 나온 공식을 그대로 따랐다. 효과가 있는 방법이기 때문이다.

내가 업계에 진입한 이후로 이렇게 많은 사람이 비즈니스를 창출하기 위해 뛰어드는 것은 처음 경험하는 일이다. 이 책은 그 일을 현실로 만들어주는 안내서다. 이 책을 집어 든 당신은 세상에 긍정적인 영향력을 발휘하는 흥미로운 비즈니스를 만들 준비가 되어 있다고 장담한다.

라이언이 개최한 행사의 무대에 오른 것도, 그의 팟캐스트에 초대된 것도 무척 자랑스럽게 생각한다. 라이언이 나의 투콤마 클럽에서 함께하는 것이 자랑스럽다. 무엇보다 당신의 손에 들린 이 책을 공개적으로 지지할 수 있어 자랑스럽게 생각한다. 당신과 당신의 성공으로 영향을 받을 수천 명의 삶이 바뀌는 순간이다. 당신은 퍼널 하나만 남겨두고 있다. 아이디어 하나만을 남겨두고 있다. 상품 하나만을 남겨두고 있다. 이제 그 순간이 다가왔다. 이 책을 읽는 동안 당신의 머릿속에서 여러 아이디어가 생생하게 살아날 것이다. 직접 사업을 운영하는 장면이 그려지고 당신의 비즈니스가 머릿속에서 모습을 드러낼 것이다.

당신보다 앞서 새로운 길을 열었던 수천 명의 사업가가 있다. 우리는 당신을 응원하며 당신의 성공을 기대한다. 진정한 자본주의자인 당신을 온 세상이 기대하고 있다. 당신에게 행운이 깃들길.

러셀 브런슨
클릭퍼널스닷컴 창립자

자유를 향한 모험을 시작하라

1년 안에 100만 달러를 벌겠다는 단기적 목표에 사로잡혀 이 책을 집어
들었다면 댄 설리번 상원의원의 말부터 들려주고 싶다.

"사업가가 된다는 건 종신형을 사는 것이다."

사실 종신형보다는 장대한 서사적 모험에 가까우나 평생 동안 지속
된다는 점에선 맞는 말이다. 차례대로 하나씩 뭔가를 성취해내는 모험
이야기와는 다르다. 가슴 아픈 손실과 감당하기 어려운 자기혐오, 우울
증, 홀로 모든 것을 짊어져야 한다는 무거운 책임감이 가득한 모험이며
길고도 순탄치 않은 길이다.

그러나 모든 모험이 그렇듯이 여정의 끝에는 가치 있는 선물이 우리
를 기다리고 있다. 예기치 못했던 여러 난관을 넘어선 뒤에는 승리와 자
유가 있다. 스스로 모든 것을 결정하고 통제할 능력이 생긴다. 무엇보다
이 모험의 끝에는 새로이 탄생한 영웅이 있다. 바로 당신이다.

사업가의 길을 걷는 것만큼 도전적이고 보상이 큰 게임은 없다. 사업에 대한 욕망이 생기면 달리 해소할 수가 없다. 한번 맛보고 나면 다시 돌아갈 수 없으며 평생을 그렇게 살아야 한다. 일단 사업가란 이름을 달고 나면 이보다 더 만족스럽게 인생을 보내는 방법을 찾을 수가 없다.

내게도 사업은 상상했던 것보다 더 큰 희생을 요하는 일이었다. 그런데 왜 하는 걸까? 간단하다. 사업 말고는 내가 할 수 있는 일도, 내가 행복해질 수 있는 일도 없기 때문이다. 만일 당신도 나와 같다면, 그러니까 자유가 당신의 소명이자 반드시 쟁취해야 하는 대상이라면 이 책을 당신의 모험을 위한 로드맵으로 삼기 바란다. 이 책을 통해 당신은 100만 달러 비즈니스를 시작하는 법을 배울 수 있다. 효과가 충분히 입증된 방법이다. 당신의 여정을 한결 수월하게 해줄 수백 건의 성공 사례가 이미 존재한다.

사업가들은 이상한 사람들이다. 수가 그리 많지도 않고 남들과 다른 시각을 지녔다. 게다가 세상은 우리의 성공을 두고 논쟁하고 비판하며 심지어 비난하기까지 한다. 하지만 우리는 변화를 만들어내는 사람들이다. 세상에는 우리와 같은 사람이 더욱 많이 필요하다. 만일 당신도 이 이상한 사람 중 한 명이라면 이 책은 소명에 응답하라는 초대장이 될 것이다.

그런데 만일 이들 중 하나가 아니라면? 부디 책장을 넘기지 않길 바란다. 흥미를 자극하려는 게 아니라 굉장히 진지하게 하는 말이다. 세일즈 피치가 아니라 경고문이다. 이 책이 제시하는 로드맵은 무척이나 효과적인 나머지 적당한 호기심을 가진 사람까지도, 즉 창문 너머 구경만 하는 사람도 성공적인 사업가로 만들어놓을 정도다. 아무 생각 없이 책장을 넘기며 여기에 나온 계획을 따르다 보면 어느 순간 100만 달러 기업을 책임지고 있는 자신을 발견한다. '책임'이라는 단어를 가볍게 쓴 게 아니다. 적임자가 아니거나 그 자리에 따르는 엄청난 헌신과 노력을 감당할 수 없는 사람에게는 기업가 정신을 바라지 않는다.

이 책은 그동안 성공의 길을 찾고 구하며 힘들게 노력해온 사업가를 위한 로드맵이다. 이 로드맵은 특히 변화가 간절했던 싱글 맘들에게 성공을 안겨주었다. 새로운 희망이 필요했던, 파산한 가족에게도 기회를 제공했으며 새로운 일을 하고자 했던 청년들에게도 효과가 있었다. 수많은 성공 사례를 이 책에서 만나볼 것이다. 할 수 있다고 믿는다면 이들의 이야기 속에서 자신을 볼 것이다.

그러나 피와 땀, 눈물을 흘릴 준비가 되지 않은 사람이라면 이 책에 나온 방법을 따르며 수많은 난관을 맞닥뜨릴 것이다. 제대로 된 마인드셋 없이 비즈니스를 시작한다면 시간만 낭비할 뿐이며 일과 생활의 균형이 무너지고 매 순간 뭘 하는 것인지 의문만 생긴다. 미처 생각지 못한 방식으로 스스로를 의심하게 된다.

얼마 전 억만장자 댄 페냐가 다시 사업을 하라고 하면 절대로 하지 않겠다고 말한 것을 들었다. 뭔가를 추구한다는 것은 인생을 완벽히 바쳐야 하며 결코 끝이 나지 않는다. 그는 아이들과 보낼 시간을 너무 많이 놓쳤다고 말했다.

지금이라도 이 책을 덮고 달아날 수 있다. 아니면 가학적인 변태 성향이 있는 친구에게 이 책을 선물할 수도 있다. 만일 지금 자신의 삶에 만족한다면 전과 다름없이 그렇게 유지하면 된다. 내일 아침 눈을 떠 식사를 하면서 당신의 주변에 모든 것을 포기하고 사업에 매달리는 미치광

이들이 있다는 사실에 감사한 마음을 느끼면 된다. 하지만 본인이 그 미치광이들 중 한 명이라고 생각한다면 마음의 준비를 단단히 하기 바란다.

책장을 넘기는 순간 당신은 위대한 여정에 스스로를 내던지게 된다. 이 로드맵을 따른다면 지금부터 1년 후 100만 달러짜리 비즈니스를 하고 있을 것이다. 당신의 모험은 지금 바로 시작이다.

| 차례 |

STEP 0 사업하기 전 알아야 할 것들

STEP 1 누구나 작게 시작할 수 있다

STEP 5 사업 초기 자금 마련하기

STEP 6 제품 출시 전에 고객을 끌어들이는 법

STEP 7 당신의 첫 고객에게 올인하라

STEP 8 하루 25개 판매를 달성하는 법

STEP 9 10억 비즈니스로 도약하기

STEP 10 고객과 장기적인 관계 형성하기

사업하기 전
알아야 할 것들

:
.

가치는 만들어내는 것이다.
파이 한 조각을 얻기 위해서는 남의 것을 뺏을 필요 없이
새로운 파이 하나를 구우면 된다.
제프 베조스가 말도 안 될 정도로 부자가 될 수 있었던 이유는
그가 업계를 바꿔 새로운 파이(시장)를 만들어냈기 때문이다.

어렸을 때 100만 달러가 얼마나 큰 금액인지 아버지에게 물었던 적이 있다. 아버지는 중학교 교사 생활을 30년 넘게 하신 분이었다. 자식들을 키우고 은퇴 자금을 마련하기 위해 일생을 교직에 바쳤다. 아버지는 이렇게 답했다.

"라이언, 내가 정년퇴직을 하는 날까지 일하며 받은 월급을 하나도 안 쓰고 모아야 100만 달러 정도가 될 것 같구나."

아버지의 말씀을 이해하기까지는 몇 년이 걸렸다. 하지만 계산을 해보면 비슷하게 나온다. 세금을 제하면 교사들은 보통 1년에 약 4만 달러 가량을 받는다. 100만 달러를 모으려면 25년간 한 푼도 안 써야 한다. 세상에나.

그 순간 백만장자가 되겠다고 결심했다. 왜 그런 생각이 들었는지는 모른다. 아마도 백만장자란 자유로운 삶과 같은 의미라고 이해했던 것 같다. 6퍼센트 수익률만 되어도 100만 달러를 투자하면 아버지가 받는 연봉에 맞먹는 금액이 된다. 그 돈이면 원하는 것은 무엇이든 할 수 있을 것 같았다(연 4만 달러의 수입으로 무엇이든 할 수 있다고 믿는 순진한 아이의 생각이었다는 점은 잠시 논외로 하자).

당시 나는 사업가 기질은 있었지만 백만장자가 되려면 어떤 과정을 거쳐야 하는지는 전혀 모르는 어린아이에 불과했다. 부동산, 주식시장과 같이 돈을 버는 방법을 알려주는 책을 몇 권 읽었지만 그런 방식은 느리고 따분하게 느껴졌다. 또한 투자의 특성상 직접 상황을 통제할 수 없다는 점도 마음에 들지 않았다. 이런 식으로 100만 달러를 벌려면 시장의 변동에 따라 부침을 감수해야 했다. 그러나 나는 스스로 길을 만들어 나가고 싶었다.

열두 살 때 내 식대로 100만 달러를 벌 수 있는 유일한 길은 비즈니스를 시작하는 것 외엔 없다는 결론에 이르렀다. 그로부터 약 20년 후 내 모험에 흥미진진한 반전이 찾아왔다. 스물아홉 살, 아주 특별했던 어느 아침에 나는 하룻밤 새 여덟 자리 숫자로 불어나 있는 잔고를 경외심 어린 눈으로 바라보고 있었다.

그날 아침 내 비즈니스 파트너인 맷이 일찍부터 전화했다. 맷은 20대를 함께했던 친구였고 우리는 많은 것을 공유하며 비슷한 길을 걷고 있었다. 우리는 함께 비즈니스를 만들었고 새벽까지 정치와 종교에 대해 이야기하며 가장 큰 승리와 실패를 함께 겪었다. 심지어 같은 해에 아빠가 되기까지 했다. 여느 사업 파트너들처럼 우리의 관계도 부부나 다름 없었다. 어떤 상황이든 상대방이 전화를 걸 때는 무조건 받는 게 약속이었다.

전화로 들리는 맷의 목소리는 들뜬 것 같았다. 지난 몇 주간 들어본 적 없는 목소리였다. 당시 우리는 사업 때문에 스트레스가 상당했고 그때까지의 인생에서 가장 크게 스트레스를 받던 때라고 말할 수 있을 정도였다. 하지만 이때의 맷은 태어나 가장 큰 웃음을 참기 힘들다는 듯한 목소리였다.

"봤어?"

맷이 물었다. 그가 뭘 말하는지는 단번에 알아챘지만 좀처럼 믿기가 어려웠다.

"돈이 통장에 들어와 있는 거?"

"깜짝 놀라는 기쁨을 앗아가고 싶지는 않지만, 맞아. 돈이 통장에 들어왔어."

"진짜로?"

"진짜로."

은행 웹사이트로 들어가 로그인을 했더니 정말이었다. 1,000만 달러가, 내가 태어나서 처음 보는 액수가 찍혀 있었다. 우리가 운영하던 피트니스 보충제 회사 시어 스트렝스Sheer Strength의 주식을 무사히 대량 매도했고, 주식을 매수한 기업에서 송금한 돈이 마침내 입금된 것이었다. 아버지가 평생 동안 일하며 벌었던 돈의 10배가 넘는 액수였다. 우리가 단 하루도 일이란 것을 하지 않아도 되는 돈이었다.

"뭐 그럼…, 좋은 주말 보내라고 해야겠지?"

맷이 웃으며 말했다. 나도 웃으며 답했다.

"물론 그럴 생각이야."

시행착오를 줄일 수 있는 성공 가이드북

하룻밤 새 통장에 1,000만 달러가 들어와 있다면 어떻게 하겠는가? 바로 나와 맷에게 벌어진 일이었다. 하지만 우연히 벌어진 일은 아니었다. 수년간의 계획과 노력의 결과였다. 10년 동안 수많은 시행착오를 거친 후 우리는 그토록 바랐던 자유를 손에 넣을 수 있었다.

자유가 당신의 목표라면 바로 이 책이 그 목표를 이룰 시작점이 될 수 있다. 이 책은 당신에게 100만 달러 비즈니스를 이루기 위해 거쳐야 하는 단계를 하나씩 알려주고, 단계별로 마주할 장애물을 뛰어넘도록 도와줄 것이다. 나는 물론이고 나와 함께 일했던 사업가들, 내 팟캐스트와 유튜브를 보고 따라 한 사람들 모두 사업하는 과정에서 이 난관들을 몇 번이나 마주했다. 당신보다 이 길을 먼저 걸었던 우리는 길 어디쯤에 움푹 파인 구멍이 있는지 잘 알고 있다.

이 책을 쓴 이유도 일부는 이 때문이다. 많은 사업가가 자유를 찾아 떠나는 여정에 도움을 줄 수 있다는 사실이 기꺼이 책을 쓰게 했다. 맷과 내가 비즈니스를 시작할 당시에는 가이드북이란 게 없었다. 다만 훌륭한 멘토 트래비스가 곁에 있었다. 우리가 아는 사람 중에는 100만 달러 비즈니스 매각은 고사하고 그만한 사업을 일군 사람도 없었다. 사실 우리가 어울리던 '사업가들'은 실은 '사업가가 되고 싶은 사람들'에 가까웠다. 요즘 유튜브에서 차나 여자들로 부를 과시하는 사업가들 말이다(값비싼 자동차에 돈을 쓰며 부자가 되는 사람은 없다. 또 여자 친구는 당신을 부자로 만들어주지 않는다. 대개는 그 반대에 가깝다).

맷과 나는 이런 것들에는 별 취미가 없었다. 우리는 뭔가 진정한 것,

정말 성공이라 부를 만한 것을 바랐다. 언젠가 맷은 이렇게 말했다.

"난 우리가 성공할 거라는 걸 알아. 그러기까지 열심히 노력할 거야. 이 사업인지, 아니면 다른 걸로 될 수 있을지는 모르겠지만 결국에는 우리가 바라던 것을 이룰 거야."

당신도 이런 마음가짐이라면 아무 문제도 없을 것이다.

오랫동안 사업가를 꿈꿔온 사람들로서 우리는 수많은 아이디어가 탄생했다 사라지는 것을 지켜봤다. 사업가가 되고 싶었던 수많은 사람이 등장했다가 우리보다 앞서 사라지는 것을 지켜봤다. 우리는 성공을 이루기 위해 셀 수 없이 많은 비즈니스 모델과 좋은 아이디어에 도전했다. 그 과정은 즐겁기까지 했다. 솔직히 말해서 짜릿한 흥분에 잔뜩 취해 있는 사업 초반이 사업가에게는 가장 쉽고도 재밌는 시기다.

맷과 내가 그랬듯이 당신도 늦은 밤까지 파트너와 함께 훗날 이룰 성공에 대해 이야기를 나눌 것이다. 하룻밤 새 잔고가 갑자기 10배로 불어나는 날을 꿈꿀 것이다. 지금도 전 세계 곳곳에서 열아홉 살 너드들이 늦은 밤까지 사업 아이디어로 격정적인 대화를 나누고 있지만 보통은 결실을 맺지 못한다.

맷과 나의 경우는 이런 대화들이 여러 번의 잘못된 시작과 실패한 벤처 사업으로 귀결되었다. 이제 우리는 예전 대화를 떠올리며 웃곤 한다. 우리가 정말 준비되기까지는 6년이 걸렸고 이 책에서 소개할 아이디어를 떠올리는 데는 1년이 그리고 1,000만 달러라는 돈으로 돌아온 비즈니스 모델을 세우는 데는 4년이 걸렸다. 하지만 당신이 이 책에서 소개한 대로 따르고 올인한다면 성공하기까지 10년이나 걸리지는 않을 것이다. 12개월이면 충분하다.

맷과 나는 굳은 투지로 오랜 시간 연구와 실험을 거듭하며 얼기설기 길을 엮어 새로운 방법을 개척했다. 실제로 이 방법을 실행에 옮기고 사람들에게 알려주자 수백 건의 성공 이야기가 이어졌다. 계좌에 찍힌 1,000만 달러를 본 순간 나는 우리가 그저 그런 온라인 부업 아이디어를 생각해낸 게 아니었음을 실감했다. 이른바 '불로소득'을 노리는 사업안과는 달랐다. 진짜 비즈니스 프로세스였다.

시어 스트렝스에 관심을 보였던 여러 기업들 가운데 한 투자회사를 선택해 회사를 매각하며 모든 것이 명확해졌다. 이 방법이 정말 효과가 있음을, 확장과 반복이 가능하다는 것을, 대기업에서도 이 방법의 결과물을 사고 싶어 한다는 것을 깨달았다. 사업가라는 고난의 길을 걸을 준비가 되었다면 당신도 반드시 성공할 수 있다.

비즈니스에 제로 리스크는 없다

이 책의 제목을 다시 한 번 살펴보자. 1년 안에 부자가 될 수 있다는 제목을 보자마자 무엇이 떠올랐는가? 쉽게 부자가 된다거나 부업으로 몇천 달러를 벌 수 있다는 생각이 든다면 녹록지 않은 1년을 보낼 것이다. 당신에게는 비즈니스보다 로또가 더 나을지도 모른다. 이 책을 통해 내가 알려줄 방법은 굉장한 노력을 요한다. 처음에는 다른 일과 병행해 시작할 수 있겠지만 부업이나 일회성 프로젝트로 여겨서는 안 된다. 어느 순간이 되면 당신의 모든 것을 바쳐야 할 때가 온다. 그때 비로소 100만 달러 비즈니스를 세우는 것이 가능해진다.

성공한 비즈니스의 근간에는 하나같이 자신의 모든 것을 내걸고 기업의 첫 100만 달러 달성을 이끈 한 명의 사업가가 있다. 어떤 변화가 나타나고 부가 창출되기 시작할 때는 언제나 모든 힘을 쏟아 헌신하고 난관에 맞서는 한 사람이 있다. 나는 바로 이런 사람에게 힘을 실어주고자 한다. 미디어를 통해 당신이 들었을 법한 이야기와는 달리 이윤을 추구하는 자본주의자들은 가장 위대한 변화를 이끌어낸 사람들이다. 나는 이것을 진심으로 믿기 때문에 내 멘티나 친구들이 창업한 사업에 개인적으로 투자를 하기도 한다. 이 사업가들이 불러오는 변화의 일원이 되고 싶기 때문이다.

특히 내 팟캐스트를 듣고 아웃도어 용품 회사를 설립한 해니 수나르토 같은 사람들에게 나는 큰 애정을 느끼며 그들을 진심으로 돕고 싶다. 그래서 그녀의 핸드메이드 백팩 회사 니트팩NeatPack에 8만 5,000달러를 투자했다. 내 친구 오브리 마커스가 세웠고 이제는 인간 수행 능력 향상 분야에서 가장 사랑받는 기업으로 자리 잡은 오닛Onnit도 마찬가지다. 맛있는 간식을 지속 가능한 방식으로 생산해 업계 내 새로운 움직임에 일조하는 버섯칩 회사 아웃스탠딩푸즈Outstanding Foods도 있다. 나는 매일같이 스타트업에 자문을 하고 사업가들에게 힘과 영감을 전하며 이들이 놀라운 성과를 만들어내도록 독려한다.

맷과 함께 오랜 세월에 걸쳐 시스템을 만들어나가는 동안 나는 팟캐스트와 유튜브 채널에 우리의 실험과 실패, 성공의 과정을 빠짐없이 기록했다. 자료를 공유할수록 우리를 따르고 자신의 여정을 공유하는 사람들도 늘어갔다. 수백 건의 사례와 개인의 여정, 이야기가 쌓여가자 온라인 사업가들이 모인 커뮤니티가 완성되었다. 우리는 함께 길을 찾아나갔다. 그리고 회사를 매각한 후 나는 캐피털리즘닷컴Capitalism.com을 시작했다. 이를 통해 사업가들이 비즈니스에 변화를 불러오도록 힘쓰며 캐피털리즘 컨퍼런스라는 연례 행사를 열어 최고의 기업인들을 초청해 그들의 이야기를 공유하는 자리를 마련하고 있다.

우리는 100만 달러 비즈니스 방법론으로 세계 각지에서 영향력을 발휘하는 기업인들의 공동체에 영감을 불어넣었다. 이제 당신도 이 커뮤니티의 일원이 되길 바란다. 내가 인터넷에서 무료로 공개한 정보를 들으며 100만 달러 비즈니스를 만들었다고 밝힌 사람만 수백 명에 이른다. 당신을 응원하는 사람들이 많이 있다는 말을 하는 것이다. 우리는 당신이 성공하기를 바란다. 하지만 성공이란 엄청난 책임감과도 같다. 온전히 전념해야 한다. 모든 것을 쏟아부어야 한다.

내게 조언을 구하거나 자신의 사업 이야기를 들려주기 위해 수없이 많은 사람이 연락해온다. 때문에 내가 이런 이야기에 싫증이 나리라 짐작하겠지만 전혀 그렇지 않다. 나처럼 비즈니스에 열정적인 사람들과 사업에 대해 이야기 나누는 것을 무척이나 좋아한다. 특히 힘든 이야기들, 사업의 몰락이나 어려움에 대해 이야기하는 것을 좋아한다. 이런 문제는 직접 경험하지 않고서는 이해하기가 힘들다.

내가 정말 못 견디는 것은 실패할 리가 절대 없는, 제로 리스크의 쉬운 방법으로 성공할 길을 알려달라며 조언을 구하는 경우다. 인터넷에서 뭐라고 하든 그런 방법은 존재하지 않는다. 당신이 만일 결과만 좇는다면 앞으로의 여정은 아주 힘들어질 것이다. 100만 달러 비즈니스라는 먼 훗날의 목표에만 매달린다면 눈앞에 있는 일은 간과하고 결국 목표도 달성하지 못한다.

이 책은 100만 달러 비즈니스라는 목표를 이루기 위해 한 단계씩 차근히 밟아나가는 것이 왜 중요한지, 지름길을 택하는 것이 얼마나 위험한 일인지 알려준다. 이 여정 동안 형편없는 날들, 자기 회의, 혼란스러움을 상당히 경험할 테니 마음을 단단히 먹어야 한다. 당신이 마주할 어려움 대부분은 우리가 함께 헤쳐나가겠지만 앞으로 12개월 동안은 아무런 보수 없이 장시간 일하며 드물게 찾아오는 굉장한 기쁨과 흥분 그리고 열정만으로 버틸 준비를 해야 한다.

이 책에서 단 한 가지만 얻어가야 한다면 바로 당신은 할 수 있다는 깊은 깨달음이어야 한다. 모든 과정을 마치고 나면 남은 평생의 자유를 보장해줄 수익성 높은 비즈니스와 함께일 것이다.

1년에 10억 버는 아주 단순한 공식

아래의 내용은 책을 읽는 동안 여러 번 나올 것이다. 책을 다 읽을 즈음이면 아마 줄줄 외울지도 모른다. 그 정도로 중요한 내용이다. 100만 달러 비즈니스를 만드는 법은 다음과 같다.

평균 가격 30달러인 3~5가지 제품을 보유하고

각 제품을 하루 25~30개 판매하면

100만 달러 비즈니스가 된다.

이 간단한 공식을 들려주면 사람들의 눈이 커진다. 대개는 내 말을 믿지 않는다.

"진짜예요?"

"별로 안 어려울 것 같은데요!"

무엇을 판매하든 업종을 막론하고 이론적으로는 이 프로세스가 통한다. 다만 실제 상품을 판매할 때, 내 표현대로 하자면 브랜드를 구축할 때 성공할 확률이 가장 높았다. 브랜드란 같은 고객층을 대상으로 한 (3~5가지) 제품군을 의미한다.

이 프로세스를 따르는 것이 그리 복잡하지는 않지만 노력이 필요하다. 이 프로세스는 하나도 빠뜨리지 않고 반드시 거쳐야 하는 몇 가지 단계들로 이뤄져 있다. 100만 달러 비즈니스를 세우는 과정은 집을 짓는 것과 비슷해서 청사진을 착실히 따르지 않는다면 전체가 무너져 내릴수도 있다. 기초 공사를 하지 않고서는 벽에 페인트칠을 할 수 없는 것과 같다. 앞으로 당신은 다음과 같은 내용을 배울 것이다.

---

1. 기회 탐색

신생 사업가가 성공적인 비즈니스를 설립할 가장 좋은 기회는 무엇인가? 왜 지금 시작해야 하는가? 이커머스와 소셜 미디어라는 새로운 환경은 어떻게 새로운 기회를 불러오는가? 당신은 어떻게 적응하고 있는가? 이 단계에서는 지금이 왜 당신의 비즈니스를 만들기 완벽한 타이밍인지, 왜 대기업들은 당신이 만들어놓은 비즈니스를 지금 당장이라도 사들이려고 경쟁하는지 그 이유를 알게 될 것이다.

2. 마인드셋 점검

사업을 꿈꾸는 모든 사람이 성공한 사업가가 되지 못하는 이유가 있다. 가장 큰 원인은 심리적인 것이다. 이 단계에서는 1년 안에 100만 달러 비즈니스를 만들기 위해 마인드셋이 어떻게 달라져야 하는지 보여준다.

3. 고객 확보

100만 달러 비즈니스는 상품이 아니라 사람에게서 시작한다. 사업을 시작하는 첫 단계는 고객을 파악하고 그들의 욕구를 충족시키는 것이다. 그래야 한낱 수입원이 아니라 진짜 브랜드를 만들 수 있다. 이 점만 정확히 이해한다면 제품을 비싼 가격에도 구매하겠다며 안달이 나고 당신에게 고마워하고 주변 친구들에게 당신에 대해 이야기하는 수많은 재구매 고객을 확보할 것이다.

4. 제품 선택

첫 제품을 선택하는 일이 당신이 마주할 가장 커다란 난관일 것이다. 조사와 인내심과 결단이 필요한 일이다. 무엇보다 고객의 말에 귀를 기울여야 한다. 여기서는 아이디어를 떠올리는 단계부터 시제품 개발, 제품 개선까지 전 과정을 함께하며 이 난관을 곧장 뛰어넘을 수 있도록 도와줄 것이다.

5. 자금 확보

좋은 제품도 갖췄고 누구에게 판매해야 할지도 알지만 재고를 마련할 자금은 어떻게 구할 것인가? 이 단계에서는 돈에 대한 스트레스를 받지 않으면서 자기자본으로 감당하는 법, 돈을 빌리는 법, 자력으로 운영되는 매출 시스템을 만드는 방법을 알려준다.

6. 유리한 판을 짜는 법

출시하자마자 첫 제품이 성공하리라는 걸 어떻게 보장할 수 있을까? 어떤 비즈니스를 할지 결정했다면 이제는 아무도 구매하지 않는 제품을 만들어 골머리를 앓는 상황을 피해야 한다. 사전에 유리하게 판을 형성해야 제품 출시 날 뜨거운 반응을 이끌 수 있다.

7. 출시와 판매

첫 제품을 출시할 준비를 마쳤다. 이제 어떻게 해야 할까? 그냥 두면 될까? 아니다. 사업 성장의 가장 중요한 전환점이 될 25개의 일일판매량을 달성하는 방법을 다루는 이 단계에서는 중요한 사람들과 관계를 형성하고 몇 가지 마케팅 전략을 발휘해 하나의 제품에서 세계적인 브랜드로 발전시키는 법을 알려줄 것이다.

8. 규모 확장

한 제품의 일일판매량 25개를 달성했다면 제대로 된 제품을 선택하고 시장에 판매하는 능력을 입증한 것이다. 이제는 하나씩 새로운 상품을 출시한 뒤 작은 눈덩이가 점점 커지며 12개월 후 100만 달러의 수입원으로 성장하는 모습을 지켜볼 차례다.

9. 마케팅

인스타그램에 당신의 브랜드를 포스팅해줄 수많은 유명 인사 친구들을 거느리고 있다면 마케팅은 걱정할 필요가 없다. 하지만 백지상태에서 시작해 인맥도 마케팅 경험도 없다면 어떻게 해야 할까? 이 단계에서는 주변 지인, 인플루언서, 오디언스(사업가와 그가 운영하는 브랜드의 스토리에 공감하고 신뢰를 주는 충성 고객을 뜻함—옮긴이)를 활용해 제대로 된 마케팅을 하는 법, 그리하여 당신의 비즈니스를 훌륭한 브랜드로 끌어올리는 방법을 알려준다.

10. 엑시트

당신의 비즈니스를 매각한다면 어떨까? 당신이 이뤄낸 결과물을 수많은 바이어가 탐낼 것이다. 이 단계에서는 비즈니스를 매각하는 과정을 어떻게 진행해야 하는지, 매각 이후에는 무엇을 할 수 있을지 알려준다.

내가 함께 일하는 사업가 대다수는 비즈니스를 이미 경험해본 사람들이다. 이런 사람들의 경우 경제적 자유로 향하는 길을 너무 많이 알고 있다는 게 문제다. 때문에 이것저것 발을 담글 때가 많다. 잠깐 동안 부동산 투자에 빠졌다가 킨들 출판도 시도해봤다가 제휴 마케팅에도 손을 댄다.

이런 식으로 이어지면 혼란에 빠져 앞으로 나아가지 못한다. 자신이 고를 수 있는 여러 비즈니스 모델을 알고는 있지만 선택권이 너무 많이 주어져서 문제인 셈이다. 어떤 모델 또는 어떤 제품이나 방향이 자신을 목적지까지 데려다줄지 명확한 그림이 없기 때문이다.

앞서 소개한 프로세스는 당신을 목적지에 이르게 해줄 경로다. 나는 100만 달러를 달성한 사업가를 대상으로 백룸The Backroom이라는 엑셀러레이터(창업 기업의 성공을 위해 자금과 컨설팅을 제공하는 기업 및 단체 — 옮긴이)를 운영하고 있다. 함께 새로운 기회를 열고자 하는 이 모임에서 나의 최종 목표는 가장 설레는 사업체의 20~40퍼센트 지분 파트너로 참여해서 수백만 달러 비즈니스를 수천만 달러로 성장시킨 뒤 매각을 이끄는 것이다.

그중에는 900만 달러, 2,000만 달러, 심지어 5,000만 달러에 기업을 매각한 사람들도 있다. 어떤 이는 최근 기업가치를 5,000만 달러로 평가받았고 어떤 이는 1억 달러 포트폴리오를 달성했다. 모두가 지금 당신이 있는 바로 그 자리에서 시작했다. 계획을 세우고 방법을 배우며 100만 달러 비즈니스를 세우기 위한 행보를 밟았다.

대다수는 1년 만에 성공했지만 당시에는 이 책이 없었다. 하지만 당신에게는 이 책이 있다. 지금으로부터 1년 후 어쩌면 당신은 커뮤니티의 일원으로 우리 집 거실에 모여 가족의 삶이 완전히 바뀔 정도의 엄청난 금액에 비즈니스를 매각할 준비를 하고 있을지도 모른다. 이것이 내 비밀이자 이 책을 쓰는 이기적인 이유이기도 하다. 이 책을 읽는 독자들이 내가 같이 일하고 싶을 만큼 위대한 사람이 되어 내가 참여하고 싶을 만큼 위대한 비즈니스를 만들어내길 바란다.

나는 성공도 해봤고 큰돈을 만져보기도 했다. 나중에 자세히 설명하겠지만 나의 다음 목표에 이르려면 많은 성공 사례를 만들어야 한다. 우리는 캐피털리즘닷컴이 온라인판 〈샤크 탱크〉(창업자들이 참여해 아이디어로 투자를 이끌어내는 유명 TV 프로그램 — 옮긴이)가 되어 자신의 삶에 변화를 창출하고 그 과정에서 부를 거머쥐는 용감한 사업가들을 위한 기회의 장이 되길 바란다.

미리 기억해두어야 할 여섯 가지 조언

이 책으로 당신은 내가 10년 동안 무수한 실패를 거치며 배운 모든 걸 얻을 것이다. 그리고 당신의 어려움을 조금이나마 덜어주고자 기꺼이 자신의 여정을 공유해준 수십 명의 사업가 이야기도 이 책에 담겨 있다. 처음 이 여정을 시작할 때 알았다면 좋았을 수많은 가르침을 한 권의 책으로 압축하는 데는 오랜 시간이 걸렸지만, 다음에 정리한 여섯 가지 조언을 명심한다면 훨씬 빠르고 덜 고통스럽게 성공에 이르리라 생각한다.

1. 사업은 생각보다 힘든 일이다

사업가가 되어 성공한다는 건 아이를 키우는 것과 아주 비슷하다. 분명 힘든 여정이 될 거라고 내가 아무리 말해도, 앞으로 닥칠 위험과 유용한 팁을 알려주는 책을 당신이 아무리 많이 읽는다고 해도 이 일이 얼마나 힘든지는 상상하기조차 어렵다.

어떤 부모에게 물어도 다들 같은 말을 한다. 아이를 기르는 건 생각 이상으로 힘들다고 말이다. 많은 사람이 새로운 차원의 사랑과 충만함을 느낄 거라 생각하며 자녀를 갖는다. 틀린 말은 아니다. 부모가 되는 일은 한없는 기쁨을 느끼게 해준다. 그 사실만은 변함이 없다. 그럼에도 양육은 우리가 상상하는 것보다 10배는 더 힘들며 이를 준비할 만한 현실적인 방법이 없다. 삶의 조언을 하나 건네자면 부모님에게 감사한 마음을 갖기 바란다. 지금껏 무탈하게 살아 있는 것만으로도 부모님에게 큰 빚을 졌다. 그들이 많은 것을 포기한 덕분에 우리가 비즈니스를 시작할 기회라도 얻은 것이다. 부모님은 최선을 다했으며 혹시 어린 시절에 받은 상처가 있다고 해도 이는 성공을 향한 동력이 될 수 있다.

아무튼 사업가의 삶을 쉽게 생각하는 사람들은 거의 모두가 실패한다. 좀 더 정확하게 말하면 그들은 자신이 들었던 것보다는 쉬울 거라고 생각한다. 100만 달러를 손에 쥐는 날까지 12개월 동안 매일같이 분투하는 삶이 힘들어봤자 얼마나 힘들겠느냐고 말이다. 하지만 당신은 비즈니스를 '길러야' 한다. 매일 매시간 비즈니스에 얽매여야 한다. 어린아이처럼 한밤중에 당신을 필요로 하면 자리에서 곧장 일어나 돌봐야 한다. 가벼운 마음으로 시작한 사람들은 크게 혼쭐이 나 포기하고 만다. 힘든 여정이라고 마음을 먹고 뛰어들어도 막상 실상을 경험하면 놀란다. 하지만 시작할 때부터 어떤 난관을 마주하게 될지 안다면 좋은 결과물을 만들어낼 가능성이 훨씬 커진다.

2. 무엇을 얻느냐가 아니라 무엇을 창출하느냐의 문제다

가장 먼저 가치 추출extraction과 가치 창출creation을 구분해서 생각해야 한다. 너무나 많은 사람이 이 세상에는 가치가 한정되어 있다고 믿으며 그 안에서 자신의 몫만 일부 챙기면 된다고 생각한다. 파이 하나가 놓여 있는 테이블로 가서 한쪽을 취한 뒤 이것이면 충분하다고 여긴다. 파이가 모두 사라진 후에는 그걸로 끝이라고 믿는다. 더 이상 남은 가치가 없다고 말이다. 억만장자나 세금을 충분히 내지 않는 기업들을 싫어하는 것도 이런 이유에서다. 상위 1퍼센트의 사람들이 타인의 것을 취해 부자가 되었다고 생각하기 때문이다.

사실 가치는 우리가 만들어내는 것이다. 파이 한 조각을 얻기 위해 우리는 새로운 파이 하나를 굽는다. 제프 베조스가 말도 안 될 정도로 부자가 될 수 있었던 이유는 그가 업계를 바꿔놓았기 때문이다. 이것이 가치 창출이다.

이런 질문을 하는 사람들이 너무나 많다. "어떻게 해야 시장에서 제 지분을 확보할 수 있을까요?" 서로의 것을 빼앗아 먹고 먹히는 세계를 생각하는 것이다. 1달러도 놓치지 않으려 절박하게 달려드는 것을 상상한다. 당신이 무엇을 얻을지 생각하지 말고 당신이 창출할 수 있는 가치에 집중해야 한다. 의식을 바꾸면 성과의 부산물인 돈은 자연스럽게 따라온다.

3. 성장은 이자와도 같아서 복리로 불어난다

'허슬러'hustler는 돈을 버는 데만 매진하며 작은 승리만을 맛보며 살아간다. 이와 반대로 사업가entrepreneur는 돈보다 가치를 중요하게 여긴다.

중고 시장에서 물건을 구매해 이베이에 되파는 식의 작은 승리들은 결코 불어나지 않는다. 열심히 노력해 가욋돈을 벌 수는 있겠지만 백만장자가 될 확률은 극히 낮다. 내 계획을 따른다면 결과물이 굉장히 빠른 속도로 쌓일 것이다. 처음에는 별로 대단해 보이지 않지만 1년 후에는 굉장한 저력을 과시하는 수입원이 탄생하고 이후 몇 년 동안 계속 성장하는 것을 지켜보게 된다.

제프 올슨의 《미묘한 차이》The Slight Edge는 내가 가장 좋아하는 책이다. 올슨은 대단한 성공에서 비범한 결과물이 탄생하는 것이 아니라 조금씩의 성과가 시간이 지날수록 점차 쌓이며 놀라운 결과가 만들어지는 것이라고 주장했다. 예컨대 한번 과식을 했다고 살이 찌진 않는다. 꾸준히 과식을 해야 살이 찌는 것이다.

부를 쌓는 것도 같은 이치다. 한번 매출이 크게 발생한다고 부자가 되진 않는다. 뭔가 제대로 된 일을 하고 그 효과가 쌓일 때까지 꾸준히 해야 부자가 될 수 있다. 내 경험으로 미루어 보건대 12개월 동안 꾸준한 노력이 쌓여야 수익성 높은 비즈니스를 성공적으로 만들어낼 수 있다. 우리가 하는 모든 일, 쟁취하는 모든 성공은 습관에서부터 시작한다. 장기적 목표를 세우고 습관을 쌓을 때 성공을 거둘 수 있다. 몸을 단련하는 것이든, 부자가 되거나 행복해지는 것이든 장기적으로 목표를 바라봐야 한다.

내가 고객에게 친절히 대한다면 고객은 행복해질 것이다. 고객이 행복하면 좋은 제품 후기를 남길 것이다. 좋은 후기는 충성도 높은 고객층을 형성한다. 이렇게 노력과 행동이 쌓여 복리로 불어난다. 더 장기적으로 생각할수록 더 성공한다.

4. 돈보다 비즈니스가 더욱 큰 영향력을 발휘한다

처음 시작할 때 내가 하는 모든 일이 얼마나 큰 영향력을 발휘할지 누군가 말해주었더라면 좋았을 것이다. 내가 무엇을 만들어가고 있는지, 몇 년 후에 어떤 의미를 지닐지 당시에는 전혀 몰랐다. 알았더라면 좀 더 열심히 했을 것이다. 아마 훨씬 공격적으로 임했을지 모른다.

시장점유율을 확대하기 위해 소규모 브랜드를 인수하는 대형 브랜드들이 많다. 이들 대형 브랜드는 당신과 같은 사업가들이 뭔가를 이뤄내길 기대하며 추후 그 성과를 취하길 기다리고 있다. 나는 우리를 응원하는 사람들이 이렇게 많은 줄 미처 몰랐다. 이 프로세스가 이토록 많은 사람에게 영감을 주리라고는 생각지 못했고, 수많은 사람이 내가 설계한 방법을 통해 삶이 바뀔 거라고도 전혀 생각하지 못했다.

이뿐만이 아니다. 당신의 비즈니스는 고객에게 직접적인 영향을 미친다. 누구나 강한 애정을 느끼는 브랜드가 있고(내 경우는 퀘스트 뉴트리션Quest Nutrition과 제비아Zevia다) 기꺼이 그 브랜드의 제품을 구매한다. 당신이 만들 뭔가는 사람들에게 이런 영향력을 발휘한다.

사업가의 길로 들어서는 사람들은 너무 좁게 생각하는 경향이 있다. 그저 추가 수입원을 원하고 가욋돈을 바랄 뿐 자신이 하는 일이 얼마나 크게 확장될 수 있는지는 생각하지 못한다. 그러나 우리의 앞에는 백만 개의 도미노가 서 있다. 첫 도미노를 쓰러뜨릴 투지가 있는 한 명이면 충분하다. 아주 작은 결정 하나도 훗날 대단한 차이를 만들어낼 수 있다. 내가 제작한 동영상 아홉 편의 조회 수가 각각 100뷰밖에 나오지 않아도 열 번째 영상은 10만 명이 조회할 수도 있다. 100편 중 하나는 바이럴 영상이 되어 수백만 명이 볼 수도 있다.

따라서 모든 고객에게 항상 친절하게 대해야 한다. 10명 중 아홉 명은 고맙다고 말할 것이다. 나머지 한 명은 자신의 친구 10명에게 당신의 이야기를 좋게 해줄 것이고 100명 중 한 명은 1만 명의 팔로어를 거느린 인플루언서일 수도 있다. 그리고 1,000명 중 한 명은 소매업자로 1,000개의 매장에 당신의 제품을 입점할 기회를 줄지도 모른다. 결코 방심해선 안 된다.

5. 동업자는 축복이 될 수도, 저주가 될 수도 있다

파트너와 함께 비즈니스를 시작하는 경우도 있다. 나는 시어 스트렝스를 설립하고 확장하고 매각하는 전 과정을 맷과 함께했다. 성공의 기쁨을 나눌 때는 물론 상황이 어려울 때 힘이 되어주는 맷이 있어 감사했다.

훌륭한 파트너십은 50 대 50이 아니라 100 대 100이어야 한다. 두 사람이 똑같은 양의 업무를 수행하리라는 기대는 버리는 것이 좋다. 당신이 사업의 방향을 이끌 때도 있고 파트너가 큰일을 주도할 때도 있다. 자신이 만든 결과에 전적으로 책임을 지는 성격이라면 당신과 비슷한 성격의 파트너와 함께할 것을 강력히 권한다. 두 사람이 힘을 합치고 프로젝트의 결과에 온전히 책임을 지려 한다면 환상적인 팀이 될 수 있다.

물론 파트너끼리 잘 맞지 않는 경우는 큰 재앙이 되기도 한다. 친구와 파트너의 차이를 이해하는 것이 중요하다. 물론 가까운 친구와 사업을 시작하며 즐겁게 미팅도 하고 어쩌면 돈을 약간 벌 수도 있다. 운이 좋으면 기능적인 업무 관계를 형성해 기업을 성장시키는 것도 가능하다. 하지만 대다수는 많은 사업가와 비슷한 결말을 맺는다. 파산 후 원점에서 새로 시작하는 것이다.

사업가에는 두 유형이 있다. 비전을 가진 사람(비저너리Visionary)과 이를 실현하는 사람(빌더Builder)이다. 두 가지 성향을 다 가진 사람은 상당히 드물다. 에너지가 넘치고 감정적인 비저너리는 새로운 아이디어를 제시하는 사람들이다. 반대로 빌더는 안정적이고 체계적이며 침착하다. 비저너리는 관리자로서는 최악이기 때문에 사람들은 이들과 일하는 것을 힘들어한다. 하지만 이들은 설득과 대담한 결정을 내리는 데 능하다. 빌더는 크게 생각하지는 않지만 부주의하게 뭔가 놓치는 일 없이 꼼꼼하게 신경 쓰고 세세하게 관리하는 데 탁월한 능력을 발휘한다. 비저너리는 빌더가 있어야 뭔가를 만들어낼 수 있으며 빌더는 비저너리가 있어야 의미 있는 결과물을 만들 수 있다. 즉 두 유형이 함께해야 위대한 성과를 이룰 수 있다.

맷을 만나기 전에 나는 션이라는 파트너와 함께했었다. 우리는 작은 요가 비즈니스를 시작했고 상품을 판매했다. 그런데 사업 구축 초기 단계에서 션은 계획 수립 과정을 좀처럼 벗어나지 못했고 의사결정도 내리고 싶어 하지 않았다. 그는 빌더였고 나는 비저너리였던 것이다. 그가 뭔가에 매몰되어 나아가지 못할 때마다 내가 다음 단계로 밀고 나갔다. 그는 나를 따라오기 위해 속도를 낼 수밖에 없었다. 한편으로 모든 준비가 완벽해야만 하는 그의 성향 덕분에 우리는 어떤 질문이 닥치든 항상 답안이 준비되어 있었다. 그렇게 우리는 서로의 부족한 점을 채워주며 함께 비즈니스를 만들어나갔다.

아직까지도 션은 내게 이렇게 말하곤 한다.

"네가 아니었으면 지금까지도 스프레드시트만 들여다보면서 어떤 제품을 팔아야 할지 고민하고 있었을 거야."

그러면 나는 이렇게 답한다.

"네가 아니었다면 난 지금도 1년 후만 내다보고 있었을걸. 아직 있지도 않은 사업을 어떻게 해야 100만 달러로 만들 수 있을까 구상하면서 말이야."

만일 당신과 파트너의 성향이 같다면 둘 중 한 명은 사업에 필요하지 않다. 이른바 '파트너십'이라고 부르는 이유가 있다. 두 사람 각자 기여하는 것이 있어야 한다. 한 명이 사업 운영가라면 다른 한 명은 사상가가 되어야 한다. 당신이 인맥 관리에 능하다면 파트너는 재고 및 물류 관리를 잘 알아야 한다. 상호 보완적인 두 사람이 서로를 향한 신뢰를 바탕으로 같은 목표를 좇는 것이 이상적이다.

누구보다도 겸손하고 침착하며 친절했던 션은 나처럼 정신없는 사람을 만나지 않았다면 한 발짝도 나아가지 못했을 것이다. 또 나처럼 현실감각이 떨어지고 감정적이고 지나치게 낙천적인 사람은 그가 아니었더라면 아무것도 이뤄내지 못했을 것이다.

6. 어떤 상황에서도 칩은 테이블 위에 있어야 한다

앞서 모든 것을 쏟아부으라고 말했지만 나는 사업을 도박이라고 생각하지 않는다. 사업은 도박과 달리 당신이 계속 게임을 한다면 하우스가 절대로 이길 수 없다. 사업가가 된다는 것은 몇 개월 단위가 아니라 몇 년을 생각해야 한다는 뜻이다.

100만 달러 비즈니스를 만들기 위해 명심해야 할 것이 있다. 갖고 있는 칩을 테이블 위에 오래 둘수록 최종 결과가 더욱 커진다는 점이다. 즉 수익이 나기 시작한다고 해서 자신의 수입을 취하면 안 된다. 수입은 본인의 통장이 아니라 비즈니스에 들어가야 한다. 간단히 말해서 회수가 아니라 재투자를 해야 한다.

최소 1년은 수익을 재투자하는 기간으로 삼기 바란다. 이 동안은 아주 적은 보수를 받으며 일하고, 한 푼이라도 수익이 생기면 비즈니스에 오롯이 투자해야 한다. 잘 버텨낸다면 성공할 확률이 기하급수적으로 높아진다.

단순하게 생각하고 빠르게 결정하라

나는 내 수업을 듣는 사람들에게 준비 기간을 1년으로 생각하라고 한다. 그만큼이 필요하기 때문이다. 빈둥거리며 세월을 보내는 기간이 아니다. 이 기간 동안 당신은 목표를 향해 노력하고 성장하며 나아가야 한다. 당신이 들인 습관들은 더욱 강화되고 가치는 기하급수적으로 커진다. 복리 이자와 비슷하다고 생각하면 된다. 가령 6개월 후 비즈니스를 매각해 10만 달러를 번다고 해보자. 하지만 1년 동안 성장시켰다면 얼마나 더 많은 것을 이뤘을지 생각해보라. 새로운 시장을 발굴하고 고객층을 확고히 다지고 더 많은 제품을 출시할 수 있었을 것이다. 눈앞의 돈에 굴복한 나머지 어쩌면 수백만 달러를 손해 본 걸지도 모른다.

어떤 이들에게는 첫해를 넘기는 것이 가장 큰 난제다. 매달 나가는 비용도 있고 당신 한 몸도 건사해야 한다. 장기간 수입이 없는 생활은 상당히 고단하다. 이런 금전적 문제를 해결할 수 있는 몇 가지 방법을 곧 소개하겠지만 이 역시도 완벽한 해결책은 아니다. 첫해에는 엄청난 부담을 감내해야 한다. 돈을 벌기 위해 너무도 싫은 일을 해야 하고 깨어 있는 시간을 사업에 온전히 쏟아부어야 한다.

작가이자 트레이너인 크레이그 밸런타인은 이런 명언을 남겼다.

"성공은 그것이 힘든 일임을 받아들일 때 단순해진다."

당신이 기대치를 설정할 수 있도록 나는 12개월의 프로세스를 3단계로 나눴다. 그라인드The Grind(0~4개월), 그로스The Growth(5~8개월), 골드The Gold(9~12개월) 단계다. 많은 사람이 그라인드 단계에서 버티지 못해 실패한다. 어떤 제품을 판매할지, 가격대를 어떻게 설정할지, 어떤 출시 전략을 채택할지 결정하는 초기 단계다. 첫 제품의 일일판매량 25개가 꾸준히 발생하기 전까지는 그라인드 단계에 있다고 봐야 한다.

이 책은 당신이 가능한 한 빨리 그라인드 단계를 벗어날 수 있도록 돕고자 한다. 여기에 제시된 단계를 따른다면 약 4개월 후면 그라인드 단계를 벗어나 있을 것이다. 당신의 과제는 대담한 결정을 빨리 내리고, 이 결정들이 완벽하지 않아도 넘어갈 줄 아는 법을 배우는 것이다. 그렇지 않으면 모든 단계마다 지나치게 고민하고 '사업가가 되면 어떨까' 생각만 하는 제로 스테이지에 머물 뿐이다.

초기 단계에서는 속도가 무엇보다 중요하다. 그리고 모든 판매와 후기, 코멘트가 상당히 큰 의미를 지닌다. 당신을 따르는 추종자가 약 1,000명쯤 생기고 첫 제품의 후기가 최소 20건 쌓이면 하루 25개 판매를 금방 달성할 수 있다.

두 번째 단계인 그로스는 본격적으로 몸집을 불리는 시기다. 이 단계에서 당신이 할 일은 다른 곳에 한눈팔지 않고 무리 없이 관리할 수 있는 선에서 가능한 한 많은 제품을 출시하는 것이다. 제품 3~5가지를 하루에 25개씩 판매하면 100만 달러 비즈니스가 된다는 사실을 명심하길 바란다.

이 단계에서는 첫 제품을 구매한 고객들을 대상으로 새로운 제품을 출시한다. 하나씩 제품을 출시하고 각 제품마다 하루 25개 판매를 발생시켜야 한다. 두 번째 제품부터는 전과 같은 의사결정 허들을 넘지 않아도 되기 때문에 추진 속도가 빠르다. 6개월 차에 접어들면 100만 달러의 냄새를 맡기 시작할 텐데, 이때 프로세스를 복잡하게 만들고 싶다는 충동에 사로잡히곤 한다. 이 충동을 참아야 한다. 적어도 제품 세 개를 출시할 때까지라도 말이다.

세 번째는 골드 단계다. 이때는 다양한 광고 포맷을 실험하기 시작한다. 인스타그램 광고나 팟캐스트 스폰서십 또는 인플루언서 고용을 할 수 있다. 또한 마침내 자신에게 수입을 지급할 수 있는 단계이면서 스스로 전업 사업가라고 여길 수 있는 단계다. 무엇보다 이 지점에 도달하기 전까지는 계획을 충실히 따르는 데 집중해야 한다.

당신이 치러야 할 희생이 너무도 고통스럽게만 느껴지는 날들이 있을 것이다. 비즈니스를 매각하면 10만 달러 이상 횡재할 거라는 생각이 드는 날도 있다. 조금만 더 버티길 바란다. 목표를 달성하기까지 몇 달, 몇 분기는 충분히 버틸 수 있다. 이 책의 제목은 '6개월에 10억 벌기'가 아니다. 앞으로 맞이할 굉장한 시간들을 위해 마음을 굳게 먹기 바란다.

누구나 작게
시작할 수 있다

．
．
．

당신은 이 책을 통해 대기업이 엄두도 내지 못하는 시장을 형성하는 방법을 배울 것이다.

그 방법을 익히고 나면 당신은 업계에서 가장 매력적인 사업가가 될 것이며,

대기업들은 당신을 붙잡으려 애쓸 것이다.

"너무 늦었을까요?"

내가 사람들로부터 가장 자주 듣는 질문이다. 많은 사람이 "아직 기회가 있을까요?" "혹시 때를 놓친 걸까요?" 하며 물어오곤 한다.

사업을 하다 보면 쉽게 트렌드가 변하고 유행은 빠르게 바뀌며 그때 그때 적합해 보이는 걸 그저 열심히 쫓는 기분이 들곤 한다. 물론 업계에서 자리를 지키려면 유행을 따를 필요가 있는 건 사실이다. 그러나 그 속도는 우리의 생각과 달리 충분히 감당할 여지가 있다.

내 첫 비즈니스는 다이얼업 방식으로 인터넷을 연결하는 부모님의 컴퓨터로 시작했다. HTML 코드를 직접 입력하고 드림위버를 이용해 웹사이트를 제작하는 것이었다(이 이야기를 이해했다면 당신은 인터넷 나이가 많다고 볼 수 있다). 제작한 웹사이트를 구글 순위에 올려 번 돈으로 대학 학비를 충당했다. 이후 구글은 변화를 거듭했고 나도 그에 맞춰 적응해나갔다. 하키에서 퍽을 계속 움직이듯 사업가도 계속 배우고 성장해야 한다.

주된 수입원이 위협받을까 봐 시장의 변화에 저항하는 이들도 있다. 하지만 변화는 새로운 기회를 열어주기도 한다. 지금은 그 어느 때보다 가용할 수 있는 도구와 기회가 풍성하다. 내가 첫 비즈니스를 시작할 당시에는 몇 분 만에 웹사이트를 제작해주는 툴이 없었다. 소셜 미디어도, 유튜브도 없었다. 이름을 알릴 방법이 전혀 없었다.

그렇다면 이런 플랫폼들이 등장했을 때 모두가 반색하며 기뻐했을까? 드디어 쉽고 빠르게 나만의 오디언스를 무료로 구축할 방법이 생겼구나! 하지만 실제로는 기뻐하는 사람보다 불만을 표출하는 사람이 훨씬 많았다. 사람들은 소셜 미디어 때문에 블로거들이 쫓겨날 거라고, 페이스북이 이메일 마케팅을 무용하게 만들 거라고 우려했다.

변화는 불가피하다. 하지만 변화는 언제나 새로운 기회를 부르기에 때를 놓쳐서는 안 된다. 이를테면 아마존의 물류 서비스FBA; Fulfilled by Amazon(아마존이 판매자에게 수수료를 받고 물류창고 대여, 제품 포장, 배송 교환 처리 등의 서비스를 대행하는 프로그램 — 옮긴이)는 2000년대의 가장 위대한 발전 중 하나다. FBA 덕분에 세계 어느 곳에 있든 누구나 자신만의 스토어를 빠르고 쉽게 열 수 있고 모든 주문 처리 과정은 아마존이 창고에서 직접 처리해준다. 이것이 얼마나 대단한 변화를 이끌었는지 과소평가해서는 안 된다. 역사상 최초로 피프스 애비뉴 온라인 몰에 누구나 월세 없이 입점해서 수백만 고객과 만날 수 있게 되었다.

FBA가 시작되고 몇 년 동안은 마치 서부 개척 시대와도 같았다. 키워드 검색으로 상위에 노출되기가 쉬웠고 경쟁은 낮았다. 허슬러들이 우르르 뛰어들어 아이폰 케이스부터 카약까지 온갖 상품을 팔기 시작했다. FBA가 시장을 활짝 열어놓은 덕분에 아마존닷컴에 올리기만 하면 무엇이든 판매할 수 있었다. 내 멘토인 트래비스의 표현처럼 이 시장은 너무도 무방비하게 열려 있어서 '멍청이들이 부자가 되기'도 했다.

이렇듯 대단한 변화가 닥치면 보통은 서부 개척 시대 같은 혼돈의 시기가 한 차례 지나고 정리와 통합을 거치는 수순을 밟는다. 수년간 나는 내 팟캐스트의 청취자들과 팔로어들에게 아마존에서의 기회를 진짜 브랜드를 설립하는 데 활용해야 한다고 말했다. 내 조언을 따랐던 이들은 수백만 달러를 벌었지만 그러지 않은 이들은 그들보다 50센트 저렴하게 스패출러를 파는 큰 플레이어들에게 먹혀버렸다. 판도가 달라지자 사람들은 이제는 쉽지 않다고, 아마존에서의 기회가 사라졌다고 불평하기 시작했다. 당연한 현상이다. 항상 그렇듯 픽은 또다시 움직였지만 새로운 기회는 계속 열리고 있었다.

분명한 사실은 온라인상에서 비즈니스를 하고자 한다면 과거 어느 때보다 기회가 더 많아졌다는 점이다. 아마존이 서부 개척 시대일 때는 거의 무자본으로 비즈니스를 시작할 수 있는 킥스타터가 없었다. 곧장 수만 명에게 상품을 소개할 수 있는 인스타그램도 없었다. 이런 새로운 기회에 대해서는 추후 자세히 다룰 예정이다. 지금은 언제나 기회는 있다는 것, 인터넷 비즈니스 시장이 고작 2이닝에 진입했다는 것 정도만 명심하기 바란다. 뿐만 아니라 좋은 상품과 브랜드에 대한 수요는 언제나 존재한다. 객관적으로 봐도 형편없는 커피인 폴저스가 10억 달러 브랜드가 될 수 있다면 당신을 위한 기회도 있다는 뜻이다. 판도는 계속 변화하고 경쟁은 언제나 있지만 그럼에도 당신은 승리를 맛볼 수 있다. 이 책에서 제시한 모든 단계를 착실히 실행한다면 말이다.

마이크로 비즈니스가 불러온 기회들

제지회사 킴벌리클라크는 대형 상장 기업이다. 개인위생 용품부터 가정용품까지 다양한 제품을 생산하며 크리넥스와 코트넬의 모회사로 널리 알려져 있다. 당신이 만일 킴벌리클라크의 CEO이고 1975년부터 2006년까지 이 기업이 해왔던 것처럼 제품을 판매하고 싶다면 TV에 광고를 잔뜩 내보낼 것이다. 미디어의 힘이 강력했던 때였고 다양한 소비자를 폭넓게 만나는 최고의 방법이었다. 킴벌리클라크는 내부적으로 제조와 유통을 관리했으며 이 부분에 대해서는 감히 경쟁할 수 있는 기업이 없을 정도였다.

하지만 이제는 게임의 판도가 달라졌다. 특히 대형 브랜드가 그렇다. 이제는 사업가가 아닌 평범한 학생이 기숙사에서 파티 모자를 판매하며 100만 달러 비즈니스를 만들 수 있는 시대다. 배트맨 파티용 제품만을 제작하는 해외 업체를 고용하는 것도 가능해졌다. 세 살 난 자녀를 위해 슈퍼 히어로 파티를 기획하는 부모에게 직접 마케팅을 할 수도 있다. 그가 계속해서 사업을 확장한다면 대형 제지회사가 그에게 제안을 할 수도 있다. 배트맨 종이가면 업계에서 작은 독점 시장을 형성한 것을 보고 그의 비즈니스와 시장을 인수하겠다고 제안하는 것이다.

사실 이것이 대다수 대형 브랜드가 택하는 전략이다. 이들은 시장점유율을 확장하기 위해 다른 브랜드를 인수한다. 과거에는 대형 브랜드가 모든 것을 소유했다. 유통과 광고를 모두 점령한 대형 브랜드와 경쟁하는 건 불가능했다. 하지만 아마존, 쇼피파이, 킥스타터, 페이스북과 인스타그램이 모든 것을 바꿔놓았다. 이제는 소규모 비즈니스로 빠르게 큰돈을 버는 것이 가능하다. 시장 내 자신의 위치를 파악하고 특정 고객층을 위한 비즈니스를 만들면 된다. 유통의 독점화는 사라졌다.

그 결과 1인 또는 2인 비즈니스가 아마존, 쇼피파이, 킥스타터, 소셜 미디어에서 제품을 팔 수 있게 되었고, 타깃 고객층에 한해서지만 대형 브랜드보다 더 높은 판매량을 자랑하기도 한다. 덕분에 당신의 이름도 올릴 수 있는 기회가 생겼다. 하지만 이는 비즈니스를 만들 수 있다는 기회 이상의 의미다. 대형 브랜드의 눈에 띄어 매각할 수 있는 기회 또한 가능해졌다.

킴벌리클라크나 프록터앤드갬블이 왜 당신의 비즈니스 같은 소규모 브랜드를 원할까? 아주 간단히 말하자면 이들은 신생 기업만큼 빠르게 혁신할 능력이 없기 때문이다. 이들은 규모가 너무 크고 복잡해서 변화하기가 어렵다. 페이스북이 인스타그램을, 트위터가 스트리밍 앱 페리스코프Periscope를 인수한 것과 같은 맥락이다. 인스타그램은 생긴 지 9개월 만에 페이스북이 10억 달러에 인수했다. 그 이유가 뭘까? 인스타그램은 빠르게 성장하고 있었고 페이스북으로서는 인스타그램을 그대로 인수하는 쪽이 훨씬 간편하기 때문이다.

이렇듯 새로운 마켓플레이스에서는 개인이 제품을 만들어 기업에 판매하는 것이 아니라 특정 시장을 장악해 기업이 그 시장을 집어삼키게 할 수 있다. 그리고 이런 소규모 비즈니스는 대형 브랜드보다 훨씬 빠르게 혁신할 수 있다. 소셜 미디어를 통해 제품 테스트가 가능하며 오디언스의 의견을 수용해 제품의 특정 부분만 재빨리 수정할 수 있다. 킴벌리클라크 같은 대형 회사는 몇몇 아마존 후기에서 불만 사항이 언급되었다고 전체 제품 라인을 변경할 수는 없다. 고객 개개인의 요청에 따라 유연하게 변화하기에는 규모가 너무 크다. 하지만 당신과 당신의 비즈니스는 그럴 수 있다.

담백한 식단을 고수하고 싶은 운동선수를 위해 실제 식재료로 만든 프로틴바 기업 알엑스바_{RXBAR}의 창립자 피터 라할의 사례가 그렇다. 피터는 2013년에 파트너와 함께 부모님 집의 지하실에서 알엑스바를 시작했다. 대추와 견과류, 계란을 혼합할 때 쓴 빨간색 믹서기는 시카고의 본사에 전시되어 있다.

시중에 프로틴바가 충분하지 않았던 것은 아니다. 지구력이 필요한 선수들을 위한 클리프바_{Clif Bar}가 이미 있었다. 저탄수 다이어터에게는 퀘스트바가 있었고 보디빌더용 메트알엑스_{MET-Rx}와 파워바_{PowerBar}가 있었다. 푸드바는 물론 스낵마저도 더는 필요없을 것 같았지만 피터가 타깃으로 선정한 크로스핏 선수를 위한 제품은 없었다.

알엑스바를 설립한 지 3년이 지난 후 피터는 켈로그의 연락을 받았다. 켈로그는 피터만큼 빠른 속도로 훌륭한 비즈니스를 설립할 수 없음을 알기에 그의 비즈니스를 인수하기로 결정했다. 켈로그는 사업가의 길로 들어선 지 3년 차였던 피터에게 6억 달러를 지급했다. 금융 용어로 하면 '높은 투자수익률'을 올린 것이다.

크로스핏 선수나 보디빌더가 아니라도 알엑스바나 클리프바, 퀘스트바를 한 번쯤은 먹어봤을 것이다. 이것이 바로 브랜드와 상품의 차이점이다. 상품은 한 번에 한 사람에게만 어필한다. 하지만 브랜드는 우선 특정 집단에게 어필한 후 점차 다른 사람들에게 퍼져나간다. 상품으로는 짧은 기간 동안 약간의 돈을 벌 수 있지만 브랜드는 수백만 달러에 인수될 수 있다.

시장을 변화시키는 온라인 브랜드

앞서 우리가 2이닝에 진입했다는 이야기를 했다. 아직은 온라인 브랜드 창조라는 새로운 흐름의 초기 단계다. 첫 번째 물결은 사람들이 아마존에서 상품을 구매하며 시작되었다. 아마존 사이트가 제공하는 편리함이 누구나 상품을 판매할 수 있는 장을 열어주었다. 그 후 고객의 구매 과정을 간소화하는 쇼피파이 같은 도구를 이용해 개인의 비즈니스 웹사이트에 전자상거래 플랫폼을 여는 것이 가능해졌다.

이제 서부 개척 시대는 끝났지만 소셜 미디어의 영향력, 즉시성, 파장은 초창기 시절 자유의 가치보다 훨씬 중요해졌다. 당신에게 주어진 기회는 똑같다. 다르게 말하는 사람이 있다면 기회의 판도를 정확히 못 읽어내고 있는 것이다. 심지어 패션처럼 함부로 손댈 수 없다고 여겨지던 업계마저도 당신과 같은 사업가들의 손에 분열되고 있다.

얼마 전 바지 한 벌을 살 일이 있었다. 한 가지 짚고 넘어가자면 나는 패션 감각이라고는 전혀 없는 사람이다. 옷차림만 봐도 누구나 아이를 키우는 아빠임을 알 수 있을 정도다. 패션은 내게 항상 어려운 과제였다. 내 기준에서 괜찮은 차림이란 고등학교 때 가장 좋아했던 낡은 옷이었다. 나는 나의 정신 건강을 위해 단순하고 편한 옷들을 대충 어울리게 구매한다. 그리고 이런 쇼핑 성향에 맞는 브랜드에 마음이 끌린다. 새로운 브랜드인 미즌플러스메인Mizzen+Main과 퍼블릭렉Public Rec의 광고가 나를 사로잡았다. 미즌플러스메인은 팟캐스트 광고를 통해, 퍼블릭렉은 인스타그램 광고로 알게 되었다. 두 브랜드는 마케팅에 적은 돈을 지출했지만 나는 이 브랜드들에 수천 달러를 소비했다.

내가 소매점에서 쇼핑을 하다가 브랜드를 발견했을까? 아니다. 그러면 TV 광고를 보다가, 친구의 추천으로 알게 되었을까? 아니었다. 두 기업이 틈새시장을 겨냥해 아주 약간의 비용만 들여 제작한 광고를 통해 브랜드를 알게 되었고, 이제 이들의 옷을 구매하는 것은 물론 내 친구들 모두에게 이 브랜드들을 알린다. 미즌플러스메인의 창립자 케빈 라벨을 캐피털리즘 컨퍼런스에 초대해 브랜드 설립 과정을 듣기도 했다. 과거에는 활동적인 남성을 겨냥한 의류 브랜드가 없었고 전통적인 차림이 답답하게 느껴졌던 그는 자신을 위해, 자기와 비슷한 사람들을 위해 회사를 설립했다. 브랜드는 로켓처럼 날아올랐다.

미즌플러스메인과 퍼블릭렉 같은 신생 기업들이 시장점유율을 키워가는 동안 선두 주자로서 업계를 장악했던 메이저 브랜드 디젤Diesel은 파산 신청을 했다. 온라인 브랜드의 새로운 흐름 속에서 우리가 현재 마주하고 있는 상황이다. 소규모 브랜드들이 빠르게 성장하고 대형 브랜드들은 자리를 지키기 위해 분투하고 있다. 과거 제품을 크게 성공시키기 위해 택했던 방식은 이제 아무런 가치도, 효과도 없다. 오늘날 당신의 아이디어와 제품은 세계에서 가장 큰 온라인 소매업자들과 파트너가 될 수 있다. 그러려면 당신의 오디언스를 찾고 제품 하나를 출시하고 하루에 25개 판매를 달성하고 이후 100만 달러 비즈니스를 이룰 때까지 이 과정을 반복하기만 하면 된다. 그때부터는 새로운 세상이 당신 앞에 열릴 것이다.

2017년 8월 아마존이 홀푸즈를 인수한 것은 시대의 변화를 여실히 보여주는 사건이었다. 이는 낡은 방식과 새로운 방식의 첫 합병이자 처음으로 온라인 소매업체가 오프라인 소매업체를 인수한 사례였다. 10년 전만 해도 말도 안 되는 일이었다. 온라인 비즈니스는 진짜 비즈니스를 매입하지 않았다! 온라인 소매업체가 오프라인 소매업체의 문을 닫게 할 순 없었다!

하지만 이제는 소수를 대상으로 아주 작은 틈새시장을 노린 브랜드가 단기간 안에 대중에게 알려질 수 있다(알엑스바 사례만 봐도 그렇다). 브랜드가 온라인에서 좋은 성과를 거두면 당연히 어느 소매점에나 입점을 하는 시대가 되었다. 이렇게 이해하면 된다. 당신의 상품이 아마존에서 성공하면 몇 년 후 미국 전역의 모든 홀푸즈 상점 선반에 오른다. 아마존은 구매자의 데이터를 모두 갖고 있기 때문에 당신이 만든 상품이 조지아주 애틀랜타에서 반응이 좋다는 사실을 확인할 수 있다. 그러면 아마존은 우선 애틀랜타에 있는 홀푸즈 매장에 즉각 상품을 올려놓고 이후 전 지점으로 확대하는 전략을 취할 것이다.

사실 이런 변화는 이미 시작되고 있다. 우리 커뮤니티의 한 회원이 만든 브랜드가 아마존의 체중 감량 보조제 분야에서 1위를 차지했는데, 얼마 지나지 않아 제품이 전국 홀푸즈 매장에 입점되었다. 그리고 곧 미국의 모든 식료품 체인점에서 찾아볼 수 있게 되었다.

이것이 바로 온라인 브랜드 주기의 다음 단계다. 온라인과 오프라인 브랜드가 합병되고 대형 브랜드에서 소규모 브랜드를 인수하는 것이다. 따라서 빨리 사업을 성장시키는 비법은 아주 작은 시장을 노리는 것이다. 오디언스를 구체적으로 특정할수록 더욱 빨리 성장할 수 있다. 상품을 소수의 수요에 맞출수록 제품을 더 빨리 출시할 수 있고 첫 100만 달러도 더 빨리 달성할 수 있다. 이렇게 해야 또 한 번 새로운 기회의 장이 열릴 때 준비된 모습으로 맞이한다. 메이저 브랜드들이 전자상거래 시장에 적응하기 시작하면서 작은 브랜드들에게 유통의 기회가 더욱 많이 주어지고 있음을 기억하라.

월마트닷컴은 미래에 크게 확장될 기회를 보여주는 훌륭한 사례다. 아마존에 대항할 수 있는 상대가 있다면 바로 월마트다. 월마트는 인프라스트럭처와 높은 도달력, 인지도를 모두 갖춘 기업이다. 월마트가 영리하다면 월마트닷컴에서 잘나가는 제품을 미국 전역 3만 5,000여 곳의 상점에 들여놓을 것이다. 이는 수백만의 오프라인 오디언스 앞에 검증된 제품을 전시하는 것이다.

마케팅으로 이런 플랫폼 중 한 곳에서 좋은 반응을 이끌어내면 브랜드로서 성공하기 시작한다. 그리고 성공 가능성이 있는 브랜드임을 보여주면 대기업에 인수될 수 있다. 아마도 페이스북이 타깃 같은 대형 소매기업을 인수할 수도 있다. 페이스북 마켓플레이스에 광고를 올리면 가장 가까운 타깃 매장에서 고객에게 제품이 배송되는 식이다.

오래된 브랜드와 새로운 브랜드가 합병하기 시작했다. 세상은 당신이 운영하는 작은 브랜드가 이 흐름에 합류하길 기다리고 있다.

트윗 하나로 10억을 벌 수 있다면?

2014년 투자자 칼 아이칸은 트위터에 애플 주가가 저평가되었다는 글을 썼다. 그는 제 가치를 인정받지 못하고 있는 애플 주식을 대량 매입했다고 밝혔다. 이 트윗 이후 며칠 동안 애플의 주가가 폭등했다. 트위터에 쓴 글 하나로 아이칸은 상장 기업에 수십억 달러를 벌어준 셈이 되었다.

어떻게 이런 일이 가능할까? 나는 그 과정을 지켜보며 깊은 감명을 받았다. 아이칸은 뉴스 평론가들보다 팔로어 수가 적었지만 그에게 열렬히 호응하는 오디언스가 있었다. 투자자들은 아이칸을 따랐다. 주가가 저평가되고 있다는 말에 그의 커뮤니티가 반응했고 그 결과 애플의 주가가 치솟았다. 이처럼 제대로 된 집단에 영향력을 행사할 수 있다면 어떤 메시지든 세상에 알릴 수 있다.

작가이자 기업가인 팀 페리스 역시 오디언스의 힘을 보여주는 훌륭한 사례다. 그가 트렌드를 주도하는 이유는 그의 말 한마디에 반응하는 오디언스를 둔 덕분이다. '팀 페리스 효과'라는 제목으로 유명해진 〈포브스〉 기사에서는 팀이 언급하는 것만으로도 브랜드 가치가 커지는 효과를 다루었다. 실제로 그가 팟캐스트에서 언급하고 나서 며칠 후 매출 신기록을 세운 브랜드가 많다. 그가 언급한 모든 브랜드가 그의 오디언스를 등에 업고 높이 날아올랐다. 버섯 커피 기업 포 시그매틱Four Sigmatic 은 팀의 팟캐스트에 광고를 내면서 큰 반응을 얻기 시작했고 아마존 매출이 급격히 늘어났다. 이제는 전 세계 소매점에서 포 시그매틱 제품을 만나볼 수 있다.

보통 사람들은 칼 아이칸이나 팀 페리스가 누구인지 잘 모를 수도 있다. 하지만 이들은 어떤 기업을 입에 올릴 때마다 그 기업이 유명세를 얻을 정도로 헌신적인 팬층을 보유하고 있다. 한번은 팀이 팟캐스트에서 특정 브랜드의 정어리 제품을 언급한 이후 홀푸즈에서는 해당 제품이 품절되었다고 발표하는 일도 있었다.

카다시안 가의 막내 카일리 제너 역시 이런 전략을 통해 역사상 세계에서 가장 젊은 자수성가형 억만장자가 되었다. 그녀는 10대 시절 내내 출연했던 리얼리티 쇼로 그 자리에 오른 게 아니다. 라이선스 계약이나 홍보료, 출연료도 아니었다. 그녀는 당신이 이제부터 시도할 바로 그 방법으로 그 자리까지 올랐다. 바로 온라인 오디언스를 바탕으로 소규모 인터넷 비즈니스를 대단한 성공으로 이끈 것이다.

물론 당신과 달리 카일리는 처음부터 많은 오디언스를 보유한 상태에서 시작했다. 한때 그녀의 인스타그램은 가장 팔로어가 많은 계정으로 꼽히기도 했다. 분명 그녀는 유리한 위치에 있었다. 하지만 이 부분을 제외하면 그녀가 수행한 모든 과정은 이 책을 통해 당신이 배울 내용과 완벽히 일치한다. 그녀는 자신의 오디언스가 소셜 미디어에 익숙한 젊은 연령층으로서 미용 제품 애호가라는 특성을 파악했다. 그리고 그들을 대상으로 카일리 코스메틱스라는 브랜드를 설립해서 가장 유명한 제품, 많은 이에게 동경의 대상이었던 자신의 신체적 자산인 입술을 이용한 제품을 출시했다. 바로 카일리 립 키트였다.

제품 출시에 맞춰 대대적인 광고가 쏟아졌다. 그녀의 오디언스는 생전 처음 본 제품에 기꺼이 돈을 지불했고 그 결과 출시 첫날 상품이 품절되었다. 카일리는 하루만에 1,900만 달러 매출을 올렸다. 18개월 차에 접어들었을 때 카일리 코스메틱스는 매출 4억 2,000만 달러를 달성했고 2년 만에 10억 달러 가치의 비즈니스로 성장했다.

여기서 중요한 점은 2년 만에 수십억 대의 비즈니스를 가능케 한 온라인 오디언스를 형성하기 위해 10년간 자매들과 함께 TV 리얼리티 쇼에 출연해야 한다는 것이 아니다. 온라인 오디언스와 이들을 타깃으로 한 브랜드가 제대로 맞아떨어질 때 비로소 성공이 따른다는 점을 기억해야 한다.

사업의 시작은 '사람'이어야 한다

100만 달러 비즈니스를 만들기 위해 100만 명의 팔로어가 필요한 건 아니다. 하루 고객 30명을 유치할 수 있는 3~5가지 제품에 약간의 광고와 브랜드 빌딩이면 된다. 다시 말해 시작 단계에서는 당신을 알고 팔로하고 물건을 구매하는 소수의 사람들에게 올인해야 한다는 뜻이다. 처음에는 대단치 않게 느껴지겠지만 곧 확산 효과가 나타나 눈덩이가 커지듯 점점 불어날 것이다.

마케팅 분야에서는 이를 가리켜 혁신 확산 이론이라고 부른다. 새로운 아이디어나 상품이 나오면 이를 수용하는 과정은 보통 정규분포(종형) 곡선 형태를 띤다. 초기에는 그 수는 적지만 큰 목소리로 상품에 대해 말하는 혁신자innovators가 나타난다. 첨단기술에 열광하는 친구가 새 제품을 구매하고 계속 떠들어대는 것을 생각해보라. 이 혁신자들은 초기 수용자early adopters, 전기 수용자early majority, 후기 수용자late majority 그리고 마지막으로 지각 수용자laggards가 관심을 가질 때까지 이야기를 멈추지 않는다.

스마트폰을 예로 들어보자. 스마트폰이 멋진 기술이라고 생각했던 혁신자들이 있었다. 이들이 친구들에게 소식을 전해 초기 수용자 집단을 만들었고 그렇게 몇 년이 흘러 이제는 할머니조차도 아이폰을 사용하기 시작했다. 그리고 당시의 혁신자들은 새로운 기술로 옮겨 갔다.

나는 이 과정을 지켜보며 어떻게 활용할 수 있을지 고민했다. 어떻게 하면 100만 달러 기업에 도달하는 엔진을 가동시킬 정도로 떠들썩한 소음을 만들어낼 수 있을까? 그렇게 칼 아이칸이나 팀 페리스가 아니어도

● 로저스의 혁신 확산 이론

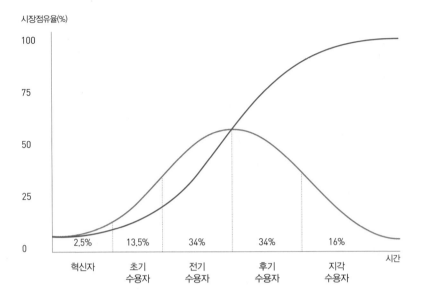

시장점유율(%)

100

75

50

25

0

| 2.5% | 13.5% | 34% | 34% | 16% |

혁신자　초기
수용자　전기
수용자　후기
수용자　지각
수용자

시간

에버렛 로저스가 1962년에 제시한 혁신 확산 이론(Innovation Diffusion Theory)을 나타낸 그래프. 그래프에서 회색 선은 혁신 기술이나 제품을 수용하는 사람들과 그들의 시장점유율을 나타낸 것이며 파란색 선은 시간에 따른 누적 수용도를 나타낸 것이다. (출처: 위키피디아)

이들의 전략을 유리하게 이용할 방법이 탄생했다.

　제품에 대한 고정 팬층을 형성하면 원하는 값을 부를 수 있다. 소수의 지지자, 즉 혁신자들과 초기 수용자들을 만드는 것이다. 이들을 아마존, 킥스타터, 월마트닷컴 등의 플랫폼에 결합시키고 추진력을 유지하기 위해 소셜 미디어를 활용한다. 그러다 보면 하루 100개 판매를 향해 눈덩이가 알아서 굴러가기 시작한다. 몇백 명의 충성 고객층을 만들면 당신의 삶이 달라지는 비즈니스 모델을 만들 수 있다. 이런 점에서 칼과 팀, 마이크로 브랜드의 사례는 모두 같은 맥락이라 볼 수 있다.

관심을 불러일으키는 정체성 마케팅

캐피털리즘닷컴 회원 중에는 커피를 판매하는 사람이 여럿 있다. 그중 값비싼 고급 제품을 판매하는 사업가의 메시지 대상은 거만하고 호사스러운 고객층이다. 반면 엄마들 시장에 집중하는 사람이 있다. 그녀의 마케팅 메시지는 '여성들이 커피를 나누며 유대감을 쌓을 때 세상이 한결 아름다워지지 않을까?'다.

또 블랙 라이플 커피Black Rifle Coffee 같은 기업도 있다. 블랙 라이플의 광고를 한 번도 본 적이 없다면 구글에서 찾아보라(다만 주변에 어린아이가 없도록 해야 한다). 이들의 광고는 자신의 돈을 진보주의 성향의 스타벅스에 쓰고 싶지 않은, 총기를 보유한 보수주의자들의 마음을 완벽하게 사로잡았다. 이들은 커피의 맛이나 공급업자, 추출 방식에 대한 내용은 언급하지 않는다. 다만 총을 쏘는 모습을 보여주며 총기 소유자들에게 커피를 마시라고 독려할 뿐이다. 고객들은 열광했다. 회사는 정체성 마케팅을 선보였고 반응은 뜨거웠다.

블랙 라이플 커피와 여타 커피 회사의 차이점은 무엇일까? 제품에 대해서라면 모두 똑같은 원두를 썼을지도 모른다. 그러나 브랜드가 달랐다. 좀 더 정확히 말하자면 기업이 타깃으로 삼은 고객층이 완벽히 달랐다. 고객을 파악하고 그들이 원하는 것을 제공하면 경쟁사들과 똑같은 제품을 판매해도 100만 달러 비즈니스를 만들 수 있다. 애초에 경쟁사들과 경쟁할 일이 없다. 다른 고객을 대상으로 하기 때문이다.

몇 년 전 밀러쿠어스의 '라이트' 브랜드가 경쟁사들에게 밀려 시장점유율이 낮아졌다. 솔직히 말하면 완전히 두들겨 맞고 있었다. 밀러는 시장 분위기를 전환하고 새로운 마케팅 슬로건을 찾기 위해 전문 브랜딩 에이전시와 손을 잡았다. 그리고 에이전시를 대동해 양조장을 돌며 맥주 제조 과정 일체를 공개하고 기업의 표적 시장과 브랜드 스토리를 심도 있게 분석한 후 새 광고가 탄생하기를 기다렸다.

마케팅 기업은 '밀러 라이트: 3단계 제조 공법을 거치다'라는 슬로건을 내세웠다. 몇몇 비웃는 사람들도 있었다. 실은 모든 맥주가 3단계 제조 과정을 거치기 때문이다. 하지만 지금껏 이 점을 내세운 기업이 없었기에 대중의 인식에도 없는 개념이었다. 밀러는 이 캠페인을 시작했다. 아니나 다를까, 고객들은 3단계 제조 공법으로 만들어진 밀러 맥주가 경쟁사의 맥주보다 어쩐지 더 맛있다는 생각에 사로잡혔다.

이제는 오디언스도 전보다 영리해졌기 때문에 상품 마케팅 이상을 해야 한다. 즉 고객 마케팅을 펼쳐야 한다. 2~3년 전 나는 달러 셰이브 클럽 Dollar Shave Club의 창립자 마이클 더빈을 캐피털리즘 컨퍼런스에 초빙했다.[*] 마이클은 보잘것없었던 사업 초기 시절 이야기를 들려주었다. 그는 사업가로서 시작한 것이 아니었다. 코미디언이었던 그는 사업가와는 완벽히 대치된다고 볼 수 있는 위치에서 비즈니스를 시작했다.

마이클은 업라이트 시티즌스 브리게이드Upright Citizens Brigade라는 극단과 여러 TV 프로그램 및 영화 작업실을 오가며 코미디 경력을 키웠다. 사업이라곤 생각도 없었던 그에게 우연히 기회가 찾아왔다. 파티에서 만난 친구 하나가 아시아에서 수입해온 엄청난 물량의 면도기가 처치 곤란 상태라고 그에게 토로한 것이다. 마이클의 머릿속에 한 가지 아이

---

[*]   마이클 더빈과 나눈 인터뷰는 캐피털닷컴의 팟캐스트에 올라와 있다.

디어가 스쳤다. 면도기를 상점 판매대에 올리려고 애쓰는 대신 많은 사람이 사용하는 이 필수품을 번거롭게 사러 나가야 하는 불편함을 해소해주면 어떨까? 면도기를 고객의 집으로 바로 배송한다면?

그는 오디언스를 정확히 알고 있었다. 자신과 마찬가지로 매달 싸구려 면도날을 구매하기 위해 상점과 마트를 도는 데 신물이 난 모든 남성이었다. 아이디어의 기본적인 틀이 머릿속에서 잡혀갔다. 그는 사업 계획을 세우고 배송 방법을 고민하기 시작했다. 론칭을 할 때가 되자 그는 코미디 경력을 이용해 기업이 목표로 삼은 고객의 정체성을 정확하게 노린 우스꽝스러운 영상을 제작했다. 타깃 고객은 저렴한 비용으로 편리하게 면도하고 싶은 20~30대 젊은 남성이었다.

"이 면도날이 좋으냐고요?"

광고에 직접 주인공으로 등장한 그는 영상 초반에 나와 이렇게 묻는다.

"아니요. 이 면도날은 '완전 끝내줘요.'"

달러 셰이브 클럽은 유머와 브랜드 스토리를 바탕으로 타깃 고객 앞에 등장했고 즉시 성공을 거두었다. 기업은 곧 면도기 구독 서비스에서 저렴하고 편리한 욕실 용품으로 배송 서비스를 확장했다.

달러 셰이브 클럽의 면도기가 질레트나 다른 경쟁 업체의 제품과 비교해 엄청나게 달랐을까? 그렇지 않았다. 하지만 이들은 다른 고객을 목표로 삼았고 효과가 있었다. 2016년 유니레버가 10억 달러에 달러 셰이브 클럽을 인수했다. 중국에서 들여온 면도날을 새롭게 포장한 제품에 강점이 있다고 판단한 게 아니었다. 오디언스의 관심을 사로잡고 이들을 실고객층으로 전환한 달러 셰이브 클럽의 능력에 가치를 둔 것이었다.

대부분의 사업가들이 실패하는 이유는 만인을 위한 상품을 만들고자

하기 때문이다. 누구에게도 호응을 얻지 못하는 메시지로 대중 광고를 하며 돈을 낭비한다. 사람들의 관심을 얻고 싶다면 단지 제품을 판매하는 게 아니라 특정한 사람에게 광고해야 한다.

그렇게 할 때 비즈니스의 인수를 고려하는 대기업의 관심까지 사로잡을 수 있다. 킴벌리클라크 같은 대기업이 파티용 제지회사, 건물 관리인들을 타깃으로 한 제지회사, 가족을 대상으로 한 제지회사를 인수할 수도 있다. 유니레버가 달러 셰이브 클럽을 매입한 것도 같은 맥락이다. 이들은 브랜드를 인수하는 게 아니라 시장을 장악하는 것이다.

특정 그룹의 사람들을 개척해 당신의 브랜드를 이들에 맞춰 특화하면 대단히 열성적인 팬뿐 아니라 미래의 인수 업체도 끌어올 수 있다. 앞으로 이 책을 통해 당신은 대기업이 엄두도 내지 못하는 시장을 형성하는 방법을 배울 것이다. 그렇게 당신은 업계에서 가장 매력적인 사업가가 되고 대기업들은 당신을 붙잡으려 애쓸 것이다.

이제 정말로 비즈니스에 뛰어들 준비가 되었는가? 솔직히 말해서 그런 당신이 조금 부럽기까지 하다. 시간을 되돌려 당신이 앞으로 겪을 일들을 다시 경험할 방법이 없기 때문이다. 언젠가 당신에게서 그간의 이야기를 들으며 대리 만족을 하는 수밖에 없다.

단계별 프로세스를 시작하기 전에 먼저 이해해야 할 것이 몇 가지 있다. 기회의 장이 변화하고 있음을 이해하고 정체성 마케팅의 영향력을 깨우치는 것도 중요하지만 무엇보다 자신의 마인드셋을 점검하지 않으면 아무런 성과도 이루지 못한다. 모든 것을 걸고 뛰어들기 전에 자신의 마인드셋부터 평가해야 한다. 이것이 사업가의 여정을 시작하기 전에 스스로에게 할 수 있는 최고의 투자다.

사업가의
마인드셋

．
．
．

당신이 할 수 있는 가장 수익성 높은 일은
바로 리더인 자신을 보살피는 것이다.
당신의 습관, 문화, 도덕관념이
당신이 만드는 비즈니스와 상품에 스며드는 만큼
신체적, 정신적으로 자신을 돌봐야만
무언가를 창조하고 사람들에게 가치를 제공할 수 있다.

대다수 사람들이 가난한 것은 다음 두 가지 이유 때문이다.

1. 부유해질 수 있는 전략을 따르지 않는다.
2. 부유한 사람의 마인드셋을 갖고 있지 않다.

이 책으로 첫 번째 문제는 해결할 수 있다. 부유해질 수 있는 전략은 먼저 비즈니스를 설립하고 그런 다음 발생한 수입을 투자하는 두 단계를 거치는 것이다. 이 책은 비즈니스 설립 부분을 해결해줄 수 있다. 하지만 마인드셋을 변화시키는 것은 당신의 몫이다. 사고방식을 바꾸고 자신의 것으로 만들어 적극 활용할 때 성공의 가능성이 열린다.

앞서 사업가들은 이상한 사람들이라고 말했던 것을 기억하는가? 보통 사람들과 다르게 세상을 본다고 했던 걸 기억하는가? 좀 더 구체적으로 말하면 대다수 사업가들은 화가 잔뜩 나 있는 상태에 가깝다. 우리는 다른 사람들이 틀렸다는 것을 어떻게든 증명하고 싶어 한다. 엄청난 스트레스와 위험을 기꺼이 감당하면서 돈과 생계를 추측 하나에 걸 수 있는 것도 그 때문이다.

사업가가 되는 일이 유행처럼 번지고 있는 요즘은 비즈니스를 한다는 생각만으로도 설레고 흥분될 것이다. 자신의 꿈을 좇는 한편 부와 자유까지 거머쥘 수 있다니 분명 좋은 일이다. 창업이 수백만 달러를 버는 쉬운 길이라 믿고 진로를 바꾸는 사람들도 많다.

하지만 사업가가 된다는 건 하루에 12시간을 일하고 빚이 쌓이고 홀로 야근하며 밤을 지새우는 날들이 많다는 뜻이다. 이 세상에 의지할 사람 하나 없이 폭풍을 넘기고 나면 또 폭풍이 오는, 도무지 끝이 보이지 않는 시간을 견디는 것이다. 세상 누구도 당신을 이해하지 못한다(물론 같은 사업가들은 제외다). 사업가들은 지독히도 외로운 사람들일 때가 많고 외로운 사람들이 훌륭한 사업가가 될 때가 많다. 우리는 한 가지 특별한 정서를 공유하는데 바로 '이상하다'는 점이다.

수년간 사업가로 살고 수백 명의 사업가들과 함께 일하면서 나는 우리의 마인드셋과 행동에 상당히 유사한 패턴, 성공과 실패를 결정짓는 패턴이 있다는 걸 깨달았다. 또 개인적으로 이야기를 나누다 보면 거의 모두가 유사한 경험을 했고 과거사로 빚어진 마음의 응어리가 어른이 되어서도 남아 있음을 발견할 수 있었다.

모든 사업가가 똑같이 생각하고 똑같이 행동한다는 말을 하려는 게 아니다. 다만 사업을 운영하는 데 대단히 큰 역할을 하는 몇 가지 패턴들은 존재한다. 패턴이라고 해서 나쁜 것은 아니다. 오히려 대부분 사람들보다 높은 수준의 경제적, 창의적 성공을 달성하는 비법에 가깝다.

자신의 동기를 이해하지 못하면 마인드셋을 통제하고 이끄는 능력 또한 잃고 그 결과 마음이 당신을 가로막아 앞으로 나아가지 못할 수 있다. 100만 달러 비즈니스를 정말로 만들고 싶다면 브랜드를 만들기에 앞서 우선 자기 개선을 위해 노력해야 한다.

당신을 성장시키는 원동력은 무엇인가

내가 열한 살 때 부모님은 이혼했다. 이런 일을 겪는 아이들이 많지만 나는 유난히 힘들어했다. 무엇이든 적응이 느린 편이었기에 새로운 중학교에서도 겉돌았다. 큰 치수의 낡은 옷을 입은 전학생이었던 나는 컴퓨터에서 위안을 찾았다. 1분에 단어 100개를 타이핑하고 웹사이트를 만드는 법을 일찍 깨우쳤다.

이혼 후 어머니는 복직을 했고 아버지는 집을 떠나 새로운 삶을 꾸렸다. 나는 학교를 마치면 텅 빈 집에 가야 했다. 신체적 변화와 더불어 금이 간 삶에서 외로움을 느꼈다. 리더십을 발휘하는 사람도, 강력한 역할모델도 없이 홀로 견뎌야 할 것이 많았다. 내 어머니는 물론 홀로 아이를 키우는 모든 부모에게 감사의 말을 전한다. 어린아이였던 나는 당시 엄마의 세상 또한 산산이 부서지고 있었음을 알지 못했다. 성인이 된 이후 누군가의 엄마로서만 살아왔던 그녀는 이제부터 어떻게 살아야 할지 고민해야 했고 돈을 벌어야 했으며 자신의 꿈을 포기해야 했다. 어머니는 우리를 위해 굉장히 고생했다. 이제야 어머니가 얼마나 힘든 세월을 보냈을지 알 것 같다.

성$_{gender}$ 역할 모델과 방향을 찾아 헤맸던 나는 남자 친구들과만 어울리며 멘토를 구하려고 애썼다. 교회에는 힘과 용기를 북돋아주는 성인 남성들이 몇몇 있었고 나는 청소년부 활동에 깊이 빠져들었다. 그때 많이 의지하던 친구가 한 명 있었다. 당시 어딘가에 소속되길 간절히 바랐던 내게 그는 이른바 잘나가는 친구들을 소개해주었다. 나는 매일같이 그 아이들과 함께 점심을 먹었다. 새로운 친구들도 사귀고 방과 후 활동에도 참여했다. 나는 그를 우상처럼 우러러보며 1년 반을 쫓아다녔다. 그 친구처럼 옷을 입었고 그가 추천하는 책을 읽었으며 그가 좋아할 만한 농담을 했다.

친절하고 따뜻하며 겸손한 친구가 내 곁에 있어 무척이나 감사했다. 버림받았다고 느끼던 그 시기에 그는 든든한 뿌리가 되어주었다. 그러던 어느 날 그가 나를 바라보며 이렇게 말했다.

"너, 정말 짜증 나. 난 네가 불쌍해서 친구가 돼준 거야."

뭐라고? 그는 친구들이 내 뒷담화를 하고 있으며 누구도 나를 그들 무리의 일원으로 생각지 않는다고 말했다.

그날의 일이 지금도 선명하게 기억난다. 그 친구가 나를 바라보던 눈빛, 이런 이야기를 하고는 별일 아닌 듯 어색하게 짓던 웃음도 기억한다. 당시 내가 입고 있었던 검은색 긴팔 티셔츠까지도. 나는 집에 돌아와 눈물을 쏟았다. 내 인생에서 그날처럼 외롭고 비참했던 기분을 느꼈던 적이 없었다.

그날 이후 점심시간에 그와 친구들이 앉아 있는 테이블로 가지 않았다. 학년이 끝날 때까지 매일 점심을 거르고 컴퓨터실에 숨어 있었다. 이후 4년 동안 마치 신체적으로 폭력을 행사한 사람을 피해 다니듯 나는 그를 피해 다녔다. 그와 시선을 마주치는 것조차도 두려웠다. 졸업반 때 나는 '장래가 촉망되는 학생'에 2등으로 뽑혔다. 그에게 졌다. 그가 나를 이겼다는 것이 끔찍하게 싫었다.

학년 말이 가까워질 즈음 나와 그는 소규모 방과 후 활동을 함께하게 되었다. 4년 동안이나 상처와 불안, 두려움을 마음속에 품고 살았던 나는 용기 내어 그 아이에게 맞서기로 했다. 교실에는 우리 둘뿐이었고 어색할 정도로 고요했다. 나는 목을 가다듬고 이렇게 말했다.

"8학년 때, 우리 절교했던 그날 일에 대해 이야기 좀 할 수 있을까?"

그 친구가 나를 이상하게 쳐다봤다.

"어?"

"그 일 있잖아. 네가 나를 사실은 별로 안 좋아했고 그냥 불쌍해서 어울렸다고 말했던 거."

"나 그런 말 한 적 없는데."

뺨을 한 대 맞은 것 같은 기분이었다. 난 그날 일을 너무나 생생하게 기억하고 있었다.

"아냐, 그랬어. 단 하루도 잊어본 적이 없다고."

"난 기억이 안 나. 미안해."

소리를 치거나 주먹을 날리고 싶은 마음을, 둘 다 해버리고 싶은 마음을 겨우 억눌렀다.

"기억이 안 난다니, 무슨 소리야? 나는 그날 이후 매일 컴퓨터실에 숨어 지냈는데!"

친구가 어깨를 으쓱했다. 엄청난 충격에 휩싸여 말문이 막힐 지경이었지만 간신히 한마디를 더 했다.

"우리 4년간 대화 안 했잖아. 우리 원래 친구였다고. 내가 왜 네 인생에서 사라졌는지 궁금하지도 않았어?"

그는 또 한 번 어깨를 으쓱했다.

"글쎄, 별로 생각해보지 않았던 것 같아. 미안해."

그걸로 끝이었다. 친구는 그날의 사건을 전혀 기억하지 못한다고 했다. 정확히 말하면 그가 내게 심한 말을 했을 때는 우리 둘 다 어린애였고, 4년이 지나 내가 따졌을 때 그는 열여덟 살의 나이로 삶이 순탄하게 풀리고 있었다. 학교에서 주는 상도 받고 가을에는 명문 대학 입학도 앞두고 있었다. 그는 자신의 삶을 살며 앞으로 나아가고 있었지만 나는 그날의 대화만을 머릿속으로 몇 년이나 반복하고 있었던 것이다.

내가 이 이야기를 꺼낸 데는 두 가지 이유가 있다.

첫째는 이 이야기를 들려줄 때마다 사람들은 하나같이 잘 안다는 듯 고개를 끄덕였다. 많은 사업가가 인생에서 한 번쯤 외로움을 느꼈던 적이 있었다. 나와 비슷한 사연이었고 이혼 가정 출신이 많았다. 버림받고 소외되고 거부당하고 인정받지 못했다는 공통된 정서를 하나같이 경험했다. 만일 내 이야기에서 당신의 모습이 겹쳐진다면 당신이 혼자가 아니라는 점을 알려주고 싶다.

그리고 두 번째 이유가 훨씬 중요하다. 그 친구가 아니었더라면 나는 지금 백만장자가 되지 못했을 것이다. 나는 그를 피해 매일 컴퓨터실에 숨어들었다. 그곳에서 웹사이트를 개설하는 법을 배웠고 트래픽을 유도하는 법도 배웠다. 글을 쓰는 법도 익혔다. 그 친구가 아니었다면 당신은 이 책을 읽지 못했을 것이다. 그가 없었다면 당신을 자유롭게 해줄 비즈니스를 어떻게 시작해야 할지 몰랐을 것이다.

어떤 일이 벌어진 데는 다 그만한 이유가 있다는 진부한 이야기를 하는 게 아니다. 당신의 삶에서 불공평한 일들이 벌어졌고 이미 벌어진 일을 되돌릴 수는 없지만 그 일을 성공을 향한 원동력으로 삼을 수는 있다는 말이다. 이런 고통스런 순간들에서 도망칠 수도 있지만 얼마든지 마음을 다잡고 변화의 분기점으로 삼을 수도 있다.

사업가란 문제를 해결하는 사람이다

우연일 수도 있다. 어쩌면 하나의 패턴일지도 모른다. 아니면 지극히 보편적인 현상일 수도 있다. 어쨌거나 내가 만난 사업가들 모두 내 이야기에 공감하거나 적어도 외로움이라는 감정에 익숙했다. 그 어떤 경고도 희망도 없이 어느 날 갑자기 그들 스스로 모든 결정을 내리고 그 결과를 감내해야만 하는 삶이 펼쳐졌다. 어느 시점엔가 그들은 자기 자신에게 이렇게 되뇌었다. '누구도 날 돌봐줄 수 없으니 나 스스로 알아서 해야 한다.' 이런 압박감이 어떤 계기가 되었고 나는 바로 이 지점에서 사업가의 마인드셋이 탄생한다고 생각한다.

사업가란 어떤 문제를 책임지고 조치를 취하는 사람이다. 예를 들어 '빈털터리가 되었다'는 문제를 인식하고 더 이상은 이렇게 살지 않겠다고 결심할 수도 있다. 어쩌면 당신의 삶이 망가졌다는 문제를 깨닫고 마침내 무엇이든 해야겠다는 생각이 들 수도 있다. 아니면 자녀들에게 아무런 미래가 없다는 자각이 들었고 더 이상은 다른 사람들이나 조건을 탓하는 데서 벗어나 스스로 뭔가를 시작하고 더 나은 방향으로 현실을 바꿔나갈 때가 되었다고 느낀 건지도 모른다.

사업가는 다른 사람이 만들어놓은 문제를 해결하는 사람이다. 사업가는 변화를 만들기 위해 책임을 지는 사람이다. 내가 극복해야만 모든 문제와 난관, 고통스러운 순간이 이 여정에 반드시 필요했던 부분이 된다. 아무도 당신을 구해주러 오지 않을 거라는 사실을 깨닫는 순간 굉장한 가능성이 열린다. 누구도 당신의 삶을 대신 추슬러줄 수 없다. 누구도 당신에게 100만 달러를 벌어줄 수 없다.

어떤 이들은 돈이란 한정되어 있고 쉽게 얻을 수 없다는 믿음에 발이 묶인다. 이런 신념이 이들의 세계관을 형성하고 그 결과 행동도 국한된다. 당신도 돈이 한정되어 있고 벌기 어렵다고 믿는다면 수익성은 더 높지만 불확실한 미래를 위해 거지 같은 일을 그만둘 용기를 내지 못할 것이다. 이런 사람들은 안전한 길을 선택하기 마련이다.

어떤 사람들은 돈을 버는 것이 이기적인 행위이고 부유한 사람들은 나쁘다는 믿음 때문에 아무것도 하지 못한다. 이들은 비즈니스를 움직이는 것이 지극히 객관적인 동력, 즉 수익이라는 사실을 견디지 못하기 때문에 절대로 사업가가 될 수 없다. 이런 사람들은 수익을 창출한다는 것에 반감을 느꼈던 적이 있고, 이 불편한 감정을 다른 사람들에게 투사해 돈을 버는 것에 죄책감을 갖도록 만든다.

내 프로세스를 따라 수백만 달러 비즈니스를 만드는 사람도 있고, 나를 사기꾼이라고 부르는 사람도 있다. 자신의 세계관과 결과에 따른 책임을 온전히 지겠다고 마음먹으면 세상은 당신이 믿는 대로 펼쳐진다.

덧붙이자면 '자기 개선을 위해 노력하라'는 말은 이 책만 열심히 읽으면 된다는 뜻이 아니다. 본인의 마음을 의식하고 자각하라는 뜻이다. 자신의 마인드셋을 살펴보고 솔직하게 평가해보기 바란다.[*]

번아웃되지 않도록 자신을 돌보라

사업가로서 내가 고수하는 원칙 중 하나는 바로 자기 자신부터 돌봐야 한다는 것이다. 나 자신을 끊임없이 혹사시킨 끝에 어렵게 배운 교훈이다. 당신은 비즈니스를 운영하는 사람이며 비즈니스란 보통 리더의 모습을 따라가기 마련이다. 당신의 습관, 문화, 도덕관념이 당신이 만드는 비즈니스와 상품에 스며든다. 신체적, 정신적으로 자신을 돌봐야만 뭔가를 창조하고 사람들에게 가치를 제공할 수 있다. 당신이 할 수 있는 가장 수익성 높은 일은 바로 리더인 자신을 보살피는 것이다.

　사업을 운영하다 보면 스트레스가 생기고 이는 나쁜 선택으로 이어진다. 좋은 아이디어는 억지로 만들 수 있는 게 아니다. 내 친구이자 자칭 '기업인들을 위한 정신과 의사'인 피터 셸라드가 사업가의 가장 중요한 목표는 업무를 원활하게 할 수 있는 상태를 유지하는 것이라고 강조하는 이유도 이 때문이다. 건강한 음식을 섭취하고 운동을 하고 필요할

---

[*] 자기 평가 결과, 약간이라도 자기 회의나 실패에 대한 두려움을 발견했다면 당신이 들었으면 하는 팟캐스트 에피소드가 있다. 비즈니스가 아니라 당신의 마음을 괴롭히는 악령을 몰아내는 것에 관한 내용이다. 이 에피소드는 '당신은 충분하다'(You Are Enough)라는 제목으로 'Capitalism.com/best'에서 찾을 수 있다.

때마다 휴식을 취해야 한다. 사업가가 자신을 돌본다는 것은 고객과 직원, 투자자 등 사업의 이해당사자들을 돌보고 광고와 소셜 미디어 상호작용에 신중히 임하도록 자신을 준비시킨다는 뜻이다.

목적이 반드시 수단을 정당화하는 건 아니다. 과정이 불행하다면 결과에도 만족하지 못할 것이다. 나도 예전에 한 아이디어를 실현시키며 즐겁지 않은 과정을 거쳤던 적이 있는데 최종 결과물도 정말 마음에 들지 않았다. 고생할 준비가 되어 있어야 하는 건 맞지만 고통을 견뎌야 하는 것은 아니다.

차이점은 이것이다. 뭔가를 증명하거나 정신적 장벽을 뛰어넘으려 노력할 때는 스트레스, 번아웃, 좌절, 실패를 경험한다. 나는 이것을 '불행의 확장'이라고 표현한다. 반면에 여유롭게 뭔가를 창조하고 그 과정에서 타인에게 가치 있는 것을 제공할 때는 삶과 비즈니스 모두 말할 수 없이 즐거워진다.

내가 가장 성공했을 때는 여정을 가장 즐겼던 때였다. 맷과 함께 시어스트렝스를 만들 때 우리는 제품에 대한 열정과 우리가 사고 싶은 것을 직접 만든다는 생각에 즐거웠다. 그러나 스스로 제동을 걸고 시장이나 새로운 유행을 따를 때는 난관에 봉착하곤 했다. 이런 나쁜 선택들은 시간과 돈을 잡아먹을 뿐이었다.

현재 나는 새로운 식품 기업을 만들고 있다. 굉장히 흥미로운 프로젝트라서 이제까지 해본 일 중 가장 성공적인 비즈니스가 되거나 가장 즐거운 실패가 될 것으로 예상하고 있다. 어느 쪽이든 프로젝트 자체가 즐겁기에 그것만으로도 충분히 가치 있는 목표다. 현재 하고 있는 일을 즐기지 못하면 번아웃을 경험한다는 사실을 기억하라.

돈이 아닌 가치를 좇아라

일론 머스크는 외로운 사람이다. 그가 직접 그렇다고 말하기도 했다. 세상을 변화시키는 기업을 세 개나 운영하면 여자 친구를 사귀거나 지인들과 함께하는 시간은 물론 다른 뭔가를 할 시간을 내기가 어렵다. 솔직하게 말해서 일과 생활의 균형을 잘 유지하는 사업가를 별로 만나보지 못했다. 일과 생활의 완벽한 균형을 유지하는 행복한 사람은 세상을 떠들썩하게 하는 사업가가 되기 어렵다.

사업을 할 때는 어깨에 무거운 짐을 지고 두려움을 마주한 채로 나아갈 줄 아는 태도가 필요하다. 첫 번째 비즈니스든 백 번째 비즈니스든 어느 순간이 되면 같은 질문을 스스로에게 던져야 할 때가 찾아온다. 전부 다 수포로 돌아가는 건 아닐까? 사기꾼 소리를 듣는 건 아닐까? 경쟁자가 벌써 더 나은 버전을 만든 건 아닐까? 이 작은 속삭임에 대부분의 사람들은 무너지고 만다. 그러나 사업가는 평생 동안 두려움을 이겨내고 살아왔기에 이런 속삭임에 흔들리지 않고 나아간다.

내가 하는 일이 가치 있는 일임을 한순간도 의심해본 적 없다는 말을 하려는 게 아니다. 사실 목표를 좀 더 소박하게 잡았더라면 더 행복하지 않았을까 고민하며 셀 수 없이 많은 밤을 뒤척였다. 내가 장기 휴가를 쓰기를 바라는 가족이 있지만 그럴 때마다 하루라도 빨리 게임에 복귀하고 싶어 안달 난 프리 에이전트가 된 것 같은 기분이었다.

시어 스트렝스를 매각한 후 사업가의 삶에 대해 유독 우울함을 느꼈던 시기가 있었다. 하루아침에 1,000만 달러가 생겼지만 전보다 더 행복해진 것은 아니었다. 그즈음 우연히 사업가 친구와 팀 페리스와 함께 저녁 식사를 하게 됐다. 팀은 최근 텍사스주 오스틴으로 이사를 왔고 친구가 팀과 나를 저녁 식사에 초대했다.

우리는 종교부터 사업, 인간관계 등 다양한 주제로 이야기를 나눴지만 그에게 정말 묻고 싶었던 질문이 하나 있었다.

"팀, 정말 궁금한 게 있는데요. 당신은 제가 꿈꾸는 수준의 성공을 달성했잖아요. 그런데도 이게 다 무슨 의미일까 고민하는 때가 있습니까?"

그러자 그는 크게 웃으며 말했다.

"가족들 앞에서 제가 매일 하는 소리예요!"

곧 팀은 진지 모드로 전환되었다. 그의 영상을 본 적이 있다면 표정이 완전히 달라지는 진지한 팀의 얼굴을 알 것이다. 바로 그 얼굴을 하고 그는 내게 말했다.

"라이언, 제가 깨달은 건 이거예요. 좇을 가치가 없는 일들이 많아요. 그렇다고 해서 아주 가치가 없는 건 아니죠. 그 일은 가치가 없다 해도 뭔가를 추구하는 것 자체가 가치 있거든요."

사업가란 무엇인지 단번에 정리가 되었다. 돈이 중요한 게 아니다. 뭔가를 좇는 과정에서 당신이 어떤 사람으로 성장하는지가 결국 모든 것을 가치 있게 만든다. 부업으로 비즈니스를 향한 여정을 시작할 수는 있지만 반응이 오는 순간, 다시 말해 지속적으로 판매가 발생하는 순간 벨트를 조이고 올인해야 한다. 그리고 이 순간은 당신이 미처 깨닫기도 전에 찾아온다. 보통은 비즈니스를 시작한 후 4~6개월 때다. 앞뒤 가리지 않고 열정적으로 뛰어들어 하루에 12시간씩 일해야 하는 때다. 그렇게 일하는 것이 일상이 되어버리지만 무척 신이 난다. 직장을 다니고 있다면 1년 동안 저녁 시간과 주말은 반납해야 한다는 의미다.

목표를 향한 추구는 자신의 모든 것을 내걸겠다는 다짐과 함께 시작된다. 긴 여정이 될 거라는 점을 인정하고 그럼에도 뛰어들겠다는 결심으로 시작된다. '자유는 거저 주어지지 않는다'는 말을 들어봤을 것이다. 미국의 자유를 수호하느라 전사한 영웅들을 기릴 때 쓰는 말이다. 하지만 우리 개인의 자유 또한 아무런 대가 없이 얻을 수 없다. 자유를 얻기 위해서는 정말로 열심히 노력해야 한다.

당신이 사업가로서의 삶을 선택한 이유는 자유를 바라기 때문이다. 특별한 삶을 바란다면 그만큼의 희생을 감수해야 한다. 이 여정 동안 여러 어려움을 맞닥뜨리고 자신에 대해 새로운 면을 배울 것이다. 당신이 생각했던 것보다 자신에 대해 더 많은 것을 알게 된다! 지금 당신은 판도라의 상자를 열기 직전이다. 자신을 잘 안다고 생각하겠지만 6개월 후 되돌아보면 자신의 내면이 이토록 겹겹이 싸여 있었는지 새삼 놀랄 것이다.

세상은 당신의 브랜드를 기다리고 있다

자, 이제 시작이다. 지금껏 나는 당신이 이제부터 하려는 일이 무엇인지, 어떻게 성공할 수 있는지, 삶이 어떻게 달라지는지 대략적인 그림을 보여주었다. 기회가 무엇인지, 대단한 영향력을 발휘하기 전 몇 번의 기회를 갖게 될지도 알려주었다. 또한 당신이 만들고자 하는 것에 대한 수요가 왜 많은지, 사람들은 왜 당신이 100만 달러 브랜드를 설립하기를 기다리는지에 대해서도 논했다.

이 책이 당신의 인식을 높이고 당신의 신념과 마인드셋에 대해 깊이 고민하게 만들었기를, 왜 자기 개선에 힘써야 하는지 깨달았기를 그리하여 이 길에서 지쳐 쓰러지는 일이 없기를 바란다.

이제는 사업의 방법을 보여주는 것 외에 더는 해줄 것이 없다. 앞으로 당신은 1년에 100만 달러 비즈니스를 만들기 위해 밟아야 할 단계를 정확한 절차에 따라 배우게 된다. 그리고 각 장마다 나와 내 멘티들, 당신이 알 만한 대형 브랜드들의 사례를 통해 각 단계가 실전에서 어떻게 펼쳐지는지 확인할 것이다.

어떤 단계도 생략해서는 안 된다. 책을 다 읽기 전에 성급히 비즈니스를 시작하려 해서도 안 된다. 꼼꼼하게 정독한 후 궁금한 점이 있다면 캐피털닷컴 온라인 커뮤니티를 찾기 바란다. 당신과 같은 사업가 수만 명이 자기 경험을 나누고 당신의 질문에 답해주기 위해 모여 있는 곳이다. 비즈니스를 만드는 동안 만나게 될 사람들이 아마도 당신의 삶에서 가장 중요한 인간관계가 될 것이다. 가능한 한 빨리 커뮤니티 사람들과 소통하며 당신의 커뮤니티를 꾸리기 바란다.

무엇보다도 여정을 즐겨라! 그렇다. 이제 당신을 겁주는 것은 끝났다. 진짜 재밌는 여정이 펼쳐질 것이다.

STEP 3

당신이 정해야
할 것은 고객이다

당신의 삶에서 함께하는 사람들은 누구인가?

그들이 원하고 필요로 하는 것은 무엇인가?

가까운 이들의 니즈는 파악하기가 쉽다.

이처럼 고객을 파악하고 이들의 불편함과 해결책을 알고 있다면

새로운 비즈니스를 시작할 수 있다.

100만 달러 비즈니스를 불가능한 이야기처럼 느끼는 이들이 많다. 너무 크다거나 대담하다거나 또는 너무 멀리 있다고 생각한다. 물론 이 일을 수백 번이나 목격한 나로서는 투지와 의지만 있다면 어떤 사업가든 이룰 수 있음을 알고 있다. 그러나 이 두 가지를 갖추지 못한 사람들이 많기에 내가 너무 간단한 일처럼 떠들어댄다고 오해를 살 때가 많다.

때문에 나는 비즈니스의 첫 몇 달을 '그라인드'라고 일컫는다. 제대로 된 상품 하나를 갖추고 지속적인 판매가 발생하기까지는 모든 선택 하나하나가 큰 산처럼 느껴진다. 시작 단계에서는 더욱 그렇다. 무엇을 팔아야 할지 모르는 상태거나 완전히 파산한 상태라면 100만 달러 비즈니스가 가능하다는 생각을 아예 하지 못한다.

수지 바티즈가 바로 그랬다. 수지는 평생 사업가가 되기 위해 애썼다. 젊었을 때 다양한 사업을 시작했다가 접었고 두 번이나 파산한 경험이 있었다. 첫 파산은 스무 살 때 웨딩숍이 망하면서 겪었고, 두 번째는 서른 살 때 조직 문화를 분석해서 인사 담당자와 구직자를 연결해주는 웹사이트를 만들려다 실패하면서 파산을 맞았다. 하지만 타고난 사업가가 그렇듯 반복된 실패에도 그녀는 도전을 멈추지 않았다.

다음 사업 아이디어는 40대 중반에서야 찾아왔다. 남편이 사용한 뒤 악취가 가득한 화장실을 마주한 순간 아이디어가 그녀의 코앞에 나타났다. 가끔은 당신이 겪는 가장 심각한 문제가 가장 수익성 높은 해결책의 탄생을 알리는 징조일 때가 있다.

너무 말도 안 되는 아이디어 같았다. 하지만 큰일을 보고 화장실에 남아 있는 냄새를 없앨 방법이 있지 않을까? 그녀는 여러 향료 오일을 실험해보기 시작했다. 얼마 안 되어 볼일을 보기 전에 뿌리면 냄새를 없앨 수 있는 '신비한 약물'을 발견했다. 그녀는 몇 번의 개선 과정을 거쳐 개발된 약물을 스프레이 통에 넣었다. 그렇게 푸푸리Poo-Pourri의 비포유고BeforeYouGo 스프레이가 탄생했다.

아이디어가 좋았고 효과도 탁월했다. 하지만 한 가지 문제가 있었다. 세상에 처음 나온 제품을 어떻게 홍보해야 할까? 타깃 고객을 어떻게 잡아야 할까? 어린아이를 키우는 부모라면 잘 알 만한 동화책《누구나 눈다》의 제목처럼 화장실 냄새 문제는 누구나 겪는 문제일 것 같았다.

그녀는 친구들에게 상품을 돌리고 후기를 부탁했다. 입소문으로 반응이 조금 오기 시작했고 부티크 매장 몇 곳에 유통망이 생기기도 했다. 처음에는 상품이 판매되는 속도가 매우 느렸던 터라 그녀는 또 한 번의 실패를 경험할까 봐 걱정했다. 그러나 이 제품의 고객층을 정확히 파악한 후부터는 전세가 역전되었다. 수지의 고객은 화장실에 악취를 남기는 남성들이 아니라 당황스러운 상황을 맞닥뜨리는 데 신물이 난, 바로 그녀 자신과 같은 여성들이었다.

푸푸리가 크게 도약하기 시작하는 순간이었다. 상품 홍보 영상에서 수지는 젊고 다정한 메리 포핀스처럼 카메라를 향해 웃으며 화장실에 앉아 고상한 영국식 영어로 이렇게 첫마디를 시작한다.

"제가 좀 선에 화상실에서 얼마나 굵은 걸 만들어냈는지 상상도 못 할 거예요!"

상당히 재밌는 영상이었고 출시 시기도 적절했다. 영상은 제품의 특징을 소개하는 데 주력했다. 반응은 폭발적이었다. 며칠 지나지 않아 푸푸리는 대중의 관심을 사로잡았고 순식간에 큰 선풍을 일으켰다. 몇 년 뒤 푸푸리는 4억 달러가 넘는 매출을 달성했다. 몇 번의 파산으로 생긴 두려움을 떨치기에 충분한 금액이었다.

이 특별한 성공 스토리는 그녀를 캐피털리즘 컨퍼런스에 연사로 초대한 이유이기도 했다. 수지와 같은 사람을 직접 만날 때, 그녀도 당신과 같은 평범한 사람이라는 것을 깨달을 때 특별한 일이 벌어진다. 불가능하다고 여겼던 일들이 더 이상 그리 막연하게 느껴지지 않기 시작한다. 수지는 20년의 기다림 끝에 하루아침에 성공을 거머쥔 훌륭한 사례다. 이제 그녀는 〈포브스〉에도 이름을 올리며 인기 있는 기조 연설자로 활약하고 있다. 그녀의 가장 존경스러운 점은 사업가들에게 그들의 사업가적 능력을 활용해 정말 중요한 뭔가를 하도록 영감을 불러일으킨다는 것이다.

수지는 제품에 대한 아이디어로 시작했지만 어떤 사람들이 제품을 사고 싶어 할지 파악하기 전까지는 고전을 면치 못했다. 그러다 브랜드의 초점을 제품이 아닌 사람에 맞추자 비즈니스가 성공 가도를 달리기 시작했다. 그렇기에 어떤 제품을 팔아야 하는지, 어떻게 해야 판매량을 높일 수 있는지 질문을 받으면 나는 항상 이렇게 답한다.

"우선 당신의 고객이 누구인지부터 정하세요."

누구의 문제를 해결할 것인가

2006년 내가 사업가의 길을 걷기 시작했을 때는 이처럼 고객을 목표로 하는 방법을 가르쳐준 사람이 아무도 없었다. 나는 고생해가며 어렵게 배웠고 10년 동안 실패한 사업가로서 갖은 고생을 한 끝에 타인에게 이로운 일을 하지 않으면 진정으로 행복해질 수 없음을 깨달았다. 다시 말해 당신이 하는 일이 타인에게 가치가 없다면 성공할 수 없다는 뜻이다. 그렇기 때문에 상품이 아닌 사람에 집중해야 한다.

중학교 때 나는 거실에 있는 가족 공용 컴퓨터로 소스코드를 직접 입력해가며 웹사이트를 제작하는 법을 배웠다. 어렸을 때부터 인터넷에 푹 빠져 지낸 덕분에 기본적인 검색엔진 마케팅, 인터넷 광고 등 인터넷의 여러 유용한 기능을 활용할 줄 알았고 소셜 미디어가 등장하기 전부터 인터넷 커뮤니티 활동에도 익숙했다.

대학생이 된 후에는 상품 페이지를 만들어 구글 순위에 올리고 구글 애즈를 활용해 트래픽을 유도하기 시작했다. 페이스북, 킥스타터가 탄생하기 전이었고 아마존이 거대 기업의 모습을 갖추기 전이었다. 이런 플랫폼들이 없었음에도 나는 기숙사 방에서 이 웹사이트 부업을 제법 잘 운영해나갔다. 내가 성공적인 온라인 비즈니스를 운영한다는 것을 다른 학생들도 모두 알고 있었고 그래서 나를 꽤 대단하게 보는 것 같았다. 솔직히 말해 내 눈에도 내가 대단해 보이긴 했다.

이 모든 것은 대학 졸업과 함께 끝났다. 돈을 버는 방법은 알았지만 진로는 불분명했다. 그 결과 커리어가 아니라 부업으로 여겼던 온라인 비즈니스가 갑자기 무의미하게 느껴졌다. 먹고살 만큼의 돈은 물론 투자를 할 정도의 수익을 남겼지만 방향성이 없었다. 이 비즈니스로는 뭔가를 할 길도, 비즈니스를 더 크게 성장시킬 방법도 없었다. 물론 내 또래 학생들이 가지고 있었던 문제는 해결한 상태였다. 일자리를 어떻게 구해야 할까, 어떻게 먹고살아야 할까 같은 것들 말이다. 돈은 있었다. 하지만 목표가 없었고 개발할 수 있는 진짜 기술도 없었다.

지금 생각해보면 엄살을 떨었던 것 같지만 당시만 해도 나는 내가 완벽한 실패작처럼 느껴졌다. 대학에 시간과 돈을 들였지만 나는 무엇이 된 걸까? 인터넷에 아무것이나 파는 사람? 인터넷 트래픽으로 장난질만 할 줄 알지, 앞으로 뭘 하며 살고 싶은지는 모르는 사람? 이런 푸념이 배부른 소리라는 건 알았지만 당시에는 길을 잃은 기분이었다.

그러던 어느 날 텍사스주 오스틴에서 나와 같은 허슬러들의 모임이 개최된다는 이메일을 한 통 받았다. 인터넷 트래픽과 광고를 주제로 사흘간 개최되는 행사였다. 달리 할 일이 없기도 했고 텍사스에 가본 적도 없었기에 행사에 참석하기로 했다. 그리고 그곳에서 나보다 훨씬 높은 매출을 기록하는 사업가들을 만났다. 하지만 그들은 나와 달랐다. 부업이 아니라 진짜 비즈니스를 운영하고 있었다. 쉬는 시간에 나는 모임의 대표에게 다가가 조언을 구했다.

"제 입장이라면 어떻게 하시겠어요?"

"제가 어떻게 할 거냐고요? 저라면 진짜 물건을 팔 것 같아요. 진짜 상품이요."

'아하' 하는 깨달음이 찾아왔다. 집으로 돌아가 하루 종일 컴퓨터 모니터만 들여다보고 있을 생각을 하니 의미 없는 일처럼 느껴졌다. 나보다 더 크게 생각하는 사람들과 어울려야겠다는 생각이 들었다. 여자 친구도 없었고 한곳에 머물러야 하는 부담도 없었던 나는 갖고 있던 물건들을 거의 다 팔고 소지품 몇 개만 챙겼다. 그리고 몇 년 전 뿌듯한 마음으로 구매한 기아 스포티지를 몰고 오스틴으로 향했다.

오스틴에 도착해서는 직접 보지도 않고 다달이 계약을 연장하는 식으로 아파트를 임대했다. 6주가 지난 후에야 1년 임대 계약을 했다. 식료품점에서 멋진 여자 친구도 만났고 언젠가 내가 하고 싶은 일을 하나는 찾겠지 생각하며 여러 비즈니스에 손을 댔다. 그렇게 새로운 삶을 꾸린 지 1년쯤 되었을 때 남자가 무엇이든 하게 만드는 가장 강력한 동기가 생겼다. 내가 아빠가 될 거란 소식을 들은 것이다. 임신 테스트기에 양성 표시가 뜨자마자 그간의 방황과 우울증이 순식간에 '앞으로 어떻게 살아야 할지 길을 찾아야 해. 지금 당장!'으로 바뀌었다.

그때까지만 해도 인생의 목표와 의미를 찾아 비즈니스 기회를 이것저것 시도하며 궁리만 하고 있었다. 하지만 임신 테스트기의 두 줄과 에스더란 이름의 딸이 곧 태어날 거라는 현실을 마주한 후에는 한 가지 비즈니스 모델에 모든 노력을 쏟아붓기로 결심했다. 그것이 이 모델이었다. 어떻게 보면 나는 행운아였는지도 모른다. 그럴 수밖에 없었던 여건이 주어졌으니까. 올인하지 않고서는 다른 방법이 없었다.

아마 이 책을 읽는 사람들 대다수가 게임에 뛰어들기 직전의 기로에서 무엇을 팔아야 할지 선택해야 하는 상황일 것이다. 어쩌면 나처럼 십수 가지 비즈니스 모델에 손댔지만 이거다 할 만한 건 찾지 못했을지도 모른다. '가려운 곳을 긁어라'라는 가장 일반적인 창업 모델은 자신이 겪는 문제의 해결책을 찾아낸 뒤 그 해결책으로 비즈니스를 설립하는 것이다. 바로 수지가 푸푸리에 대한 영감을 얻은 방식이다.

수년간 나는 그 반대로 해왔다. 돈이 될 만한 거라면 뭐든 가리지 않고 판매했다. 인터넷에서 하나같이 그렇게 해야 부자가 될 수 있다고 말했기 때문이었다. 이들의 말이 틀린 건 아니었다. 실제로 돈을 벌기도 했고 유용한 기술도 여럿 익혔다. 하지만 돈을 버는 것과 진짜 비즈니스를 만드는 것은 다르다.

뭔가를 팔고 돈을 벌 수 있지만 이런 비즈니스는 단순한 거래에 가깝다. 수익을 창출하는 공식을 그저 따르기만 하면 한동안은 효과가 있다. 하지만 사람을 생각할 때 진짜 비즈니스가 탄생한다. 사람들이 정말로 원하는 것을 만들고 사람들과 소통하면 1년 안에 100만 달러 비즈니스를 만들 수 있다. 그렇게 진짜 사업가가 되는 것이다.

물건을 파는 것과 고객을 확보하는 것의 차이

내년에 당신은 100만 달러 비즈니스를 운영하고 있을 것이다. 그전에 이 사실을 분명하게 숙지해야 한다. 앞으로 1년간은 지독하게 고생할 거라는 사실 말이다.

첫해에는 월급이 아니라 아주 적은 돈을 받으며 일해야 한다. 심지어 그 돈까지도 전부 사업에 투자해야 한다. 1년 후 100만 달러 비즈니스를 만들 때까지 말이다. 그때쯤이면 입증된 비즈니스 콘셉트를 갖추고 있을 것이다. 그전까지는 콘셉트를 계속 찾아야 한다. 나는 1년 안에 이를 달성할 수 있는 방법을 알려줄 것이다. 시간제한이 없으면 '때가 되면 다 될 거야' 식의 수동적인 사고에 빠진다. 이런 사고방식으로는 아무것도 이룰 수 없다. 아무런 계획도 없이 무작정 뛰어들어야 한다는 뜻이 아니다. 올인하고 싶은 비즈니스를 찾기 위해 거쳐야 하는 사고 과정에 대해 말하는 것이다.

이번 장에서는 비즈니스에 올인하기 위해 내려야 할 기본적인 선택을 다룬다. 당신의 비즈니스는 무엇인가? 당신의 고객은 누구인가? 이 질문들의 답을 알아야 이르고자 하는 곳에 더욱 빠르게 갈 수 있다. 형편없는 샌드위치로 끼니를 때울 날도 줄어든다.

비즈니스를 결정하는 데는 두 가지 방법이 있다. 먼저 단기적인 현금 수입을 불러오는 일에 중점을 두는 방법이 있다. 다른 하나는 '어떻게 해야 제대로 된 고객을 불러들여 수익성 높고 매력적인 비즈니스로 성장할 수 있을까?' 하고 스스로 묻는 것이다.

상품을 판매하는 것과 고객을 확보하는 것은 다르다. 경영학의 구루 피터 드러커는 비즈니스의 두 가지 기능은 고객을 얻는 것과 고객을 유지하는 것이라고 했다. 만일 온라인에서 판매가 발생한다면 고객을 얻는 것일까, 유지하는 것일까? 대부분의 사람들은 전자라고 답하겠지만 사실 이 질문에는 함정이 있다. 둘 다 정답이 아니다. 아마존닷컴에서 물건을 구매하면 아마존의 고객이다. 월마트에서 구매한다면 월마트의 고객이다. 그러나 고객이 당신에 대해 알기 전까지는, 당신을 다시 찾기 전까지는 당신의 고객이 아니다.

신뢰를 파는 브랜드가 되는 법

사업가들로부터 하루에도 몇십 통의 메시지를 받는데, 그중에서도 처음 창업하는 사람들에게서 가장 많이 받는 질문은 이것이다.

"어떤 물건을 팔아야 할까요?"

이 질문의 답을 찾으려면 먼저 물건을 판매하는 것이 아니라 브랜드를 만드는 것부터 이해해야 한다. 주변 사람들에게 브랜드란 무엇인지 한번 물어보라. 멋진 이름, 눈에 띄는 로고, 웹사이트, 자기들이 경험한 훌륭한 고객 서비스 등 다양한 이야기가 나올 것이다. 전부 브랜드의 특징이지만 근간은 아니다. 브랜드는 로고가 아니다. 브랜드는 멋진 웹사이트나 스폰서십도 아니다.

브랜드는 신뢰다. 고객이 만족스러운 구매를 하리라는 기대감이다. 그렇기에 특정 고객층을 대상으로 하는 제품군으로 만들어진다.

맷과 나는 둘 다 20대 후반에 개인적으로 큰 변화를 겪었고 그 시기도 비슷했다. 때문에 생각 또한 비슷했다. 당시 우리는 건강이나 장수와 같은 목표들을 생각하고 있었다. 우리의 삶에서 건강이 큰 지분을 차지하게 되었고 나는 딸이 태어났던 터라 건강에 대한 관심이 더욱 컸다.

브랜드를 만들 때가 되자 우리는 어떤 상품을 사람들에게 제공해야 할지 결정하는 데 긴 시간 고민할 필요가 없었다. 그저 우리의 삶을 들여다보고 우리가 무엇을 원하는지 살피자 놀랍도록 구체적인 답변이 나왔다. 우리는 시중에 나와 있는 모든 보조제품에 들어 있는 첨가물을 배제하면서도 효과가 좋은 운동 전 보조제품을 원하고 있었다. 우리가 열정을 갖고 있던 대상으로 비즈니스를 시작하지는 않았다는 점은 짚고 넘어가겠다. 둘 다 운동 전 보조제품에 관심이 없었다. 다만 우리의 고민을 해결해줄 상품을 개발한 것이다.

반드시 자신을 위한 브랜드를 만들어야 하는 건 아니지만 이는 브랜드 설립의 좋은 시작점이 된다. 본인이 마주한 문제가 무엇인지 알면 해결책을 떠올리는 데 도움이 된다. 본인의 문제를 해결하는 데 구미가 당기지 않는다면 친구, 가족, 회사 동료 등 주변 사람들을 떠올려보라. 특정 집단의 사람들에 대해 고민하다 보면 고객의 윤곽이 드러나기 시작한다.

예컨대 아마존에서 스패출러를 판매해 돈을 벌고자 하는 사람이 많은데, 그중 몇 명은 좋은 성적을 내지만 대다수는 처참하게 무너진다. 왜 그럴까? 스패출러는 많이 판매할 방법이 제한적이기 때문이다. 하지만 주변에 엄마들이 많다면, 바쁜 와중에도 자녀를 위해 음식을 해주고 싶어 하는 엄마들의 노고를 헤아리고 싶다면 그들을 위해 제품 라인을 만들 수 있다. 그 제품군 중 하나가 스패출러인 것이다. 여기서부터 시작해야 한다. 그리고 이런 엄마들을 타깃으로 한 제품 라인을 만든다. 상품이 아니라 사람에서 시작하면 어느새 브랜드가 탄생한다!

당신에게 돈을 벌어주는 것은 제품이 아니라 사람이다. 이렇게 생각해보자. 상품은 일회성 거래다. 하지만 브랜드는 어떤 사람을 대변한다. 브랜드는 제품을 넘어 하나의 스토리를 전달한다. 이런 힘이 사람들에게 다양한 제품을 구매하고 그들의 친구에게 제품에 대해 이야기하도록 만든다. 아무 상품이나 판매한다면 사람들에게서 이 이야기를, 그들을 대변하는 이야기를 앗아가는 것과 같다. 이는 고객을 얻는 게 아니라 판매만 발생하는 것이다. 머지않아 같은 제품을 더 싸고 빠르게, 더 노련하게 판매하는 사람이 등장하면 당신의 비즈니스는 위태로워진다.

알엑스바의 경우도 창립자 피터 라할과 새러드 스미스가 이미 포화 상태인 프로틴바 시장에 뛰어들고 싶다는 강렬한 욕구로 시작한 게 아니었다. 크로스핏을 하던 두 사람은 헬스장에서 친구가 되었고 시중에 나와 있는 프로틴바에 똑같이 불만을 느꼈다. 그래서 상당히 구체적인 고객들, 즉 크로스핏을 함께 하는 친구들을 타깃으로 삼고 나쁜 첨가물이 없는 프로틴바를 제조했다.

처음에는 지하실에서 손수 프로틴바를 만들다가 가상의 잠재고객 customer avatar 을 바탕으로 브랜드를 구축했고 성분을 포장지 뒷면에 작은 글씨로 표기하지 않고 앞면에 큰 글씨로 표기했다. 제품이 불티나게 팔려 나가기 시작했다. 4년 후 켈로그가 이들의 기업을 6억 달러에 인수했다.

당신이 잘 아는 사람으로 고객층을 설정하는 것이 중요하다. 방대한 조사를 할 준비가 되어 있지 않다면 전혀 모르는 집단을 고객으로 삼아선 안 된다. 특정 집단 내에서 공유되는 고충을 적어도 한 가지 이상 파악하고 이 불편함을 어떤 제품군으로 해소할 수 있을지 파악해야 한다.

Z세대 고등학생의 수중에 자유롭게 쓸 수 있는 돈이 있다는 소리를 들었다고 하자. 하지만 이 이유만으로 이들을 타깃 고객으로 삼아서는 안 된다. 그들이 무엇을 원하고 필요로 하는지는 모르기 때문이다. 당신의 삶에서 함께하는 사람들은 누구인가? 그들이 원하고 필요로 하는 것

은 무엇인가? 가까운 이들의 니즈는 파악하기가 쉽다. 고객을 파악하고 이들의 불편함과 해결책을 알고 있다면 새로운 비즈니스를 시작할 때 3~5가지 제품을 선택하기가 한결 쉬워진다.

한 가지 주의해야 할 점은 '요즘 가장 인기 있는 것이 무엇인가?'를 떠올리는 것이다. 이는 당신처럼 처음 사업을 시작하는 사람들이 저지르는 최악의 실수다. 한때 피젯 스피너나 건강 보조제를 판매하려는 사람들이 얼마나 많았는지 모른다. 두 제품 모두 크게 유행했고 몇몇은 돈을 좀 벌기도 했지만 비즈니스를 만들어내지는 못했다. 피젯 스피너는 일회성 상품으로 특정 고객을 대상으로 하지 않는다. 보조제 유행은 매년 바뀐다. 유행을 따랐던 이들은 자기가 비즈니스를 운영한다고 생각했겠지만 사실은 단순한 현금 창출 기계를 돌리고 있었을 뿐이다. 유행이 사그라진 지금은 셀러 대부분이 사업을 접은 상태다.

현재 유행하는 상품에 초점을 맞춘다면 결국은 수많은 경쟁 업체의 위협을 받고 그 결과 이익률 압박이 커진다. 아마존이 상품 판매를 시작하기에 최적의 플랫폼처럼 느껴지겠지만 여기서 거래되는 상품들을 보고 그 틈에서 물건을 판매하려고 한다면 진짜 비즈니스를 만들기는 어렵다. 왜 그럴까? 당신의 것과 같은 제품이 30달러에 판매되고 있다면 당신은 28달러로 물건을 팔아야 한다. 이후 등장하는 판매자는 26달러로 가격을 책정할 것이다. 이익률을 두고 바닥 치기 경쟁이 시작되는 것이다.

사람을 위한 상품을 개발하면 '가격 추종자'가 아닌 '가격 결정자'가 될 수 있다. 이렇게 해야 이익률이 높아진다. 또한 일회성에 그치지 않고 재구매 고객을 얻을 수 있다.

제품 개발을 고민할 필요가 없는 이유

마음속에 생각해둔 사람이 있다면 그가 어떤 물건을 살 것인지 알아내기 쉽다. 예전에는 백지상태에서 상품을 개발하기 위해 끝없이 추측해야 했다. 기업들은 제품 연구와 개발에 수천 달러를 들였고 TV, 신문, 잡지, 라디오 광고 비용으로 수백만 달러를 쏟아부었다. 엄청난 시간과 비용을 들인 후에는 고객들이 상품을 구매해주길 바라며 기다려야 했다. 과거에는 결과를 달리 이끌거나 성장을 이루기 위해 기업 차원에서 할 수 있는 일이 별로 없었다.

하지만 이제는 추측할 필요가 없다. 제품의 성공 여부는 시작 단계부터 알 수 있다. 아마존과 같은 판매 채널은 그저 고객에게 상품을 노출시키는 장소만이 아니라 시장 조사의 장이 되기도 한다.

손가락만 움직이면 제품 가격대부터 고객 의견까지 필요한 모든 데이터를 얻을 수 있다. 당신의 타깃 고객이 구매하는 상품이 무엇인지, 다른 기업은 그들에게 무엇을 제공하는지, 고객의 후기는 어떤지 살필 수 있다. 이렇게 하면 당신의 타깃이 정확히 누구이며 이들의 니즈는 무엇인지 파악할 수 있다. 고객들은 이 화장품의 어떤 부분을 단점으로 꼽았는가? 이 인스턴트 팟의 문제는 무엇인가? 고객은 어떤 점을 불편하게 생각하는가? 기존의 제품에서 어디를 개선할 수 있을까?

킥스타터에 들어가 100만 달러를 달성한 프로젝트를 살펴보고, 아마존에서 가장 많이 팔린 휴지를 검색해보자. 페이스북 광고를 찾아 사람들이 그 기업에 대해 어떤 이야기를 하고 있는지 살펴보자. 당신이 관심을 가지고 눈여겨본 채널 어느 곳이든 이런 조사를 할 수 있다.

그런 다음 당신이 생각하는 이상적인 고객이 살 만한 제품을 3~5가지 찾으면 된다. 어떻게 만들 것인지, 어떻게 팔아야 할지는 걱정할 필요가 없다. 이 부분은 추후에 해결할 수 있다. 당신의 고객이 이미 구매한 물건과 구매할 만한 가능성이 있는 물건만 고민하면 된다. 요가를 하는 사람들은 매트와 타월과 요가 블록을 구매한다. 이렇게 세 가지 제품이 완성되었다. 또 어떤 물건을 구매할까? 요가복, 가방, 요가 방석? 요가를 하는 사람들이 다른 상품도 구매할까? 차, 명상 방석, 에센셜 오일은 어떨까? 요가인은 다른 사람들과 쇼핑 습관이 다를까? 합성물질이 함유된 스킨케어 제품은 피하고 유기농 제품을 구매할까? 이런 식으로 모든 것을 기록한다.

앞으로 어떻게 할 것인지는 지금 걱정할 필요가 없다. 백지상태에서 뭔가를 만들어내고자 하는 사람들을 위해 인터넷이 모든 기회를 열어주었다는 것만 기억하면 된다. 누구나 킥스타터 캠페인에 참여할 수 있다. 누구나 아마존에서 판매를 시작할 수 있다. 어느 웹사이트나 구글 순위에 오를 수 있다. 누구나 페이스북에 광고를 진행할 수 있다. 누구나 인스타그램에 게시물을 올리고 인플루언서들과 소통할 수 있다. 당신이할 일은 고객이 어디에 있는지 파악하고 그곳에 미끼를 던지는 것이다.

당신의 게이트웨이 상품은 무엇인가

타깃 고객에 대해 생각을 마치고 브랜드를 구성할 3~5가지 제품을 고민 중이라면 다음 단계는 처음 판매할 제품을 좁혀나가는 것이다. 나는 이것을 게이트웨이 상품gateway product(고객이 처음 사용하는 상품으로 이후 다른 상품들의 구매로 이어지는 역할을 한다 — 옮긴이)이라고 부른다. 추후 당신이 판매할 제품군의 첫 문을 여는 상품이기 때문이다. 게이트웨이 상품을 고를 때 나는 이런 질문을 떠올린다. 내 타깃 고객이 향후 내게서 더 많은 물건을 사고 싶어질 제품은 무엇일까?

요가를 하는 사람이 가장 먼저 사는 상품은 요가 매트다. 그다음에 다른 물품을 구매한다. 내가 요가 비즈니스를 할 때 처음에 출시했던 상품도 매트였다. 이제 막 헬스에 빠진 사람이 가장 먼저 구입하는 물건은 운동 전 보조제다. 그런 뒤에 다른 용품을 구입하기 시작한다. 요가 매트든 보조제든 게이트웨이 상품은 그 시장 고객들과의 첫 거래인 셈이다. 고객이 느끼는 불편 사항을 정확히 짚어내고 간단히 문제를 해결하는 상품이다. 고객이 첫 제품을 구매했다면 이후 다른 제품도 같은 브랜드에서 구매할 확률이 높다.

당신의 게이트웨이 상품이 다른 판매자들이 제공하는 상품과 같을 순 있지만 당신은 타깃 시장에 특화된 방식으로 제품을 전달할 것이므로 문제될 건 없다. 단순히 물건을 판매하는 게 아니라는 점을 명심해야 한다. 당신은 메시지를 전하는 것이다. 이미 존재하는 뭔가를 통해 고객 맞춤형 스토리를 만들어내야 한다.

같은 제품이라 해도 사람에 따라 구매 이유가 완전히 달라질 수 있다. 정원 일을 할 때 쓸 장갑을 구매했던 사람이 목공 작업이나 운동용으로 똑같은 장갑을 구매할 수도 있다. 고객이 원하는 것은 본인에게 가장 와 닿는 브랜드를 찾는 것이다. 즉 고객은 장기적으로 만족감을 전해주는 브랜드에서 제품을 구매하고 싶어 한다. 당신은 단순히 운동용 장갑을 판매하는 게 아니다. 운동을 하는 사람들에게 상품을 판매하는 것이다. 이 사실만큼은 타협이 불가능하다.

이를 굉장히 잘 알고 있는 사람 중 한 명이 '방탄커피'로 잘 알려진 커피를 파는 불릿프루프 360Bulletproof 360의 데이브 아스프리다. 그는 생산성과 건강 최적화를 주제로 글을 쓰는 블로거였다. 커피가 건강에 이롭다는 주장과 더불어 독자들에게 아침 커피에 지방과 오일을 첨가하라고 권하며 이름을 알리기 시작했다. 몇 년 후 그는 그 유명한 방탄커피를 출시했고 그것이 게이트웨이 상품이었다. 이 커피가 다른 커피에 비해 특별한 점이 있었을까? 그렇게 느끼는 사람들도 있다. 그들을 위해서 만들어진 커피이기 때문이다. 유기농이고 곰팡이가 없다는 인증을 거쳤으며 가격은 두 배나 높다.

그가 단지 커피회사를 설립하고자 했다면 두 번째 상품은 다크 로스트 등 새로운 풍미를 출시하는 수순을 거쳤을 것이다. 하지만 그는 좀 더 큰 그림을 그리고 있었고 처음 시작할 때부터 이미 3~5가지 제품 구상을 마친 상태였다.

두 번째 제품은 앞서 나온 곰팡이 독소가 제거된 특별한 커피에 넣어 먹는 코코넛 추출 MCT(중쇄지방산) 오일이었다. 다음으로 출시한 것 또한 커피에 넣어 먹는 제품으로 목초를 먹인 소에서 얻어 락토오스를 제거한 덕분에 카페인의 흡수를 늦춰 오랜 시간 신체 에너지를 지속하게 하는 기버터였다. 이후 프로틴바, 유장 단백질, 업그레이드된 MCT 오일이 나왔다.

데이브는 시작 단계부터 자신이 타깃으로 정한 시장에 초점을 맞춰 3~5가지 상품을 이미 머릿속에 그려두고 있었다. 단순히 커피를 판매하는 것과는 분명 다른 행보다. 에너지바와 마찬가지로 커피 시장 역시 지나치게 포화 상태지만 데이브처럼 타깃 고객이 겪는 불편 사항 중 한 가지를 해소하는 데 초점을 맞춘다면 훨씬 덜 포화된 시장에 진입할 수 있다. 데이브의 블로그에는 "특허받은 불릿프루프 프로세스를 통해 인간의 퍼포먼스를 저해하는 곰팡이 독소가 낮다는 검증을 거친 커피"라고 소개되어 있다.

데이브는 고성과자가 되고 싶어 하는 고객을 가로막는 요인에 집중했다. 그 결과 CEO부터 운동선수들, 바쁜 부모들까지 모두가 그의 제품을 구매하기 시작했다. 이 집단들의 공통점은 무엇이었을까? 간단하다. 지금보다 나은 퍼포먼스를 발휘하고 싶은 이들이었다. 이들 모두가 데이브의 타깃 고객이었다.

사람들은 자신을 대변하는 제품을 구매한다. 다른 회사에 비해 두 배나 비싼 방탄커피를 구매하는 사람은 고성과자다. 반면에 앞서 등장했던 블랙 라이플 커피를 마시는 사람은 총을 소지하고 있거나 타인의 의견 따위는 신경 쓰지 않는 사람이다. 상품(커피)은 완벽히 똑같지만 구매하는 사람은 완전히 다르다.

그렇다면 제임스의 사례를 한번 살펴보자. 제임스는 스포츠 전문 방송국 ESPN에서 스포츠 캐스터로 활약하다 사업가가 되기 위해 일을 그만두었다. 몇 년 동안 그는 어떤 비즈니스를 해야 할지 고민하던 중 내 팟캐스트를 듣기 시작했다. 어느 날 그는 해변가를 달리며 100만 달러를 달성하는 방향에 대해 논하는 팟캐스트 에피소드(지금 당신이 읽고 있는 프로세스와 같은 내용이다)를 들었다. 그는 달리기를 멈췄다. "할 수 있을 것 같다는 생각이 들었어요." 그는 이렇게 말했다.

평소 밤에 잠을 잘 자지 못했던 그는 원인이 무엇인지 파악하고 나서야 수면 장애에서 벗어날 수 있었다. 불면증의 원인은 늦은 밤 컴퓨터에서 나오는 불빛이었다. 제임스는 밤 시간에 컴퓨터를 할 때는 고에너지 가시광선HEV인 블루라이트를 차단하는 안경을 써서 문제를 해결했다. 수면 장애는 해소됐지만 안경 디자인은 정말 최악이었다. 불만 사항이 생겨났다!

그는 해결책을 개발했다. 블루라이트 차단 기능을 갖추되 썼을 때 바보같이 보이지 않는 안경을 제작하기로 한 것이다. 경쟁 업체들이 블루라이트를 차단하는 블루 블로커 안경을 약 8달러에 판매하는 것을 확인했다. 보통 사람이라면 낮은 이익률에 시작을 망설였을 테지만 제임스는 불면증으로 괴로워하는 사람들을 노린 브랜드를 만들었다. 덕분에 시중보다 높은 가격을 설정할 수 있었고 양질의 상품을 제작하는 데 필요한 이익률도 확보했다.

제품은 대단한 성과를 거뒀다. 고객들의 반응은 뜨거웠고 제임스는 고객들이 열광할 만한 브랜드를 만들었다. 하지만 이내 한 가지 난관에 봉착했다. 다음 상품은 무엇으로 해야 할까? 그다음에 출시한 다른 스타일의 블루 블로커 안경은 큰 실패를 맛봤다. 어찌된 일일까? 제임스는 자신이 수면 장애를 겪는 사람들을 돕는 게 아니라 안경을 판매하고 있다는 생각에 빠졌다. 사람이 아닌 상품에 집중했던 것이다. 안경 회사가 아니라 수면 전문 기업이라는 사실을 깨달았어야 했다. 이 문제가 해결되자 그가 판매할 수 있는 3~5가지 제품이 자연스럽게 떠올랐다. 상황은 다시 역전됐다.

상품이 수입을 불러오는 수단인 만큼 당신의 비즈니스가 제품을 파는 일을 한다는 착각에 빠지기가 쉽다. 하지만 제품을 구매하는 것은 사람들이다. 100만 달러 비즈니스를 만들고 싶다면 이 사람들이 누구인지 반드시 파악해야만 한다.

비즈니스 스타트를 위한 일곱 가지 질문

캐피털리즘 회원들의 성공 스토리를 접한 친구들이 종종 내 머리를 빌리고 싶다며 연락을 해올 때가 있다. 이야기를 들어보면 보통은 실행에 옮길 준비가 되지 않은 상태에서 질문만 한가득인 경우가 많다.

어느 날 친구인 칼리와 칼리(동명이인이다)가 나를 점심 식사에 초대했다. 사업을 구상 중이던 두 사람은 어떻게 첫발을 떼야 하는지 조언을 듣고 싶어 했는데, 내가 입안의 음식물을 삼킬 때마다 질문들을 쏟아냈다. 그들이 쏟아내는 질문은 하나로 귀결되었다. 어떤 비즈니스를 시작해야 하는가?

나는 몇 가지 선택지를 제시했고 디저트가 나올 즈음에는 두 사람을 상당히 들뜨게 만든 한 가지 아이디어가 모습을 드러냈다. 자리를 파하며 나는 그들이 분명한 방향성을 갖고 제대로 된 경로에 올랐다고 믿었다. 이후 두 사람은 나를 또다시 점심에 초대해서 진행 상황을 업데이트해주었다. 나 역시 그들의 새로운 비즈니스가 어떻게 진행되고 있는지 무척이나 궁금했던 차였다. 하지만 약속 장소에 도착하자마자 다시금 질문 공세가 시작됐다.

"라이언, 우리가 정말 어떤 비즈니스를 시작하면 좋을까?"

이들은 시제품도 타깃 고객층도 없었고 아이디어 검증도 거치지 않았다. 어떻게 해야 하는지 누군가 알려주길 기다리며 제자리에서 맴돌고만 있었다. 나는 완벽한 상품이나 옳은 비즈니스란 없다고 말했다. 다만 우리가 내려야 할 일련의 선택만이 있을 뿐이다.

이런 결정들을 모두 한 후에야 성공할 가능성이 높아진다. 하지만 선택을 내리기 전까지는 영원히 분석 과정에만 머무를 뿐이다. 다시 한 번 말하지만 무엇을 어떻게 해야 하는지 지금 모두 알 필요는 없다. 이 점에 대해서는 이후 자세하게 설명하겠다.

우선은 선택부터 해야 한다. 나중에 결정을 바꿔도 되지만 일단은 다음 질문들에 답을 찾아야 100만 달러 비즈니스를 향하는 길로 발을 뗄 수 있다.

---

1. 누구를 대상으로 판매할 것인가?

당신의 고객을 파악해야 한다. 본인이 될 수도 있고 당신이 아는 사람일 수도 있지만 어쨌거나 고객을 규정한 뒤에는 이들이 속한 집단을 살펴야 한다. 크로스핏 운동을 하는 사람들인가? 팔레오 식단을 추구하는 사람들인가? 간호사인가? 기독교인인가? 답을 모르겠다면 자신에 대해 생각해보자. 당신이 자신과 동일시하는 집단은 무엇인가?

2. 이들이 이미 구매한 물건은 무엇인가?

이 집단의 사람들이 이미 구매한 3~5가지 물건을 열거할 수 있는

가? 최소 세 개의 물건을 찾지 못한다면 당신은 잘못된 시장에 몸을 담은 것이다. 프로세스상 이 단계에 이르면 새로운 제품 아이디어를 개발하고 싶다는 유혹에 사로잡히겠지만 당신의 고객이 이미 구매한 제품을 파악하는 것에서부터 시작하기를 추천한다. 고객들이 훌륭한 엄마, 훌륭한 사업가, 훌륭한 디자이너가 되기 위해 어떤 물건을 구입했는지 찾는 것부터 시작해야 한다.

3. 이 제품들 가운데 더 낫게 만들고 싶거나 한 가지 문제점을 개선하고 싶은 제품은 무엇인가?

적어놓은 제품 목록을 보며 질문을 던져보자. 이 제품들에서 현재 당신의 고객들이 만족하지 못하는 점은 무엇인가? 목록에서 게이트웨이 상품이 될 만한 잠재력을 지닌 제품이 눈에 띄는가? 첫 제품으로 고객의 불편을 해결하거나 다른 구매로 이어지는 게이트웨이 상품을 찾아낸다면 어디서부터 시작해야 할지 확실하게 알 수 있다.

4. 시중에 있는 유사 상품들에 대해 당신의 고객은 어떤 생각을 하는가?

자신이 주력하고 싶은 제품군을 정했다면 사람들이 하는 이야기를 들으며 시장에 존재하는 '틈'을 찾아야 한다. 고객 후기를 읽고 인터넷 게시판도 확인한다. 온라인에 당신의 아이디어를 게시해 시장 조사를 하는 방법도 있다.

내 친구인 모이즈는 탐스Tom's에서 나온 알루미늄 성분이 없는 내추럴 데오도런트를 구매했지만 아주 단순한 이유 때문에 이 제품을 싫어하게 됐다. 이 데오도런트는 효과가 없었다. 그는 궁금해졌다. 온라인 게시판 여러 곳에 질문을 남겼고 그와 비슷한 여피족에게서 피드백을 받았다. 사람들의 반응을 보며 관심을 갖고 있는 이들이 있다는 걸 알았다. 그는 500달러를 들여 시제품을 제작했고 제품은 금세 동이 났다.

이렇게 시작한 네이티브 데오도런트Native Deodorant는 나중에 프록터앤드갬플이 1억 달러에 인수했다. 모이즈가 500달러짜리 시제품을 제작하고 100만 달러 브랜드를 세우기까지 그리고 1억 달러에 브랜드를 매각하기까지는 고작 18개월밖에 걸리지 않았다.

5. 당신의 고객들이 어디서 어울리는가?

무엇을 판매할 수 있을지 알았다면 첫 고객들을 어디서 불러올 수 있을지 생각할 차례다. 이상적인 고객들의 눈앞에 상품을 보여준다면 판매가 훨씬 용이해진다. 타깃 고객이 듣는 특정 팟캐스트가 있는가? 이들이 팔로하는 특정 인플루언서가 있는가? 이들이 속한 특정 그룹이 있는가? 특정 블로그를 방문하는가? 이상적인 고객의 관심이 어디를 향하고 있는지 알아낸다면 어느 곳에서 당신의 상품을 보여줘야 하는지도 쉽게 찾을 수 있다.

당신의 제품을 구매할 준비가 되어 있는 소규모 오디언스를 개발하는 방법에 대해서는 나중에 소개하겠다. 나는 내 제품에 열광할 만한 친구 10명의 이름을 따로 적어놓기도 한다. 내 이상적인 고객들은 본인과 비슷한 성향의 사람들을 분명 알고 있을 테니까 말이다.

6. 어떻게 해야 판매를 예측할 수 있을까?

아직 겁줄 생각은 없지만 판매 프로세스는 상황과 규모에 따라 유연하게 확장되어야 한다. 대다수 사람에게는 아마존이 시작하기 가장 쉬운 곳이다. 이 부분에 대해서는 뒤에서 다시 다룰 예정이다. 꾸준하게 판매를 발생시킬 수 있는 방법이 달리 있는 게 아니라면 아마존이 좋은 출발점이 될 것이다.

7. 두 번째, 세 번째, 네 번째 제품은 무엇이 될 것인가?

후속 상품으로 무엇을 출시할지 알고 있는가? 당신의 고객에게 다음에 어떤 제품을 판매해야 할지 모른다면 다음 단계로 나아갈 준비가 되지 않은 것이다. 사업 첫해에 같은 고객층에게 판매할 다른 제품들을 가능한 한 빠르고 신속하게 출시해야 한다. 후속 상품들을 정해둔다면 100만 달러를 향해 크게 앞서 나갈 수 있다.

맷과 내가 시어 스트렝스를 시작할 때도 이와 같은 과정을 거쳤다. 그리고 지금 당신에게 묻고 있는 것과 같은 질문들을 우리에게 던졌다. 우리는 타깃 그룹에 대해 잘 알고 있었다. 우리가 바로 그 그룹에 속해 있기 때문이었다. 우리는 우리 같은 사람들이 단백질 파우더와 크레아틴,

운동 전후에 섭취하는 보조제를 구매한다는 사실을 알고 있었다. 우리의 타깃 고객들은 운동용 밴드, BCAA(분지쇄아미노산) 제품, 음료와 헬스장 멤버십, 운동복을 구매했다.

우리는 게이트웨이 상품을 정하고 후속 상품에 대해 고민했다. 다른 기업들이 유사한 제품들을 성공적으로 판매하고 있었기에 대부분 사람들은 경쟁률을 보고 이 시장을 피했을 것이다. 하지만 이 기업들은 우리 대신 막대한 조사와 개발을 해주었다. 이들은 이미 우리의 제품 아이디어들을 검토했고 사람들이 그 제품을 구매한다는 사실을 우리에게 보여주었다.

맷이 제조업체 몇 곳을 알고 있었던 터라 업체에 메일을 보내 우리가 게이트웨이 상품으로 정한 지구력 증진 보충제의 샘플을 주문했다. 샘플들 전부 괜찮았지만 매력이 없었고 거의 동일했다. 우리만의 독특한 뭔가를 더할 수 있는 기회였다. 우리는 한 가지 재료를 추가하고 싶었다. 바로 비트 추출물이었다. 조사를 한 결과 비트가 특히 지구력 증진에 도움이 된다는 사실을 알게 됐다. 새로운 재료를 첨가하자 제품에 대단한 차별성이 생겼다. 비트를 넣어 보조제를 제조한 기업은 단 한 곳도 없었다. 이제는 비트가 운동 보조제에 많이 쓰이는 원료로 자리 잡았는데, 아마도 우리가 처음 시도했던 덕분인지도 모른다.

한편 우리는 그저 지구력 증진 보충제 기업이 되고 싶지는 않았다. 우리가 원하는 제품을 개발하고 있었던 만큼 우리가 최종적으로 판매하고 싶은 여러 제품들을 길게 목록으로 작성했다. 첫 제품이 잘된다면 다음 상품으로 무엇을 판매해야 할지 정확하게 알고 있었다.

첫 제품의 판매는 나쁘지 않았지만 출시 후 반응은 그저 그랬다. 몇 달이 지나서야 하루에 25개가량 판매가 발생했고 그 지점에 도달하자 우리는 다음 제품을 출시했다. 3~5가지 제품을 각각 하루에 25개 정도 판매하면 된다는 점을 명심하길 바란다. 바로 그때 100만 달러 비즈니스가 탄생한다.

지금 머릿속을 맴도는 아이디어들이 있다는 건 당신이 앞으로 나아갈 준비가 되었다는 좋은 신호다. 아직 그 단계가 아니라면 기본적인 질문들에 답하는 것부터 시작하라(116쪽 참고). 앉아서 온종일 아이디어만 논하는 건 누구나 할 수 있는 일이다. 어려운 단계는 그 상품에 생명을 불어넣는 모험에 도전하기로 결정할 때다. 그리고 가장 어려운 단계는 머릿속을 메우는 소음을 이겨내는 것이다. 가족들은 뭐라고 생각할까? 상품이 형편없으면 어떡하지? 부정적인 후기가 달리면? 이 책이 비즈니스에 대한 하우투를 알려줄 동안 당신은 자신의 정신적 난관을 뛰어넘기 위해 최선을 다해야 한다. 이제 선택을 내려야 할 때다. 올인할 준비가 되었는가?

걷지 못하던 30대 가장을
일으켜 세운 사업

재러드 스프링어는 내가 운영하는 사업가 트레이닝 프로그램을 우연히 접했다고 했다. 당시 그는 정말 힘든 시기에 놓여 있었다. 얼마 전 내반족으로 태어난 아들이 심각한 건강 이상을 겪어 그는 빚을 내야만 했다. 엎친 데 덮친 격으로 재러드의 몸에도 이상이 나타나기 시작했다. 어느 날 그는 걷지 못하는 증상으로 급히 응급실을 찾았다. 다리를 관통하는 큰 신경이 완전히 짓눌려 있었다. 의료진은 그에게 이렇게 말했다.

"응급 수술을 바로 하지 않으면 다시는 걷지 못할 수도 있습니다."

서른의 나이로 두 아이를 둔 아빠였던 그는 경영 관리 및 영업 부서에서 일하고 있었다. 그러나 한순간 보행 보조기에 의지해 오랜 시간 재활 치료를 해야 하는 신세가 됐다. 그때 그는 내 영상을 발견했다. 시간이 많았기에 내가 올린 모든 콘텐츠를 시청했고 내가 소개한 프로세스에 따라 사업을 구상하기 시작했다.

　재러드는 비즈니스를 시작해야겠다고 결심했다. 다만 한 가지 문제가 있었다. 회사를 세울 만한 자금이 없었다. 재활 치료 중인 데다 채무에 시달리고 있었으며 일을 할 만한 몸 상태가 아니었다. 그러나 성공을 향해 나아가겠다는 일념으로 온갖 고생을 마다하지 않았다. 그는 사업에 투자할 돈을 마련하기 위해 닥치는 대로 물건을 리셀링했고 약간의 자본을 확보하자마자 첫 상품을 개발했다.

　그의 첫 상품은 실패작이었다. 그러나 포기하지 않고 초심으로 돌아가 페이스북 팔로어를 늘리는 데 열중했다. 그는 사람에 집중했고 사람들이 자신의 페이지를 팔로하도록 만들어 얼마 안 가 팔로어가 6만 명으로 늘어났다. 그중 일부는 이메일 리스트에도 포함시켰다. 그제야 그는 여러 가지 다양한 제품을 시험하기 시작했다.

　크리스마스를 앞둔 어느 날 재러드는 장난감 강아지 입에 25센트짜리 동전을 넣으면 강아지가 동전을 삼키는 저금통을 발견했다. 그 물건을 보는 순간 팔 수 있겠다는 생각이 번뜩 들었다. 그는 자신의 사람들을 잘 파악하고 있었기 때문에 이렇듯 별난 상품이 성공하리라는 것을 알았다.

　이때까지만 해도 그의 비즈니스는 고전을 면치 못해 적자 경영을 하고 있었다. 하지만 페이스북에 이 상품을 올리자 엄청난 호응과 함께 대단한 인기를 누리기 시작했다. 주문이 순식간에 밀려든 나머지 재고가 소진되어 사전 예약 주문을 받아야 했다. 재러드는 추가 물량을 주문하기 위해 중국에 있는 공급업자에게 4만 달러를 송금했다. 얼마 전까지만 해도 연수입에 해당하는 금액이었다! (사람들에게 몇 번이나 말하지만 프로세스만 잘 따르면 당신의 겪을 가장 큰 문제는 판매 부진이 아니라 지나치게 높은 판매량이다.)

하지만 예상치 못했던 일이 벌어졌다. 그가 주문한 재고가 2주간이나 세관에 묶여 있게 된 것이다. 원래대로라면 크리스마스까지 여유로운 일정이었다. 신속하게 처리하기 위해 요금까지 지불하고 항공 화물로 운송을 진행했지만 상품이 제때 도착하지 못하는 상황이 벌어졌다. 그는 지푸라기라도 잡는 심정으로 페덱스 세관에 전화를 걸어 관리자에게 다음 날 운송이 시작되지 않으면 파산할지도 모른다고 사정했다. 놀랍게도 효과가 있었다. 그날 저녁 그의 물건은 트럭에 실렸다.

그러나 재러드는 시간에 쫓기고 있었다. 고객들에게 제품을 배송하지 않으면 돈을 환불해줘야 했지만 이미 돈은 광고와 재고 발주에 다 써버린 상태였다. 환불해줄 돈이 없었다. 크리스마스는 일주일 앞으로 다가왔고 배송할 물품은 5,000개였다. 제품을 한시바삐 포장해서 배송지에 제때 도착하도록 해야 했다. 주문 처리 센터에 물품을 보낼 시간이 없었던 터라 그가 직접 이 일을 해야 했다.

그렇게 한겨울 어느 날 위스콘신에 있는 재러드의 집에 수천 개의 물건이 도착하게 됐다. 그는 며칠 밤을 새워 송장을 출력하고 배송을 준비했다. 마침 눈보라가 몰아치려 할 때 그의 집 쪽으로 페덱스 트럭이 후진을 하며 들어왔고 진입로 중간에 물품을 가득 실은 팔레트를 몇 개나 내려놓았다. 상품이 배송 업체에 인수되기까지 남은 여섯 시간 동안 재러드와 그의 친구 15명은 정신없이 상품을 포장하고 송장을 붙였다. 사업 초기에 온갖 고생을 마다하지 않았던 그였기에 여기서 실패할 수는 없었다.

결국 재러드는 크리스마스 직전 짧은 몇 달 동안 수십만 달러를 벌었다. 해피 퍼핀Happy Puppin 브랜드가 수익을 낸 첫 상품이었다. 1년 후에는 100만 달러 매출을 달성했다. 이제 100만 달러 이상으로 성장한 해피 퍼핀은 조만간 거액에 매각될 예정이다.

"처음 시작할 때 수만 달러가 필요하다고 생각하는 사람들이 많지만 사실 1,000달러 혹은 그 미만으로도 가능합니다. 돈은 걸림돌이 되지 않아요. 이 전투의 90퍼센트는 정신을 바짝 차리고 어떤 난관이든 헤치고 나아가겠다는 의지가 결정합니다. 길을 찾아내는 것을 미션으로 삼아야 합니다."

재러드의 문제는 잠 못 이루는 크리스마스로 끝난 게 아니었다. 지금까지도 경쟁사들이 그의 광고를 베끼고 심지어 상품까지 도용한다. 그중에는 제품은 보내지 않고 돈만 챙기는 사기꾼도 있었다.

"처음 시작했을 때는 이런 사기꾼들한테 굉장히 화가 났지만 별 도움이 안 되더라고요. 요즘은 제 것을 베끼는 업체를 발견하면 즉시 변호사들에게 연락해 정지 명령을 내립니다. 이것도 사업의 일부인 셈이죠. 이런 문제에 대한 대처 능력을 키웠습니다."

재러드에게 사업가가 된다는 것은 기복이 심한 심리 롤러코스터를 타는 것과 같았다.

"마인드셋을 바로 해야 합니다. 굉장한 성공을 거두고 잘되다가도 어떤 이유로든 상황이 갑자기 바뀌어 크게 무너지는 일이 생기죠. 마음을 단련시켜야 이런 극적인 시기에 흔들리지 않고 잘 넘길 수 있습니다."

이것이 재러드에게는 가장 어려운 난관이었다. 한때는 행복의 절정에 이르거나 모든 것이 무너져 내리는 극단의 감정을 경험했다. 하지만 마음을 단단히 다잡고 사업에는 부침이 뒤따른다는 사실을 깨닫고 나니 모든 것이 한결 쉬워졌다. 그가 정말 성공했다고 느낀 순간은 33인치짜리 거대한 타이어를 장착한 픽업트럭 램 레블Ram Rebel을 사서 가족과 한 달간 여행을 떠났을 때였다.

"그 순간 비로소 모든 것이 실감났어요. 그간의 고생과 노력이 제가 항상 꿈꿨던 자유를 주었어요. 그때 이런 생각을 했습니다. 정말 이게 가능한 일이구나!"

첫 상품으로
비즈니스 흐름 만들기

사업 아이템을 떠올리고 시장에 내놓을 수 있는
상품을 만들기까지의 기본 과정은 간단하다.
고객에게 무엇이 필요한지 물어보고,
공급업체를 찾아 조사하고, 조금씩 아이디어를 수정하고,
가장 좋은 조건의 거래처를 결정하기만 하면 된다.

네이티브 데오도런트의 창립자 모이즈 알리는 사업을 시작할 당시 총 500달러를 투자했다. 2년 후 그는 1억 달러에 회사를 프록터앤드갬블에 매각했다. 상당히 괜찮은 투자수익률이라고 할 수 있다.

"전부 다 우리 돈을 끌어모아 시작했습니다."

모이즈는 캐피털리즘 컨퍼런스 무대에 올라 이렇게 말했다.

"프로덕트 헌트Product Hunt(제품 론칭 플랫폼으로 새로 출시된 앱, 상품, 서비스 등을 소개하면 사용자들이 인기투표를 해서 순위를 매긴다 — 옮긴이)에 상품을 출시했어요. 사업가들 중에서도 가장 사업가적 마인드가 있는 사람들이 모여 매일 제품을 두고 평가를 하는 곳이죠. 첫날 제품은 하나만 팔렸고 프로덕트 헌트 순위에 꼴찌로 올라 있었어요. '이제 그만하자.' 저는 이렇게 말했습니다. 이 사업 접겠다고요."

그때 친구 한 명이 프로덕트 헌트에 연줄이 있어 네이티브 데오도런트를 랭킹 상위에 올려줄 수 있다고 말했다. 다음 날 이들은 50개를 판매했고 순위 상단에 노출되었다.

"50개 판매가 발생하고 나서 제품을 100개 주문했습니다. 재고도 없이 50개를 판매한 거였죠. 만약 고객이 화요일에 구매하면 하루 만에 제품을 제작했습니다. 미리 쌓아둔 재고가 없었던 덕분에 비즈니스를 가볍게 유지할 수 있었어요."

모이즈는 아마존이나 소매업체, 킥스타터를 활용하지 않았다. 그는 모든 트래픽을 자사 웹사이트로 몰았고 웹페이지 방문자들에게 2달러 할인 쿠폰을 제시하며 이메일 리스트에 등록하도록 유도했다. 대부분의 사람들이 이메일 주소를 등록했고 덕분에 구매전환율을 높일 수 있었다.

"사람들이 보통은 이메일 등록을 한다는 것 그리고 구독자들은 고객이 될 확률이 높다는 걸 알고 있었습니다. 이 방법이 통하리라는 확실한 데이터가 이미 있었지만 그럼에도 처음 계획했던 기간보다 6주 더 시험했어요. 그렇게까지 한 이유는 사실 마음속 깊은 곳에서는 설마 하는 생각이 있었거든요. 항상 그래요. 마케팅에 관해서라면 아는 게 없으니까요. 광고에 돈을 쏟아붓고 창의적인 콘텐츠로 큰 성공을 거두었음에도 여전히 무엇이 반응을 불러오는지는 잘 모르겠어요. 제가 고객이 아니니까요. 때문에 무엇이든 전부 테스트를 합니다."

네이티브 데오도런트는 샌프란시스코에 기반을 두고 있지만 실리콘밸리에서 누구나 하듯 자본을 조달하지 못했다. 대신에 테크 기업이 소프트웨어를 테스트하는 것과 비슷하게 자사의 상품을 시험한다고 모이즈는 설명했다.

"2015년 사업을 시작한 초기에는 재구매율이 20퍼센트 정도로 썩 좋지 않았습니다. 고객 후기는 평균 별 네 개였고요. 우리는 고객들에게 왜 재구매를 하지 않는지 직접 물었어요. '예전에는 12달러를 들여 우리 데 오도런트를 구매했으면서 왜 다시 구매하지 않나요?'라고요."

모이즈는 그 이유가 순전히 발림성 때문이었다는 사실을 알게 됐다. 고객들은 데오도런트가 피부에 닿는 느낌을 싫어했다. 입자가 너무 거칠었기 때문이다. 사업 첫해에는 이 문제를 해결하는 데 매달렸다. 또한 얼룩에도 집중했다. 모이즈는 A/B 테스트(두 가지 안을 비교해서 실험하는 테스트. 스플릿 테스트split test라고도 한다 ─ 옮긴이)를 통해 데오도런트를 셔츠에 문지른 뒤 세탁기에 넣고 결과를 관찰했다. 모든 테스트를 거친 1년 후에 새로이 성분을 배합한 제품을 출시할 준비를 마쳤다. 그리고 결과적으로 신제품은 전보다 월등히 우수했다. 4점이었던 후기가 4.7점으로 상승했고 재구매율이 두 배로 올랐다.

모이즈는 상품을 개발하다 보면 반짝이는 물체 증후군shiny object syndrome (새로운 아이디어나 프로젝트, 유행, 개발에 편승하고 새로운 것을 추구하는 증후군 ─ 옮긴이)에 빠져 우선적으로 해야 할 것을 잊기가 쉽다고 경고했다.

"어떤 투자자는 우리에게 다양한 카테고리를 개발해야 한다고 말했습니다. 한 가지 카테고리만 있는 비즈니스에서 제품을 구매하려는 사람은 없을 거라고요. 하지만 모든 것이 잘 진행되고 있었기에 제 집중력을 분산시키고 싶지 않았어요. 다른 제품으로 확장했다면 제가 지금처럼 이 비즈니스를 잘 운영할 수 있었을까요?"

투자자들은 판매 채널도 문제를 삼았다. 당시 타깃, 홀푸즈, 코스트코, 세포라Sephora, 울타Ulta가 접촉해왔고 직접 연락한 소매업체만 해도 족히 100장은 채울 정도였다. 하지만 모이즈는 흔들리지 않았다. 그는 자신이 잘하는 것, 자사 웹사이트에서 상품을 판매하는 데만 집중하기로 했다. 실리콘밸리에 있는 스타트업들의 전형적인 도그마에 갇히기보다는 성과가 있는 방법을 더욱 강하게 밀어붙이는 쪽을 택한 것이다.

"몇 년 동안은 인플루언서 마케팅을 일절 하지 않았습니다. 사람들이 우리보고 미쳤다고 했죠. 남들이 하는 말을 전부 들을 필요는 없어요. 당신의 팀이 뭔가를 잘해서 매출을 발생시킨다면 그게 무엇이든 그 일에 더욱 전념해야 합니다. 당신이 잘하는 것에 집중하고 다른 것들은 무시해야 합니다."

새로운 변화의 갈림길에 놓였을 때 모이즈는 자신이 상당히 수익성 높은 비즈니스를 일궜다는 것을 깨달았지만 거기까지였다. 아무것도 없이 시작해 1,000만 달러 가치의 비즈니스를 만들 수 있다는 자신감은 있었다. 그러나 1억 달러 비즈니스를 창출할 수 있다는 자신은 없었다. 한 단계 더 높은 수준으로 비즈니스를 이끌 능력이 자신에게 있는지, 대기업들과 맞설 수 있을지 확신이 없었다.

사실 처음 인수 이야기가 오간 것은 최종 바이어로 낙점된 프록터앤드갬블이 아니었다. 파트너를 맺고 싶다고, 즉 그의 회사를 인수하고 싶다고 논의해온 곳은 다른 기업이었다. 금액을 두고 이야기까지 오갔지만 모이즈는 기업 매각을 절차에 따라 제대로 진행해야겠다는 생각이 들었다. 그는 자신의 비즈니스를 넘기고 싶은 기업 100곳을 추려 마음이 가지 않는 곳을 지운 끝에 최종 16명의 이름만 남겼다.

"그래서 이 16명에게 연락했습니다. 프레젠테이션을 진행하고 우리 회사를 자랑스레 소개했죠. 최종적으로 프록터앤드갬블 사람들에게 흠뻑 빠졌어요."

프록터앤드갬블 또한 모이즈의 회사에 매료됐다. 너무나 깊이 빠진 나머지 시원하게 1억 달러를 제시하며 회사를 인수했다. 누구나 처음에는 작게 시작한다. 하지만 통하는 것에 집중하면 놀라운 결과를 얻기 마련이다.

먼저 만들고 나중에 수정하라

내가 여섯 살 때 이모에게는 돈이란 이름의 남자 친구가 있었다. 돈은 내가 처음 만난 부자였다. 아직까지도 그가 어떻게 돈을 벌었는지는 모르지만 당시 무척 놀랐던 일만은 또렷하게 기억한다. 부모님 집 현관 앞에 놓인 의자에 앉아 나는 그에게서 첫 '비즈니스 수업'을 받았다. 그는 성공하는 법을 가르쳐달라는 내 질문에 성실히 답해주었다(겨우 여섯 살 때였다! 진짜 사업가들은 성공에 대한 욕망을 타고나는 것 같다).

그의 첫 번째 가르침은 상품 제작이었다. 지금까지도 그가 한 말이 똑똑히 기억난다.

"라이언, 네가 갖고 있는 아이디어는 무엇이든 전부 만들어줄 수 있는 회사들이 있는 거 아니?"

"무슨 뜻이에요?"

"요즘 너랑 네 친구들 사이에 유행하는 게 뭐지?"

"요요예요. 쉬는 시간마다 친구들 전부 요요를 꺼내서 기술을 자랑해요."

"요요 기술 이름 하나만 말해볼래?"

"땅강아지요."

"자, 만일 네가 땅강아지 기술을 할 때 개가 짖는 소리가 나는 요요를 만들고 싶다면 아까 말했던 회사에 연락하면 돼. 그럼 그 회사에서 그런 요요를 만들어서 네게 보내준다는 거지."

믿기가 어려웠다. 그런 회사가 있다고? 쉬는 시간에 멍멍 짖는 소리가 나는 요요를 꺼낸다면 친구들이 얼마나 놀랄까! 지금은 그가 말했던 것이 계약 제조업체, 즉 상품을 대신 제작해주고 도매로 거래하는 업체라는 걸 알고 있다. 내 유년 시절에서 가장 안타까운 것은 실제로 이런 업체를 어디서 어떻게 찾을 수 있는지는 몰랐다는 점이다.

20년 후 돈의 말이 옳았다는 걸 깨달았다. 당신의 아이디어를 실현해주는 사람들이 있다. 당신의 마음에 든다면 많은 수량 또는 적은 수량으로 주문할 수도 있다. 게이트웨이 아이디어로 게이트웨이 상품을 만드는 것은 이토록 쉬워졌다. 감사하게도 이제는 당신의 비즈니스를 두고 온라인에서 경쟁하는 계약 제조업체가 여럿이라 '누군가 아는 사람이 있어야만' 상품을 제작할 수 있는 시대는 지났다. 구글에 검색하면 제조업체가 셀 수 없이 많이 나오지만 세계에서 가장 큰 시장은 알리바바로 당신이 원하는 상품을 만들어줄 계약 제조업체를 고를 수 있다.

돈의 가르침을 마음에 품은 채 나는 친구 션과 두 번째 브랜드를 시작했다. 션과 나는 서로의 부족한 점을 채워줄 수 있었기에 좋은 파트너였다. 나는 의사결정과 마케팅을, 션은 조사와 사업 운영을 맡았다. 타깃 고객을 고민하던 때 그는 오랜 시간을 들여 다양한 시장을 비교 분석한 스프레드시트를 만들었다. 내게 스프레드시트를 보여주며 의견을 묻는 그에게 나는 이렇게 답했다.

"요가."

"뭐라고?"

"요가를 하는 사람이 쓸 만한 제품이 여러 개잖아. 요즘 뜨고 있는 트렌드이기도 하고. 내가 요가하는 사람들도 많이 알고 있으니까 이들이 뭘 원하는지 직접 물어볼 수도 있어. 요가 비즈니스를 시작하자."

그러나 션의 첫 반응은 이랬다.

"정량 분석을 해야지, 라이언!"

나는 원래부터 깊이 생각하는 스타일이 아니었다. 사람들은 조사 과정에 너무 많은 시간을 들인다. 하지만 나는 우선 결정하고 나중에 고쳐나가는 쪽이었다.

이렇게 타깃 고객을 정한 후 가능한 상품 목록을 만들고 게이트웨이 상품을 결정했다. 바로 요가 매트였다. 그런 후 제품 개발 과정에 돌입했다. 아마존에서 판매량이 높은 요가 매트를 검색해 고객 후기를 읽었다. 여러 페이스북 그룹, 인스타그램 인플루언서 계정, 초대형 커뮤니티 사이트의 게시판 서브레딧subreddits에 질문을 남겼다. 우리의 첫 제품이 기존 제품의 어떤 문제점을 해결해야 하는지 알아내기까지는 그리 오래 걸리지 않았다.

나는 돈의 조언을 떠올려 상품을 제작해줄 사람을 찾아 나섰다. 빠른 스크롤과 클릭 한 번이면 중국에 있는 도매업체나 인도에 있는 PL Private Brand 제조사, 베트남에 있는 계약 제조업체를 찾을 수 있다. 찾아보니 우리가 원했던 모든 것을 완벽히 갖춘 요가 매트 샘플을 50달러면 주문할 수 있었다. 아주 간편했다.

샘플을 받은 후에는 우리가 수집한 불만 사항이 전부 해소될 수 있도록 상품 아이디어를 개선하는 작업을 시작했다. 나는 평생 동안 요가를 두세 번밖에 안 해봤고 우리가 타깃으로 삼은 인구통계학적 집단 근처에도 가본 적이 없었다. 때문에 직접 만나서 물어보는 것 외에는 방법이 없었다.

우리는 요가를 사랑하는 밀레니얼 세대를 타깃으로 했기 때문에 이들이 주로 모이는 곳, 스타벅스로 향했다. 그곳에서 사업가라면 누구든 진땀을 흘릴 만한 힘든 현장 조사를 진행했다. 바로 커피를 마시며 젊은 여성들에게 질문을 하는 것이다.

"어떤 요가 매트를 선호하시나요? 그 이유는요?"

"나쁜 요가 매트와 좋은 요가 매트를 가르는 차이는 무엇인가요?"

"지금 사용하는 요가 매트에서 불만족스러운 점이 있나요?"

"이 제품은 어떻게 생각하세요? 그럼 이거는요?"

그다음 나는 한 요가 스튜디오를 방문해서 우리의 샘플 제품이 격렬한 요가 수업을 잘 버텨낼 수 있는지 직접 실험했다. 몇 번의 수업을 받은 후 션과 나는 제품 개발의 방향을 좁힐 수 있었다.

온갖 데이터로 무장한 우리는 다시 제조업체에 연락했다. 요가에 대해 아는 것이 전무한 두 남자가 이제는 단순히 좋은 요가 매트란 무엇인지를 넘어 사용감과 기능은 어때야 하는지 따질 정도로 전문가가 됐다. 우리는 우리의 요가 매트가 어떤 제품이어야 하는지 알았다. 이제 우리가 원하는 제품을 공급해줄 업체를 찾는 것만 남았다.

협조적인 파트너를 찾기까지는 오래 걸리지 않았다. 제품 사양을 정한 뒤 션은 우리의 주문 사항대로 제작할 수 있다는 모든 업체에 연락했다. 괜찮은 업체 두 곳으로 좁힌 뒤 가장 좋은 가격을 제시하고 가장 홀

류한 의사소통 능력을 보였던 한 곳을 택했다. 션이 우리의 브랜드 로고
인 '젠 액티브'Zen Active를 박은 시제품을 의뢰했고 눈 깜짝할 새 우리는 션
의 집에서 첫 요가 매트를 펼치고 있었다.

우리의 요가 매트가 완성됐다. 우리가 원했던 사양으로 우리의 로고
가 박힌 우리의 상품이 출시 준비를 마친 상태로 션의 집에 도착했다. 웹
사이트 한 곳을 방문하고 수많은 사람에게 질문을 한 것 외에는 달리 한
일이 없었다. 한 번에 상품이 완벽하게 만들어졌다는 이야기를 하는 게
아니다. 몇 가지 실수도 있었고 제품에 수정을 더하며 개선했지만 아이
디어를 찾고 시장에 내놓을 수 있는 상품을 만들기까지의 기본 과정은
이렇게 간단하다. 당신도 공급업체를 찾아 조사하고, 조금씩 아이디어
를 수정하고, 가장 좋은 조건의 거래처를 결정하기만 하면 된다.

공급업체는 어떻게 찾아야 할까?

나는 알리바바닷컴에 있는 공급업체를 믿고 의지했지만 이 사이트를 안
좋게 생각하는 이들도 있다. 사용자 경험에 대해 말하자면 솔직히 말해
서 좀 엉망이라고 볼 수 있다. 또한 당신과 공급업체 사이에 거리가 있어
거래처와 손을 맞잡고 악수를 나누거나 상대방의 눈을 바라보며 협상하
는 쪽을 선호하는 사람들은 좋아하지 않을 수 있다.

최근에는 알리바바와 같은 경쟁 사이트들이 많아져서 다른 경로로
상품을 제작하고 싶다면 다양한 선택지를 검색할 수 있다. 당신이 선택
한 상품을 만들어줄 도매업자, 제조업체, 계약 제조업체를 찾는 것도 용

이해졌고 좀 더 직접적으로 소통하고 과정 전반을 가까이에서 경험할 수 있는 소규모 업체들도 많다.

고전적인 방식을 택하고 싶다면 당신이 진입하고자 하는 업계의 무역박람회에 참석하는 방법도 있다. 다음 박람회 일정을 확인하고 비행기에 올라타 새로운 도시에서 활동하는 제조업자들을 만나서 대화를 나눌 수도 있다. 제조업자를 직접 만나기 위해 중국까지 가는 사람들도 있다. 나는 그렇게 한 적이 없었고 앞으로도 그럴 생각은 없지만 내 친구들 중 다수가 이런 방식을 선호한다.

이렇듯 다양한 선택지가 있지만 그럼에도 나는 알리바바나 이와 유사한 사이트에서 이미 완성된 제품 샘플을 주문하는 쪽을 추천한다. 제품 실물을 직접 손으로 느낄 때 마법과도 같은 경험을 하게 된다. 아이디어가 진짜 실현됐음을 실감하는 순간이다.

처음 시작할 때는 계약 제조업자를 직접 만나서 당신의 디자인대로 제품을 만드는 것이 완벽한 상품을 탄생시키는 최선의 방법이라고 생각하기 쉽지만 사실 이 방법은 위험 부담이 크다. 바로 시간을 낭비할 위험이다. 어느 정도냐면 첫 시제품을 보기까지 최소 석 달, 일반적으로는 약 6개월에서 늦으면 12개월이 걸리기도 한다. 그럼에도 이 시제품이 당신의 브랜드를 널리 알릴 바로 그 제품이 될 수 있을지 바로 알아볼 길이 없다. 이런 이유로 먼저 샘플을 주문하고 차차 상품을 개선해나가는 쪽을 추천하는 것이다.

완벽주의자들은 이런 방식을 싫어하겠지만 당신이 만들고자 하는 상품의 실물을 보는 데만 12개월이 걸린다면 12개월 안에 100만 달러를 벌겠다는 계획은 이치에 맞지 않는다.

완벽한 상품은 없다

성공하기 위해서는 기존에 있는 뭔가에 새로운 변화를 더해 완벽하게 재탄생시켜야 한다고 생각하는 사업가들이 무척 많다. 당신이 시장에 내놓은 제품이 기존의 것보다 새로울 게 없다면 아무도 당신의 상품을 사려들지 않을 테니 말이다. 새로워야 하고 완벽해야 하며 그럴 만한 아이디어를 찾기 전에는 가만히 묻어두는 게 낫다고 생각한다.

과거에는 어느 정도 그랬을 수도 있지만 이제는 아니다. 바퀴만 해도 수십 년간 새롭게 고안된 적이 없지만 바퀴 제조업체들이나 판매자들은 아무런 문제없이 잘만 사업을 하고 있다. 여전히 새로운 바퀴 회사가 한 번씩 시장에 등장하기도 한다. 이들이 뭔가 새로운 것을 판매하는 걸까? 똑같은 바퀴에 약간의 변형만 준 것이다. 당신의 상품이 지닌 핵심은 새로운 것에 있지 않다. 다만 사소하게나마 다르다는 것에 있다.

한 컨퍼런스에 기조 연설자로 참석했을 때였다. 청중 한 명이 다가와 자신은 베이비부머 세대를 대상으로 요가 수업을 홍보하고 있다고 밝혔다. 그녀는 이 고객들의 가장 큰 고충이 요가 매트 위에서 느끼는 무릎 통증이라고 말했다. 시중에 나온 요가 매트 대부분이 젊은 연령층에 맞춰져 있기 때문이다.

이 정보를 바탕으로 훌륭한 상품 하나를 탄생시킬 방법이 두 가지 있다. 하나는 아무도 생각지 못한 새로운 소재로 두께가 두툼한 새 요가 매트를 디자인하는 것이다. 아니면 이미 시중에 나와 있는 두툼한 요가 매트를 새로운 고객층, 즉 요가를 하는 베이비부머 세대에게 어필하는 데 집중하는 것이다.

뭔가 새로운 것을 만들기 위해 시간을 낭비할 필요는 없다. 그저 당신의 고객들이 원하는 것을 제공하면 된다. 그렇게 해서 샘플이 나온 후에는 대대적인 변화를 시도하는 게 아니라 개선시키는 데 집중한다. 완벽을 좇고자 하는 욕망은 잘 알지만 완벽함은 팔리지 않는다. 품질과 독창성이 팔리지 않는다는 뜻이 아니다. 이 두 가지는 중요한 요소지만 판매를 시작해야 제품의 품질을 높이려고 노력하게 된다. 엑스프라이즈 재단의 피터 디아만디스 회장이 "처음 출시한 제품에 부끄러움을 느끼지 않는다면 당신은 뒤처진 것이다."라고 말했듯이 첫 제품이 완벽하기는 어렵다.

지금은 성공에 대한 생각보다 샘플 제품에 대한 피드백을 많이 받는 데 집중해야 한다. 그래야 문제가 되는 부분을 개선할 수 있고 당신의 제품을 사용할 사람들을 제대로 겨냥할 수 있다.

이 단계에서는 중요한 결정들에 몰입하고 다른 문제에 대한 걱정은 미뤄야 한다. 제품의 불편 사항이 무엇인지 파악하고 이 문제를 겪고 있는 사람들에게 다가가 피드백을 받아야 한다(판매를 통해 피드백을 받을 수 있다면 가장 좋다). 이상적인 상품이나 이상적인 브랜딩을 찾아 헤매며 오래 시간을 낭비할수록 당신에게 경제적 자유를 안겨줄 제품을 상상의 나라에 가두는 꼴이 된다.

상품을 판매할 준비를 마쳐야 할 시기에 포장 디자인에 발이 묶인 사람들도 너무 많이 봤다. 로고를 몇 번이나 수정하고 플라스틱 포장지의 색을 바꾸고 100여 개의 상표 폰트 사이에서 한참을 고민한다. 솔직히 말해 아마존에서 상품을 판매한다면 대부분 사람들은 당신이 파는 상품의 포장이 어떻게 다른지 알아채지도 못할 것이다. 고객의 입장에서는 문 앞에 놓인 갈색 아마존 상자일 뿐이다. 상품이 고객의 마음을 건드린다면 어떤 포장지에 담겨 있든 고객은 상품을 구매할 것이다.

상품의 디자인 특징이 중요하지 않다는 말을 하는 것이 아니다. 브랜딩, 로고, 전체적인 디자인 모두 비즈니스를 확장하는 데 중요한 역할을 한다. 하지만 모두가 나중에 변경할 수 있는 것들이다. 유일하게 바꿀 기회조차 없는 것은 판매를 하지 못하게 가로막았던 요인이다.

당신이 해야 할 일은 이런 요인들을 가능한 한 빨리 제거하는 것이다. 제대로 된 상품을 만들기 위해 조사를 하고 시장에 진입해서 판매를 발생시키는 데 집중해야 한다. 패키징 디자인이 당신이 원하는 수준에 미치지 못하면 재고를 모두 판매한 뒤 새로 발주할 때, 수익이 계좌로 들어올 즈음 변경을 고려해도 된다.

상품을 개선하는 일은 끝이 없는 과정이다. 우리가 처음 요가 매트를 판매하기 시작했을 때 나의 관심사는 오로지 첫 물량을 모두 판매하는 데 있었다. 그리고 아마존에 입점하고 얼마 지나지 않아 더욱 두껍고 품질도 좋은 데다 개당 비용이 1달러나 저렴한 제조업체를 발견했다. 더 나은 상품을 더 낮은 가격으로 들여올 수 있었지만 이 때문에 성장 동력에 제동을 걸고 싶지는 않았다. 우리는 비즈니스를 진행하며 조금씩 변화와 수정을 더해나갔다. 개선이라는 끝이 없는 목표를 좇을 때 제품을 시장에 내놓는 데 집중할 자유를 얻는다.

나는 상품에 대해 지나치게 깊이 생각하느라 아이디어에서 판매로 나아가야 하는 중요한 걸음이 지체될 때면 '실수 좀 저지르자'고 나 자신에게 말한다. 그래봤자 지금 이 프로세스 안에서는 위험 부담이 거의 없기 때문이다. 상품을 소량만 선불로 구매하기 때문에 실수가 생겨도 그

피해가 아주 적다. 당신은 아마존에서 어떻게든 첫 100개 제품을 판매할 방법을 찾을 것이다. 설사 그렇지 못해도 손실은 경미하다.

심각한 것이라도 실수는 사업의 일부다. 아무리 준비를 철저히 해도 완벽하게 진행되리라는 보장이 없다. 어쩌면 제일 좋은 거래를 할 수 있는 공급업자를 놓치는 바람에 이익률을 조금 손해 보는 식의 대수롭지 않은 실수일 수도 있다. 또는 나와 션이 미처 재고를 생각하지 못하고 제품 가격을 낮췄던 것처럼 끔찍한 실수를 저지르는 경우도 있다.

당시 우리는 요가 매트의 공급을 제한해 소량씩만 재고를 주문하며 혹시 모를 손실의 위험을 줄이는 쪽을 택했다. 그때까지만 해도 가격을 높게 유지했는데 이는 여러모로 좋은 점이 많았다. 이익률도 좋았고 우리가 바랐던 고객층을 불러 모으고 있었다. 엄청나게 주문이 밀려드는 것은 아니었지만 꾸준하게 판매가 발생했다.

그러던 중 아마존 순위를 높여야겠다는 결심이 들었다. 순위가 오르면 더 많은 사람에게 노출되고 더 많은 판매가 발생하리라. 재고 발주량도 늘리고 수익도 늘릴 지름길이라고 생각했다. 하지만 그러기 위해서는 판매를 더 늘려야 했다. 그래서 가격을 대폭 낮춰 고객들에게 저렴한 가격에 상품을 제공했다.

처음 시작한 사업가들은 물론, 경험 있는 사업가들 중에도 제품 가격을 높게 선정하는 걸 두려워하는 이들이 많다. 이들은 경제적인 여건이 허락하는 한 가격을 낮춘다. 아마도 창업 강좌에서 브랜드를 만들기 가장 좋은 방법이 가격을 낮게 선정하는 거라고 배웠을 가능성이 높다. 하지만 내가 직접 경험해보니 브랜드를 설립하고 싶다면 가격 인하에 손을 대서는 안 된다. 업계 내 최고 가격에 근접한 수준이어야 한다.

이유는 단순하다. 저가 브랜드보다 프리미엄 브랜드를 확장하는 것이 훨씬 쉽기 때문이다. 제품을 대량으로 판매하는 기업만이 저가 전략에서 살아남을 수 있다. 월마트의 가격보다 나은 가격을 제시할 수 없다면 월마트의 방식을 따라서는 안 된다.

션과 내가 제품 가격을 낮추자 상품은 날개 돋친 듯 팔렸고(이 책에서 나온 방법만 따르면 정말 효과가 있다) 제품이 모두 소진되고 말았다. 예상 가능한 결과였다. 더 이상 고객의 주문을 받을 수 없을 때는 본질적으로 폐업이나 마찬가지이므로 재고가 없는 것이 새로 시작한 비즈니스에서 벌어질 수 있는 최악의 경우다.

바다를 건너 아마존 물류창고에 상품이 도착하기까지 4주나 기다려야 했다. 마침내 재고를 확충했을 때는 사업을 처음부터 다시 시작하는 것이나 다름없었다. 물론 그간 고객 후기도 쌓이긴 했지만 상승 동력이 소멸했다. 다시 동력을 얻기 위해 또 한 번의 할인 행사를 진행해야 했다. 가까스로 회복은 했지만 한 번의 실수로 몇 달이라는 시간을 허비한 셈이었다.

한 달 정도 사업 계획에 시간을 더 들였다면 이런 끔찍한 선택을 내리지 않았을 거라고 말하기는 어렵다. 솔직히 말하면 큰 차이는 없었을 것 같다. 모든 것을 통제할 수는 없다. 당신의 목표는 그저 아이디어를 실물로 만들어 고객의 손에 전해주는 것이다. 생각하는 것보다 훨씬 간단하다. 제대로 된 공급업체를 찾고 샘플을 받고, 조사를 하고 상품을 개선한다. 그리고 적은 물량을 주문한 뒤 제품을 온라인에 올린다. 현재로서 당신이 신경 써야 할 것은 이것이 다다. 지나치게 많이 생각할 필요는 없다. 실수를 할 때마다 바로잡으면 된다.

백룸의 멤버인 트래비스 킬리언은 바쁘고도 시끄럽게 돌아가는 시장에서 자신의 상품을 눈에 띄게 만든 비법에 대해 말한 적이 있다. 그의 대답은 단순했다.

"사람들의 말을 듣는 거죠. 우리는 말도 안 될 정도로 A/B 테스트를 많이 했어요. 제품 샘플을 만들어 사람들에게 어떤 제품이 더 나은지, 이게 좋은지 아니면 경쟁사 제품이 나은지 묻고 다녔습니다. 시장에서 최고 경쟁 업체들, 우리가 보기에 가장 훌륭한 제품을 판매하는 업체 전부를 대상으로 테스트를 했어요."

A/B 테스트는 사람들에게 둘 중 어느 쪽을 더 선호하는지 묻는 게 전부다. 두 가지 아이템을 제시하며 개인의 선호를 묻는 것이다. 이 테스트는 보기 드물게 간단하고 효과적이기까지 한 방법이다.

"한번은 이런 일이 있었어요. 친구 한 명에게 돈을 주고 오스틴에 있는 몰에 가서 사람들에게 우리 제품과 경쟁사 제품 사진을 보여주고 어느 쪽을 더 선호하는지 설문 조사를 해달라고 부탁했어요."

한 명 한 명 설문 조사와 A/B 테스트를 하기엔 시간과 돈이 너무 많이 든다고 생각할 수도 있지만 이제는 이렇게 할 필요가 없어졌다고 트래비스는 설명했다.

"우리가 처음 시작할 때는 이렇게 했습니다. 지금은 온라인 서비스를 통한 A/B 테스트로 우리 제품과 경쟁사들의 제품을 비교해요. 피드백을 받는 가장 중요한 목표는 설문 응답자들이 어떤 제품이 더 낫다고 평가하는 이유를 파악하는 겁니다. 다른 제품을 우리 것보다 더 선호하는 이유는 무엇인가? 우리에게 진짜 필요한 데이터는 이겁니다. 응답자의 데이터를 분석해 우리 제품에 적용하는데, 그전에 먼저 고객의 피드백을 우리가 수용할 수 있는지, 수용하길 원하는지를 결정한 뒤 수정을 해나가는 식입니다."

이 모든 과정은 제품이 시장에 출시되기 전에 이뤄진다.

"커피를 내릴 때 쓰는 프렌치 프레스를 예로 들어보죠. 프렌치 프레스의 디자인은 상당히 다양해요. 전부 다 스테인리스로 된 것도 있고 유리로 된 제품도 있죠. 매끈한 곡선으로 된 형태도 있고 좀 더 투박한 제품도 있어요. 그러면 우리는 프렌치 프레스 제품을 개발하기 위해 시중에 나온 제품들 가운데 우리가 보기에 가장 좋다고 여기는 제품 디자인을 전부 수집합니다. 그런 뒤 이 디자인들과 판매량이 가장 높은 제품을 비교하는 A/B 테스트를 진행해요. 테스트 결과를 바탕으로 어떤 디자인을 고를지 결정하죠."

트래비스는 고객의 피드백이 판매의 직접적인 결과라고 말한다.

"상품을 출시하면 초반에 가능한 판매를 늘리기 위해 무엇이든 해야 합니다. 그래야 피드백을 받을 수 있거든요. 고객의 의견을 들을 수 있는 방법이죠. 그렇게 처음 시작하고 4개월 만에 월 4,000~5,000개를 판매했고 2년 후에는 월 판매량 약 200만 개를 달성했습니다."

이렇게 발생한 판매는 고객 후기 시스템을 가동시키고 새로운 제품 개발에 필요한 연료가 된다.

사업의 흐름을 만드는 재고 주문하기

재고를 주문하는 일은 긴장되고 상당히 두렵게 느껴진다. 특히 제품이 팔릴지 확신이 없는 상태에서는 더욱 그렇다. 이럴 때는 고객의 의견을 경청하고 뒤에 나올 '유리하게 판 짜기' 전략을 활용하는 것으로 두려움을 덜어낼 수 있다. 또 작게 사업을 시작해도 된다. 상품 100개 정도만 주문해 시작하는 것도 가능하다. 나도 그렇게 시작했다.

하지만 판매가 발생하는 순간부터는 재고를 충분히 유지하는 데 모든 신경을 쏟아야 한다. 재고 주문량이 늘어난다는 뜻이다. 재고를 늘리는 데 필요한 자금력을 갖추기까지의 과정이 까다로울 수 있다. 다시 말해 처음 사업을 하는 사업가에게는 자금을 관리하는 것이 어려울 수 있다는 말이다. 언뜻 잘 이해되지 않겠지만 사업 초기에는 무조건 수익을 최대화하는 것이 목표가 아니다. 이 단계에서 목표는 제품을 확보하고 판매하는 시스템을 확립하는 데 있다. 수익을 최대화하는 것은 추후의 문제다.

피시오일 보조제를 판매하던 한 사업가는 공급업체를 계속 변경하며 비용을 절감할 방법을 구했다. 그는 조금이라도 나은 가격을 제시하는 공급업체가 나타나면 갈아타기를 반복하며 공급망 프로세스를 개선하려 노력했다. 그러나 공급업체를 바꿀 때마다 이윤은 조금씩 커졌지만 공급이 불안정했다. 계속 제품이 품절되었다. 다시 한 번 말하지만 이것이 사업을 할 때 벌어질 수 있는 가장 최악의 상황이다. 그는 적은 수량을 주문한 뒤 다른 공급업체로 거래를 옮기고, 또 적은 수량을 의뢰하고 재고가 품절되는 과정을 반복했다. 고객이 구매하고 싶을 때 제품을 제공할 수 없다면 이윤은 아무런 의미가 없다. 더 큰 문제는 확장에 필요한 탄력을 얻지 못한다는 점이다.

조언을 구하러 찾아온 그에게 나는 한 업체에 정착해서 사업이 잘 굴러가도록 만드는 법을 배워야 한다고 말했다. 그가 겪는 문제의 해결책은 공급업체와 깊은 관계를 형성하는 것이었다.

"어떤 업체를 골라야 하죠?"

"가격이나 품질 면에서 거의 비슷하다면 의사소통이 가장 잘되는 곳을 선택해야 합니다."

그는 뉴욕으로 가서 공급업자 한 명을 직접 만나 전보다 좋은 조건으로 협상을 마쳤다. 20퍼센트의 할인가와 20퍼센트의 수익 향상, 공백 없이 상품이 계속 공급되는 안정성까지 확보했다.

그의 문제는 재고 주문량을 수백 개로 확장하기에 괜찮은 제조업자를 만나 좋은 조건에 거래하는 것으로 간단히 해결됐다. 그는 공급도 확보했고 수요도 있었으며 이익도 남겼다. 누구나 이렇게 운이 좋은 건 아니다. 대부분 사람들은 상품을 제작하고 판매하는 과정에서 새로운 문제를 맞닥뜨린다. 바로 자금이다.

소규모 사업체를 확장하고 점점 늘어나는 수요에 맞춰 재고를 확보하다 보면 자금 문제를 반드시 맞닥뜨린다. 많은 초보 사업가에게 심각한 타격을 주는 문제지만 제대로만 한다면 성장을 더욱 앞당길 수 있는 기회가 되기도 한다. 다음 장에서는 돈에 대한 스트레스를 덜 받으며 사업 초기 자금을 확보하는 다양한 방법을 소개할 것이다.

시장이 외면한 가방을
7개월 만에 히트 상품으로 만든 비결

일리노이에 사는 해니 수나르토는 엔지니어로 인도네시아에서 왔다. 1년에 한 번 그녀는 가족을 만나기 위해 먼 길을 떠난다. 인도네시아에 갈 때마다 그녀는 여동생과 함께 2~3주간 하이킹을 떠나는데 2015년에 야생을 헤매던 중 백팩 하나가 망가지고 말았다. 여동생이 불만에 차서 이렇게 말했다.

"언니는 엔지니어잖아. 괜찮은 백팩을 직접 디자인하면 어때?"

농담처럼 한 이 말이 해니의 머릿속에서 떠나지 않았다. 여행이 끝날 즈음에는 사업 콘셉트가 이미 완성되어 있었다. 바로 니트팩이었다.

해니는 디자인 작업에 착수했다. 패션 및 섬유 사업으로 중국에 자주 방문하는 여동생이 첫 상품 제작에 필요한 원단과 재료를 구해주었다. 타깃 고객은 고급 가죽 가방 사용자가 아니라 저렴한 가격에 양질의 여행 가방을 찾는 미니멀리스트 여행객이었다. 두 가지 기능만은 확실하게 갖춘 가방이 필요했다. 여행 물품을 잘 정리할 수 있고 어떤 일이 있어도 망가지는 일이 없어야 했다.

사소한 부분까지 신경을 쓰는 섬세함과 올인하겠다는 자세를 갖춘 그녀에게 나는 투자하지 않을 수 없었다. 비즈니스에서 판매가 발생하기 시작한 후부터 그녀의 사업에 투자했다. 한편 여느 사람들과 마찬가지로 그녀 또한 극복해야 할 여러 난관을 마주했다.

자매의 첫 상품은 구획을 나누어 수납공간을 확보한 세면도구 가방으로, 치약이 가방 안을 엉망으로 만드는 일이 없도록 따로 보관하는 작은 칸까지 있었다. 엔지니어인 해니가 늘 하던 방식대로 스케치를 그리며 가방을 디자인했고 동생은 오토캐드를 활용해 3D 디자인을 구현하는 공급업자를 찾았다. 그 스케치를 청사진 삼아 자매와 공급업자는 디자인에 수정을 더해가며 완성품을 만들었다. 두어 번의 수정만으로 첫 제품을 완성한 후 해니는 공급업자와 최소 1,000개를 발주하는 조건으로 계약을 마쳤다. 처음 아이디어를 떠올린 것이 2015년 6~7월이었고 첫 제품은 그해 11월 말에 출시됐다. 그즈음 해니의 남편이 일을 돕기 위해 사업에 합류했다.

상품이 출시되자마자 고객들은 긍정적인 반응을 보였다. 해니가 이미 페이스북 여행 그룹 몇 곳에 가입해 있었던 터라 자매는 그들만의 여행 그룹을 만들기로 했다.

"여동생과 함께 멋진 디자인의 여행용 세면도구 가방을 만들었습니다."

그러자 "와, 굉장하네요!"라는 반응이 줄줄이 달렸고 자매는 "몇 주 후 아마존에 입점할 예정이니 궁금하신 분들은 참고해주세요."라고 답했다. 페이스북 그룹의 회원들이 소셜 미디어에 새로 나온 세면도구 가방을 칭찬하는 포스팅을 올리기 시작했다. 자매는 제대로 된 제품을 만들었다는 확신이 들었다.

자매는 곧 두 번째 상품을 출시했다. 이때만 해도 두 사람은 정말 대단한 제품이 탄생했다고 자부했다. 그러나 결과는 처참했다. 고객들은 소재가 가볍지 않고 신축성이 없다고, 백팩이나 여행 가방 안에 넣기가 힘들다고, 사이즈가 너무 크다고 피드백을 남겼다. 이후 몇 번의 수정을 더했지만 결국 제품을 철수할 수밖에 없었다.

자존심에 큰 상처가 남을 정도의 실망감이었다. 해니는 자신이 가방만큼은 잘 안다고 생각했다. 본인이 엔지니어이자 용감무쌍한 여행자였기 때문이다. 자매는 그녀들이 만든 가방이 얼마나 훌륭한 제품인지 온갖 이유를 떠올리며 자위했다. 그러나 안타깝게도 시장의 반응은 이들의 생각이 틀렸다고 말하고 있었다.

해니는 많은 셀러가 자기들처럼 흥분에 사로잡혀 검증되지 않은 콘셉트에 지나치게 많은 돈을 낭비하는 모습을 수차례 목격했다. 많은 이들이 너무도 대단한 상품을 만들었다고 확신한 나머지 곧장 다섯 곳의 채널에 상품을 출시한다. '잘될 거야. 사람들이 열광할 거야' 하면서 말이다. 하지만 피드백을 받거나 판매가 발생하기 전에는 결코 알 수 없다. 우선 한 제품의 아이디어만 검증하고 채널 한 곳에서 판매하는 데 주력해야 한다. 당신의 오디언스가 필요로 하고 원한다는 확신이 드는 제품을 출시한 뒤에는 될 수 있는 대로 빨리 많은 피드백을 받아야 한다.

해니와 남편, 동생은 제품의 설계를 수정해야 할 일이 있으면 몇 번이고 다시 제도판 앞에 모였다. 그리고 페이스북 그룹과 다른 여행 그룹에서 이메일 리스트를 확보해 꾸준히 고객 피드백을 요청했다. 고객들은 장단점은 물론 제품 개발 아이디어까지 제공했다. 세 사람은 이 모든 과정에서 항상 솔직한 피드백을 전해주고 커뮤니티 같은 공간을 만들어준 오디언스가 있어 굉장히 행운이라고 생각했다. 덕분에 제품이 불만족스럽거나 교환할 일이 생기면 곧바로 확인할 수 있었다. 도중에 제품 생산을 중단해 손실을 피했던 적도 두어 차례 있었다.

처음 출시했던 세면도구 가방은 크기가 작았던 터라 고객들은 가족 및 자녀들의 물품도 함께 넣을 수 있는 큰 사이즈의 가방을 문의했다. 중간 사이즈의 세면도구 가방을 개발하고 출시하기까지 약 7개월이 걸렸고 이 제품이 니트팩의 두 번째 히트작이 되었다. 이것을 시작으로 현재 니트팩의 베스트셀러 상품인 슬링백과 접이식 백팩, 여성용 크로스백이 줄줄이 성공을 거두고 있다.

해니는 초기에 저질렀던 가장 큰 실수 중 하나가 아마존 판매에 너무 집중한 나머지 브랜드 구축이라는 중요한 사안을 놓친 것이라고 생각한다. 브랜드의 핵심 오디언스를 파악하고 구축하고 확장하는 데 충분한 관심을 기울이지 않았던 탓에 2016년 회사의 성장이 제자리걸음이었다고 말이다. 2017년 니트팩은 이 난관을 타개하고자 마케팅 업체를 고용해 이메일 리스트를 확장했다. 브랜드 노출을 확대하고 연이어 프로모션을 한 덕분에 3,000명이었던 고객층은 1만 명으로 늘었고 이들은 이후 출시된 제품 판매량에 크게 기여했다. 이메일 리스트를 활용한 덕분에 크로스백은 출시하자마자 수익을 냈다.

"사업을 시작할 계획이라면 제품 아이디어 검증이 핵심이라는 걸 명심해야 해요. 중요도가 낮은 문제에 시간을 낭비했던 탓에 실패한 사람들이 많았어요. 아마존이든 자사의 웹사이트든 자신이 선호하는 채널에 제품을 팔면 되지만 그전에 아이디어 검증을 먼저 해야 해요. 어마어마한 돈을 불필요하게 낭비하기 전에요. 당신의 제품은 시장에, 당신의 오디언스에게 진정으로 필요한 것인가요?"

몇 년 전 내가 해니에게 투자를 결심하기로 했던 이유도 바로 이런 집중력 때문이었다. 내가 그녀의 기업 지분을 일부 샀다고 볼 수도 있지만 사실 나는 그녀라는 사람에게 투자한 것이다.

사업 초기 자금
마련하기

　　　　　　　　　　　:
　　　　　　　　　　　:
　　　　　　　　　　　:

돈은 움직이는 것을 쫓는다.
움직임을 보여준다면 돈은 자연스레 따른다.
따라서 어떤 상품을 출시할 것인지,
새로운 고객을 유치하기 위해 그 돈을 어떻게 쓸 것인지,
현재 어떤 성장 동력을 갖추고 있는지를 보여줘야 한다.

세간의 주목을 받으며 멋지게 시작하는 회사들이 많다. 하지만 대체로 오래가지는 못한다. 대대적인 홍보와 고객들에게 기업을 깊이 각인시키는 훌륭한 바이럴 마케팅 전략으로 출범하지만 그만큼 정착률stickiness은 높이지 못한다. 초기에 반짝하던 매출과 관심은 몇 개월 또는 1년 안에 끝나고 만다.

결국에는 사업체의 성장을 아무 문제도 없이 감당할 수 있는 기업만 남는다. 앞서 달러 셰이브 클럽이 10억 달러를 받고 매각에 이르기까지 성장 과정을 언급했다. 사람들이 달러 셰이브 클럽을 잘 모른다는 건 아주 적은 예산으로 사업을 시작했다는 걸 의미한다. 마이클 더빈은 재고로 쌓여 있던 면도기를 판매해서 진짜 고객층을 형성했으며 그가 직접 출연해 큰 사랑을 받았던 '이 면도날은 완전 끝내줘요' 영상을 제작하는 데는 겨우 5,000달러밖에 들지 않았다.

"첫해에는 제 자금으로 운영하다가 2012년 1월 처음으로 10만 달러의 시드머니 투자를 유치했습니다. 그 자금이 2012년 성장의 발판이 되었어요. 그리고 그해 3월에 바이럴 영상이 히트를 쳤죠."

마이클은 10만 달러 투자를 받는다는 사실에 무척이나 들떠서 회의실을 나섰다고 말했다. 사업가로서의 능력을 다수에게 인정받은 자리였다. 그는 자금을 고객 유치에 투자했고 그 결과 이제는 누구나 아는 영상이 탄생했다. 바이럴 영상은 꾸준한 신규 매출로 이어졌으며 덕분에 사업에 계속 투자할 수 있었다. 처음 뜨거운 반응을 불러 모은 영상의 열기는 식었지만 연이어 창의적인 영상을 계속 제작했고 이로써 고객의 주의가 집중되는 시기에 브랜드를 계속 어필할 수 있었다.

사업체가 성장하면서 마이클은 새로운 고객을 유치하기 위해 광고에 계속 투자했으며 한 가지 채널만 고집하지 않았다.

"우리는 텔레비전, 라디오, 디스플레이 광고, 페이스북 광고를 모두 활용했습니다. 잠재 고객을 구매 고객으로 전환하기 위해 고객 터치 횟수까지 아주 구체적으로 계획했습니다."

하지만 그는 작은 규모로 실험할 것을 추천한다.

"신생 기업이라면 지역 매체를 고려해볼 수 있습니다. 감당할 수 있는 비용 선에서 사람들의 관심을 끌기 좋은 방법이죠. 매체에 따라 고객 성장 측면에서 상당히 다른 결과를 경험할 겁니다."

나는 그에게 한 가지 꼭 묻고 싶은 질문이 있었다.

"10만 달러를 10억 달러로 만들었잖아요. 투자자들이 투자수익률에 만족했습니까?"

내가 약간 농담처럼 질문하자 그도 재치 있게 받아쳤다.

"그럼요, 만족했죠."

마이클처럼 10만 달러 투자를 받지 못할 수도 있지만 좋은 소식은 사실 별로 필요하지 않다는 것이다. 특히 초기에는 말이다. 마이클 역시 매출로 입증하고 나서야 자금을 투자받았다. 내가 아는 사업가 대다수가 우선 판매부터 발생시키고 난 뒤 외부 투자를 고려한다.

본인의 통장이 아닌 외부에서 자금을 융통하고자 한다면 새로운 고객을 끌어오는 능력을 마음껏 뽐낼 줄 알아야 투자자들의 마음을 끌 수 있다. 이 책을 다 읽을 즈음에는 고객을 유치하는 일이 가장 쉬운 단계이며 성장에 보조를 맞추는 게 가장 어려운 일임을 알 것이다.

판매가 느는 만큼 수익도 커질까?

시어 스트렝스를 설립하고 처음 제품을 주문했을 때 600달러가 들었다. 개당 6달러로 100개를 주문했고 소매가 32달러에 판매했다. 계좌에서 600달러가 빠져나갔을 때만 해도 나는 상품이 팔리지 않아 그 돈을 손해 볼까 봐 무척 걱정했다.

그랬던 내게 지금은 두 가지를 말해주고 싶다. 첫째, 그게 뭐 어때서? 어른스러워지라고, 라이언. 겨우 600달러야. 둘째, 이건 진짜 문제가 아니야. 이 프로세스를 잘 따라서 좋은 상품을 만들고 고객을 파악했다면 진짜 문제는 재고를 마련할 수 없을 때 발생한다고. 아까 말했던 것처럼 말이야. 내 말을 믿어야 해. 판매 동력을 확보할 수 있도록 재고를 충분히 확보하는 것이야말로 어려운 과제야.

시어 스트렝스를 운영할 때는 다음 재고 주문에 맞춰 판매 속도를 늦추기 위해 가격을 계속 올렸다. 제품 판매로 번 돈으로 500개를 추가로 주문했고 그다음에는 1,000개를 주문했다. 수입을 계속 재투자하며 사업을 성장시켰으며 우리가 갖고 있는 자본 안에서만 사업을 운영했다. 지금 생각하면 초반에 좀 더 공격적으로 했어야 했다는 생각이 들지만 당시에는 처음부터 재고를 많이 쌓아두었다가 판매가 안 되는 상황을 걱정했다.

이 시기에 가장 큰 난관은 사전에 재고를 주문하는 게 아니라 재고를 구비하기 전에 품절이 되는 상황을 피하기 위해 돈을 마련하는 방법이다. 어떤 사업가들은 거액의 자금을 유치한 덕분에 실수를 해도 되는 여유가 있다. 마이클 더빈처럼 몇 명의 투자자들에게서 10만 달러의 투자 자금을 받는 데 성공했다면(혹은 부자 삼촌에게라도 투자를 받았다면) 경의를 표하는 바이다.

자금이 있다면 실수도 하고 손실도 보며 조금씩 최적화된 방향을 찾아갈 수 있다. 또한 수익이 아니라 판매 증진에 최적화된 방식으로 사업을 운영하는 것도 가능하다. 대부분의 사업가들은 이런 사치가 허용되지 않기에 항상 사업의 성장과 수익의 최대화 사이에서 아슬아슬한 줄타기를 한다.

이 때문에 초반에는 제품 가격을 판매 속도를 조절하는 도구로 활용할 수밖에 없다. 상품이 너무 빨리 판매되면 다음 재고 주문을 위해 허둥지둥 자금을 마련해야 할지 모른다. 현금흐름이 문제가 된다면 어쩌면 제품 가격이 너무 낮다는 신호다. 판매량이 감당할 수 있는 수준에 안착할 때까지 가격을 올려야 품절이 되기 전에 재고를 보충할 수 있다.

그런데 많은 사람이 제품 가격 인상에 반발한다. "하지만 경쟁 업체는 이미 저보다 낮은 가격으로 판매하고 있다고요!" 하지만 당신과 경쟁사는 다르다. 만약 경쟁사와 똑같이 경영한다면 사업이 망한다 해도 할 말이 없다. 경쟁사가 아니라 당신의 고객에게 집중해야 한다. 내 멘토인 케빈 네이션스는 자신만의 가격 책정 원칙이 있다. 고객이 원하는 걸 찾고 고객의 문제를 해결해주는 게 고객에게 어느 정도의 가치인지 가늠한 뒤 그보다 약간 낮게 가격을 책정하라는 것이다.

판매량이 많다고 해서 반드시 좋은 건 아니다. 특히 가격을 내린 경우라면 더욱 그렇다. 높은 판매량을 목표로 한 사람들이 많지만 항상 정답은 아니다. 기아는 캐딜락보다 더 많은 차를 팔지만 이익률은 캐딜락이 높다. 판매량을 높이는 데만 열을 올리다 결국에는 수익이 거의 나지 않는 수준으로 가격을 낮춰야 하는 경우를 많이 봤다. 얼마 안 가 바닥 치기 경쟁에 휘말리고 만다. 나라면 사업 성장에 도움이 안 되는 높은 판매량보다는 충성도 높은 고객을 대상으로 적당한 판매량을 지키며 높은 이익률을 남기는 쪽을 선택할 것이다. 이익이 높아야 광고나 두 번째 제품 출시에 투자할 자본이 많아지므로 사업 확장이 용이해진다.

오가니파이Organifi라는 주스 회사를 세운 드루 커널리의 예를 살펴보자. 이미 시장에는 셀 수 없이 많은 주스 파우더가 있었지만 그는 프리미엄 가격 전략을 택해 19~29달러 사이에서 판매하는 경쟁 업체들과 달리 30일분을 70달러에 판매했다. 이로써 그는 훌륭한 제품을 개발할 여유와 새로운 고객에게 홍보할 수 있는 이익률을 확보했다.

오가니파이는 경쟁사보다 두세 배 높은 가격을 책정했고 판매량 역시 앞섰다. 만일 경쟁사들을 걱정해 똑같이 29달러에 상품을 판매했다면 다른 제품보다 좋은데도 왜 판매되지 않는지 혼란스러웠을 것이다. 사업을 하다 보면 이런 상황을 매일같이 마주한다.

약간의 마케팅 팁을 전해주자면 팟캐스트에 등장하는 캐스퍼 매트리스, 블루 에이프런, 해리스 레이저스, 스티치 픽스, 브룩린넨의 광고를 들어본 적이 있을 것이다. 처음 드루가 오가니파이의 확장을 생각했을 때 나는 그에게 팟캐스트에 광고를 싣는 게 좋겠다는 조언을 했다. 브랜드에 굉장한 추진력을 더해주기 때문이다. 팟캐스트 광고는 상상을 초월할 정도로 효과적이지만 낮은 이익률로 상품을 판다면 이런 광고비를 대는 것이 불가능하다. 인플루언서나 특정한 유형의 광고를 진행하고 싶다면 홍보 규모를 확대할 수 있을 정도의 이익률을 확보해야 한다. 29달러에 판매한다면 이런 방식으로 상품을 노출하는 건 엄두도 내지 못한다.

제품 뒤에 '누가' 있는지 파악하라

한때 시어 스트렝스의 제품 하나가 업계 2위를 차지한 적이 있었다. 굉장한 일이었지만 어떻게 해도 1위의 경쟁사를 이길 수 없다는 사실에 승리감이 바랬다. 분명 우리 제품이 더 낫고 가격은 절반이라고 여기저기 소리치고 다닐 수도 있었다. 우리 제품의 성분 구성과 원료 출처, 연구 과정이 더욱 우수하다는 걸 입증하는 자료로 블로그에 글을 쓸 수도 있었다. 하지만 아무 소용도 없었을 것이다. 경쟁사는 우리보다 판매량이 두 배나 높았고 후기도 더 좋았다. 어떻게 이들은 우리 제품보다 품질은 낮으면서도 두 배나 높은 가격으로 두 배나 많이 팔 수 있었을까?

차이는 바로 누구를 대상으로 하는가에 있었다. 경쟁사는 수중에 자유롭게 쓸 돈이 있는 높은 연령층을 타깃으로 했다. 우리는 우리와 비슷한 젊은 사람들이 타깃이었다. 경쟁사는 특정 고객층이 경험하는 불만 사항을 해소해 경제적 여유가 있는 연령층을 공략했다. 특정 인구에 맞춰 제품을 브랜드화했고 우리를 완벽히 무너뜨렸다. 이 제품에 가장 굶주렸던 고객들은 우리를 외면했다. 그들을 위한 회사처럼 보이지 않은 탓이었다.

사람들은 자신이 겪는 문제를 해결해주면 항상 웃돈을 지불한다. 우리가 브랜드를 선택하는 것도 이런 이유에서다. 나를 위한 브랜드처럼 느껴지기 때문이다. 반드시 상품 뒤에 가려진 '사람'을 공략해야 하는 것도 이 때문이다. 타깃 시장의 마음을 사로잡을 수 있다면 두 배 높은 가격으로 충성 고객도 얻을 수 있다. 단순히 많은 사람에게 많은 제품을 판매하려고만 한다면 가격을 두고 경쟁할 수밖에 없다.

본인의 자본으로만 비즈니스를 꾸려갈 생각이라면 특정 고객층에 맞춰 방향을 잡는 것이 더욱 중요하다. 이익이 있어야 다른 제품들을 출시할 수 있기 때문이다. 누구를 타깃으로 해야 할지 모른다면 이익을 창출할 프리미엄 제품을 만드는 것이 불가능하다.

록셀 초는 고객을 완벽히 간파해서 크게 성공한 사례다. 수영복 회사 퓨즈드 하와이Fused Hawaii를 설립할 당시 그녀는 여성들이 자신의 몸을 편안하게 느끼도록 영감을 주고자 했다. 그 목표를 이루기 위해 아주 단순한 제품을 시장에 소개했다. 편안하면서도 누구나 돋보일 수 있는 원피스 수영복이었다. 그녀는 페이스북 라이브 방송을 통해 여성들이 안고 있는 문제에 대해 이야기하며 열렬한 팬층을 형성했다. 제품을 출시한 후에는 재고가 입고되기도 전에 예약 판매에서 완판되기도 했다.

첫 물량이 완판된 후 록셀은 제품 가격을 올렸지만 주문은 계속 밀려들었다. 그녀는 가격을 계속 인상했지만 고객들은 수영복이 배송되려면 몇 주나 기다려야 한다는 사실을 알면서도 구매를 멈추지 않았다! 품절 상태에서도 돈은 계속 들어왔고 더 많은 재고를 주문할 수 있었다. 사업 자금을 아주 즐겁게 마련한 경우다. 록셀은 훌륭한 제품으로 시작하긴 했지만 그녀의 진짜 성공 비결은 그녀가 자신의 고객을 무척이나 잘 알고 있었다는 점이다.[*]

1만 달러가 필요하다

제1회 캐피털리즘 컨퍼런스에 나는 게리 바이너척, 그랜트 카돈, 〈샤크 탱크〉의 패널 로버트 헤야비치를 연사로 초청했다. 무대 위에 오른 로버트에게 나는 〈샤크 탱크〉 출연자들이 받은 돈을 가장 먼저 어디에 투자하느냐고 물었다. 그는 이렇게 답했다.

"재고를 확충하는 자금으로 쓰죠."

답변에 놀랐던 나는 좀 더 자세하게 말해달라고 했다. 그러자 그가 말했다.

---

[*]   사람에게 집중한 덕분에 자유는 물론 성공도 거머쥔 록셀은 내가 가장 좋아하는 사례의 주인공이기도 하다. 록셀은 자신의 사업인 수영복이 팔리지 않는다 해도 다른 제품을 판매해 또다시 100만 달러 비즈니스를 만들 수 있다. 사업가들은 상품에 너무 매몰된 나머지 그 뒤에 있는 사람을 잊고 만다. 록셀은 이와 반대의 행보를 보였고 자신이 원하는 것은 무엇이든 판매할 수 있게 되었다. 그녀를 내 팟캐스트에 초대해 들은 이야기는 'Capitalism.com/best'에 올라와 있다.

"때가 되었으면 본격적으로 나아가야죠."

그 말이 맞다. 잘나가는 제품이 재고 부족으로 동력을 잃는 일이 벌어져서는 안 된다. 본인 자본으로 출시한 제품이 판매되기 시작하면 곧장 재고를 확보하는 일에만 온전히 집중해야 한다. 눈덩이를 만들기 위해서는 충분한 재고를 확보해야 하기 때문에 이를 위한 자금을 따로 마련해야 할지도 모른다.

필요할 때 바로 융통할 수 있도록 최저 5,000달러에서 1만 달러는 준비해둘 것을 추천한다. 상품이 빠르게 팔려나가기 시작하면 분명 공백기를 경험할 것이다. 이 공백을 메우기 위한 돈이 필요하다. 반드시 이 돈을 쓸 일이 생긴다는 것은 아니지만 그런 상황에 대비는 해둬야 한다. 여윳돈 1만 달러가 없다면 어디든 가서 1만 달러를 입수할 방법을 찾아야 한다.

이 이야기를 들려주면 몇몇 초보 사업가들은 패닉에 빠지기도 하지만 1만 달러가 반드시 당신의 주머니에서 나올 필요는 없다. 사업가로서 당신이 해야 할 일은 자원을 입수하는 것이다. 내 멘토인 트래비스는 '프로듀서처럼 생각해야 한다'고 표현한다. 영화 제작자가 자신의 돈으로 영화에 필요한 모든 비용을 대지는 않는다. 또한 대본을 쓰거나 연기를 하지도 않는다. 다만 좋은 대본을 찾고 흥행을 위해 배우를 섭외하고 제작을 위해 투자를 유치한다.

사업가도 이와 비슷한 역할을 한다. 사업가에게는 아이디어가 있다. 상품은 직접 만드는 것이 아니라 제조사에 의뢰한다. 당신의 역할은 사람들과 관계를 형성하고 자금을 융통하는 것이다. 필요한 자본을 구하는 방법이 몇 가지 있으며 당신의 계좌에 있는 돈을 쓰는 건 그저 여러 선택지 중 하나일 뿐이다. 당신이 보유한 자원이 당신의 유일한 자원은 아니다. 찾고자 한다면 자금을 구할 방법은 정말 많다.[*]

재고 관리에 대한 팁을 하나 알려주자면 재고를 대량으로 주문하면 공급업자와 협상할 여지가 생긴다는 것이다. 한 번에 100개를 주문하면 소매가로 구매해야 한다. 하지만 주문량이 많을수록 협상력도 커진다. 어떤 경우는 대량 발주로 개당 단가를 30퍼센트에서 50퍼센트까지 낮출 수 있다. 대량 주문으로 매출원가COGS; Cost of goods sold를 낮추면 비즈니스의 장기적 성장에 크게 도움이 된다.

투자가 아닌 조언을 구하라

자본을 가장 빠르게 마련할 방법은 외부 투자자를 사업에 참여시키는 것이다. 이 투자자가 고문이 되거나 사업 전략에 참여한다면 사업의 성장에 커다란 이점이 될 수 있다. 통념과 달리 외부 투자자들은 새로운 아이디어에 투자하는 것을 망설이지 않는다.

그럼에도 사업가들이 자신의 의도와는 달리 잠재 투자자들에게 엉망으로 피칭하는 광경을 거의 매일같이 목격한다. 단순히 당신의 비즈니스를 설명하고 재고 확보를 위한 1만 달러를 요청하면 될 것 같은가? 절대 아니다. 투자자들이 관심 있는 것은 당신의 아이디어가 아니라 투자

---

[*]　신용대출, 주택담보대출을 받거나 투자자를 찾아볼 수 있다. 킥스타터나 캐비지닷컴(Kabbage.com), 아마존 렌딩도 있다.

수익률이라는 점을 명심해야 한다. 그 돈으로 어떻게 수익을 만들 것인지 성공에 대한 분명한 계획이 있어야 한다.

잠재 투자자로서 나는 사업 계획을 본다. 정확히 말하면 투자금을 어떻게 사용해서 사업을 성장시킬 것인지 알고 싶다. 더 중요하게는 누가 당신의 잠재 오디언스이며 그들이 어디에 있는지 알고 싶다. 어떻게 이들 앞에 나설 것인가? 후속 상품에 대한 계획은 무엇인가? 자금을 어떻게 안배하고 잠재 고객에게 어떻게 다가갈 계획인가?

많은 사람이 마치 자선기금을 바라듯 투자자에게 접근한다. "돈이 다 떨어졌습니다. 자금을 구하지 못하면 폐업해야 하는 상황이에요. 제 문제를 해결해주실 수 있나요?" 이럴 때 더 설명할 것 없이 돈 가져가라고 말하는 투자자는 한 명도 없다. 아이디어만으로 자금을 유치하는 건 정말 힘든 일이며 문제 해결을 위한 자금을 구하는 것은 더욱 어렵다. 하지만 이미 가능성을 검증받은 뭔가를 더욱 확장하기 위해 자금이 필요하다면? 성공이 자명하므로 당연히 투자를 받는다.

투자자의 입장에서 나는 내 돈이 브랜드의 성장에 어떻게 기여하는지 알고 싶다. 돈의 목적은 상황을 더욱 빠르게 진전시키는 데 있다. 잘 팔리는 강력한 상품이 있다면 물론 좋지만 같은 고객에게 판매할 수 있는 두세 개의 상품 아이디어를 갖고 있는가? 1만 달러라면 당장의 재고 문제는 해결할 수 있지만 자신의 브랜드에 대한 명확한 그림과 추후 무엇을 판매할 것인지 아이디어가 없다면 그 돈으로 수익을 발생시킬 수 없다.

장기적으로는 상품이 아니라 브랜드가 100만 달러 비즈니스를 만든다는 점을 명심해야 한다. 스스로 이렇게 물어야 한다. 이 투자금으로 사업을 성장시킬 것인가, 아니면 재고 문제만을 해결할 생각인가? 전자라면 흥미가 생기지만 후자라면 투자자는 이용당하는 기분이 들 것이다.

예전에 내가 개최한 컨퍼런스에서 한 남성이 다가와 여성 위생용품 사업에 투자를 요청했다. 여성 위생용품에 대해서는 잘 모르는 내 눈에도 중대한 단점 하나는 분명히 해결하는 제품이었다. 시장 잠재력 또한 커서 수억 명의 고객이 확보된 상태였다. 나는 그에게 이렇게 말했다.

"그런데 무엇 때문에 출시를 못한 겁니까?"

"사업을 시작할 돈이 없어서요."

나는 그 아이디어를 패스했다. 동력이 없는 아이디어에 자금을 댈 만한 사람은 없다. 시제품 개발까지의 노력도 기울이지 않았다면 투자금을 효과적으로 활용할 그 어떤 계획도 갖추지 못한 것이다. 돈은 움직이는 것을 쫓는다. 움직임을 보여준다면 돈은 자연스레 따른다. 투자자들은 그들의 돈이 현명하게 쓰이는 모습을 보고 싶어 한다. 따라서 투자자들에게 어떤 상품을 출시할 것인지, 새로운 고객을 유치하기 위해 그 돈을 어떻게 쓸 것인지, 현재 어떤 성장 동력을 갖추고 있는지를 보여줘야 한다.

아주 솔직히 말해서 잘만 한다면 당신이 활용할 수 있는 기회는 상당하다. 세상에는 좋은 아이디어보다는 투자할 곳을 찾는 돈이 더 많다. 투자자들은 훌륭한 정도는 고사하고 그럭저럭 인수할 만한 괜찮은 기업조차 찾지 못해 형편없는 기업을 매수하곤 한다. 한편에는 재정 문제를 해결할 능력이 없어 팔지도 못하고 시장에 하염없이 나와 있는 기업들도 상당히 많다. 대부분의 바이어는 100만 달러 미만의 비즈니스는 쳐다보지도 않는다. 이들은 최소 100만 달러 매출을 기록하지 못한 비즈니스에는 관심을 두지 않기에 '1년 안에 10억 벌기' 프로세스가 중요한 것이다.

전문가의 팁을 하나 전수하면 투자자들에게 투자 제안을 할 때 자금을 바라선 안 된다. 조언을 구해야 한다. 투자자에게 지금 자신이 어떤 기회를 좇고 있으며 현재 성장 동력이 어떻게 형성되어 있는지 설명한 다음 자금 문제에 맞닥뜨렸다고 말해야 한다. 규모가 커지고 있는 고객을 소화하기 위해 재고를 더 많이 주문하고 싶다고 설명한 후 어느 정도의 돈이 필요한지 밝히며 이렇게 묻는 것이다. "만약 제 입장이라면 이 비즈니스의 성장에 필요한 자금을 어떻게 융통하실 건가요?"

돈을 부탁하면 사람들은 방어적으로 행동하지만 조언을 구할 때는 마음을 연다. 이제 돈이 순식간에 나타나는 것을 지켜보기만 하면 된다.

크라우드 펀딩에 성공하려면

투자자를 두고 싶지 않다면 킥스타터 같은 크라우드 펀딩이 선택지가 될 수 있다. 내 멘티인 소피는 쓰레기 배출을 줄여야 한다는 자신의 신념을 실현시킬 비즈니스를 꿈꿨다. 그녀는 재사용이 가능한 도시락 통을 만들어 아마존에서 판매하기 시작했다. 어느 정도 성공은 거뒀지만 상품이 품절되지 않도록 재고를 주문하는 게 큰 부담이었다. 생산을 확장할 자본이 필요했다.

소피의 사업에 투자할 사람이 없었던 것은 아니었다. 우선 나만 해도 기꺼이 투자를 했을 터였다. 하지만 투자자에게 자금을 받고 사업체의 상당 부분을 포기하는 것과 본인이 경영권을 유지하는 것 사이에서 득실을 따져본 그녀는 킥스타터로 자금을 유치하기로 결정했다.

킥스타터에서 크라우드 펀딩을 진행하면 자금을 모으는 것 이상의 이점이 있다. 사실상 상품도 홍보하고 헌신적인 팬을, 당신의 비즈니스가 성공하는 데 투자할 고객을 얻을 기회다. 즉 자금만 생기는 게 아니라 고객을 모집하는 것이다. 다음은 인지도도 얻고 필요한 자금도 모으는 성공적인 킥스타터 캠페인을 위해 반드시 갖춰야 할 몇 가지를 정리한 것이다.*

1. 훌륭한 영상

가장 중요한 점은 영상이 특정한 정서를 전달해야 한다는 것이다. 소피는 영상을 아이폰으로 촬영했다. 하지만 목적이 분명했고 감정이 느껴지는 영상이었다. 적어도 당신이 무엇을 하는지, 왜 하는지, 앞으로 어떻게 할 계획인지를 영상으로 보여줘야 한다. 좋은 영상을 찍기 위해 전문적인 장비가 필요한 건 아니다. 많은 사람이 스마트폰만으로도 강렬한 영상을 촬영한다. 촬영에 관해 알려주는 튜토리얼 영상이 상당히 많이 나와 있으니 유튜브를 찾아보며 배우길 바란다.

2. 친구나 동료 등 당신의 비즈니스를 지지하는 최소 10명의 고객

이 사람들에게 킥스타터 캠페인을 널리 공유해달라고 부탁한다.

---

* 킥스타터 활용법에 관한 무료 정보 가운데 가장 도움이 되는 자료 중 하나는 바로 팀 페리스의 블로그다. 'www.tim.blog/kickstarter'에서 팀 페리스는 다양한 사례와 더불어 목표를 성공적으로 달성하는 방법까지 킥스타터 캠페인에 대해 상세하게 설명한다.

지인들, 교회 모임, 팬들, 특히 소셜 미디어 팔로어들에게도 부탁한다. 이 정도면 일을 진행시키기에 충분하다. 소피는 오디언스가 그리 많지 않았다. 그녀는 영상을 페이스북에 올리고 친구들에게 공유해달라고 부탁했다. 그것만으로도 캠페인을 어느 정도 진행하기에는 충분했다.

3. 영상 메시지를 확산시킬 마이크로 인플루언서 한 명

마이크로 인플루언서는 팔로어 1,000~10만 명을 거느린, 규모는 작지만 특정 분야에 전문성을 갖추고, 오디언스와 밀접하게 소통하며 큰 영향력을 발휘하는 사람을 가리킨다.

당신의 영상을 홍보해줄 인플루언서를 찾아보자. 페이스북 그룹일 수도 있고 인스타그래머나 블로거, 유튜버, 팟캐스터일 수도 있다. 적어도 인플루언서의 페이지나 계정을 보는 사람이 1만 명은 되어야 한다. 1만 명은 마법의 숫자로서 이 수준의 인플루언서는 당신을 무시할 정도로 유명하진 않지만 홍보는 가능할 정도의 영향력을 갖추고 있다.

소피는 아는 인플루언서가 없었기 때문에 페이스북에서 2만 명의 회원을 거느린 친환경 그룹 한 곳의 운영자에게 연락했다. 자신의 킥스타터 캠페인에 대해 이야기해도 되는지 허락을 구했고 사람들은 동의했다. 이들은 기다렸다는 듯 소피의 킥스타터 캠페인을 공유하고 지지했다.

모든 비즈니스가 그렇듯 사람들은 당신이 하는 일이 어떤 차별점을 지니는지 알고 싶어 한다. 그렇기에 마케팅 대상이 되는 이들에게 당신을 알리기 위해 끝없이 노력해야 한다. 당신이 크라우드 펀딩을 한다는 것을 알릴 사람들의 명단을 만들고 그들에게 다가갈 방법을 모색하라.

소피는 사전 판매로 2만 5,000달러를 거두었다. 5,000달러 정도를 예상했던 그녀는 주문을 모두 처리하기 위해 바삐 움직여야 했다. 다행스럽게도 킥스타터는 아마존보다 상품 배송에 시간적 여유가 있기 때문에 아무 탈 없이 약속을 지킬 수 있었다.

그녀는 크라우드 펀딩에서 얻은 자본과 동력을 바탕으로 새로운 제품을 연달아 출시했고 킥스타터 캠페인으로 얻은 유명세를 이용해 지역 매체와 온라인 매체에 더 많은 노출을 이끌어냈다. 몇 년 후 소피의 비즈니스는 1,000만 달러에 가까운 매출을 기록했다. 5,000달러를 목표로 시작했던 아이디어치고는 나쁘지 않은 성과다.

좋은 빚과 나쁜 빚

사업체의 경영권을 조금이라도 포기하고 싶지 않거나 크라우드 펀딩이 너무도 수고스럽게 느껴진다면 현재 문제를 해결하기 위해 대출을 받는 것도 고려해볼 만한 선택지다. 사람들은 대출이라면 일단 싫어하지만 빚만 따로 놓고 생각해선 안 된다. 세상에는 좋은 빚과 나쁜 빚이 있다. 그 돈이 어떻게 쓰였는가에 따라 빚의 성격이 달라진다. 좋은 빚은 투자 수익률ROI을 발생시키고 나쁜 빚은 그저 돈을 쓰는 것이다.

돈을 빌려 멋진 새 차를 구매했다면 빚을 잘못 사용한 것이다. 차는 시동을 거는 순간부터 가치가 떨어지기 때문에 투자수익이 마이너스다. 돈이 당신을 위해 일하지 않고 사라져버렸다. 하지만 빚으로 높은 투자수익을 가져올 뭔가를 구매했다면 그건 좋은 빚이다. 이 빚은 결과적으로 당신에게 돈을 안겨줄 것이다. 이를테면 대출을 받아 집을 장만한 뒤 그 집을 임대해 수익을 남긴다면 좋은 빚이라 할 수 있다.

감당할 수 있는 조건으로 대출을 받기에 가장 훌륭한 선택지는 은행이다. 그리고 중소기업청Small Business Administration은 저비용 부채를 조달할 수 있는 최고의 선택지다. 이 선택지에 단점은 없을까? 시간이다. 승인을 받기까지 몇 달이나 걸린다.

좋은 빚으로 활용할 수 있는 또 다른 선택지는 캐비지닷컴으로 사업가들에게 크라우드 펀딩 대출을 지원하는 서비스다. 그러나 신중히 생각해야 한다. 이자율이 보통 20~30퍼센트로 상당히 높기 때문이다. 왜 그렇게 비싼 서비스를 선택지에 두는 것일까? 그럼에도 재고가 품절되는 것보다 비용이 덜 들기 때문이다. 10달러에 들여와 50달러에 판매할 상품의 재고를 비축하기 위해 20퍼센트 이자율로 돈을 빌린다면 20퍼센트의 이자로 500퍼센트의 수익을 얻는 셈이다. 대부분의 경우 당신에게 이득이 되는 거래다.

투자수익률을 확실하게 예측할 수 있을 때는 나도 전략적으로 대출을 활용한다. 재고를 판매해 200퍼센트의 투자수익률을 얻는다면 10퍼센트 정도의 이율은 충분히 감당할 수 있다. 사업의 다른 분야에 쓸 수 있는 자금을 크게 확보할 수 있는 길이다.

만일 아마존이나 쇼피파이에서 온라인 상점을 운영한다면 이런 플랫폼에서는 6~12개월 동안 판매 이력이 있는 사업자에게 대출을 지원하는 서비스를 제공하므로 이를 이용할 수 있다. 아마존에서 진행하는 프로그램은 아마존 렌딩이란 것으로서 적당한 조건에 빠르게 대출을 받을 수 있는 훌륭한 선택지다. 이 서비스를 이용할 자격을 얻으려면 아마존에서 꾸준히 상품을 판매해야 한다.

사업 초기에 대출은 피하라

빚을 내는 게 본질적으로 잘못된 일은 아니지만 아이디어의 초기 단계부터 빚을 지는 일은 말리고 싶다. 검증되지 않은 아이디어를 위해 대출을 받는 건 재정적 파탄에 이르는 지름길이다.

푸부FUBU의 CEO이자 〈샤크 탱크〉의 투자자 데이먼드 존이 캐피털리즘 컨퍼런스의 무대에 오른 적이 있었다. 그는 부채가 비즈니스에 얼마나 위험할 수 있는지 설명했다. 만일 사업을 위해 10만 달러를 대출받으면 제품 판매가 발생하기도 전에 사업 외관이나 제품 포장에 투자하기 쉽다. 따라서 판매를 예측할 수 있을 때 대출을 고려하는 것이 좋다고 그는 조언했다.

내 유튜브 콘텐츠 중 가장 인기가 높은 영상은 빚으로 불로소득을 창출하는 법을 알려주는 영상이다. ROI 차익거래라고 일컫는 개념을 활용하는 방법인데 가령 집을 담보로 돈을 빌린 후 연 25퍼센트의 불로소득을 창출하는 웹사이트를 구매하는 식이다. 5퍼센트 이자로 25퍼센트 수익을 만들어내면 빚을 잘 활용하는 것이다. 그러나 소비나 투기를 위해 돈을 빌리는 건 나쁜 빚이다. 예를 들면 가상화폐를 구매하는 경우 이는 투기에 가깝다. 사람들은 가상화폐에 투자했다고 말하겠지만 실은 가상화폐의 시세에 투기를 한 것이다. 그건 도박이다.

시장 가능성이 입증되지 않은 상품을 갖고 있다면 당신은 추측에 투자하고 있는 것이다. 즉 당신이 하고 있는 것은 '짐작'이다. 이때는 집을 담보로 돈을 빌리거나 사업 대출을 받기에 좋은 타이밍이 아니다. 새로운 사업을 시작하기 위해 빚을 내는 것도 추천하지 않는다. 추후 매출을 통해 갚을 수 있다는 확신이 있을 때 사업의 유지와 성장을 위해 빚을 내야 한다.

판매량이 예측 가능해야 당신이 운영하는 사업에 대한 투자수익을 알 수 있다. 그때는 투자를 늘릴 수 있다. 비즈니스를 확장하기 위해 자금을 유치하거나 올인하거나 돈을 빌리는 것이 합당한 때다. 하지만 그 전까지는 안 된다. 이것이 바로 투자와 투기의 좁힐 수 없는 차이다.

또 하나 주목할 점은 광고나 다른 비용이 아니라 재고 확충을 위해서만 빚을 내야 한다. 빚이란 갚아야 할 돈이므로 예측 가능한 경비에만 사용해야 한다. 광고로는 투자수익률을 보장할 수 없다. 하지만 재고가 판매된다는 보장이 있다면 재고를 구매하는 데 썼던 빚을 청산할 수 있다.[*]

---

[*] 내 멘티 중 한 명과 그의 사업 파트너들은 예전에 투자은행에서 일했었다. 그는 신생 사업가들이 재고 구매 자금을 융통하는 어려움에 대해 잘 알고 있었고 그래서 함께 일했던 동료들을 모아 사업가들이 '재고의 고비'를 넘도록 자본을 지원하는 회사를 차렸다. 이들은 사업가들이 감당할 수 있는 조건으로 자본을 빠르게 지원하면서 이 과정에서 사업가가 스트레스를 받지 않도록 하는 데 중점을 두었다. 이처럼 어떤 문제를 발견하고 서로 원원하는 해결책을 떠올리는 사업가적 마인드는 정말로 훌륭하다고 생각한다. 이것이야말로 자본주의의 실천이다. 'Capitalism.com/funding'에서 이 기업을 포함해 사업 자금을 지원받을 수 있는 곳의 정보를 얻을 수 있다.

돈은 움직이는 것을 쫓는다

돈은 증폭제이지 요술 지팡이가 아니다. 아이디어가 나쁘면 돈은 나쁜 아이디어를 더욱 증폭시킨다. 아이디어가 좋으면 돈은 좋은 아이디어로 더 많은 사람들을 돕는다. 그렇다면 좋은 아이디어와 나쁜 아이디어를 어떻게 구분할 수 있을까?

당신에게 묻고 싶은 첫 번째 질문은 이것이다. 1만 달러를 최소 2만 달러로 만들 수 있음을 입증해 보였는가? 첫 재고 주문 수량에서 판매 수량이 얼마였는가? 전략적 근거와 투자수익률을 제공해야 한다. 그보다 더 수익성 높고 성공적인 비즈니스를 만들기 위해 자금은 어떻게 쓰이는가?

두 번째 질문은 매출이 어떻게 발생하는가다. 인플루언서나 소셜 미디어 팔로어로 고정 오디언스가 형성되어 있다면 킥스타터나 프라이빗 세일의 형태로 사전 판매를 해서 1만 달러를 벌어들일 수 있다. 사전 예약 주문을 받고 그 돈으로 재고를 주문하면 비용은 곧장 고객들에게 청구하는 셈이다.

수요를 충당하는 것이 힘들거나 좀 더 크게 나가고 싶고 돈을 더 투자할 합리적인 계획이 있다면 당신이 생각하는 기회를 투자자에게 설명할 수 있다. 좋은 투자자를 찾는 동안에는 캐비지닷컴이나 업펀드UpFund 같은 곳에서 소액 융자를 받아 자금으로 활용할 수 있다.

별다른 계획이나 방향성이 없다면 빚을 내선 안 된다. 그보다 제품 가격을 올리는 것이 낫다. 자금을 조달하는 것보다 수익을 높이는 데 집중하라. 빚을 낼 생각이라면 잠시 기다려라. 먼저 당신이 함께하고 싶은 투자자들의 리스트를 작성하고 기회가 스스로 모습을 드러내도록 여유를 허락해야 한다. 어쩌면 우연히 인플루언서를 알게 되고 그 덕분에 재고에 문제가 생기리라는 것을 직감할 수도 있다. 주요 언론 매체의 눈에 띄어 재고 관리에 부담이 되는 상황이 닥칠지도 모른다. 바로 이때가 리스트에 적어둔 투자자들에게 연락할 시점이다.

무엇보다 판매를 발생시키고 제품을 입증하는 데 집중해야 한다. 대다수의 사람들은 자금이 있어야 움직일 수 있다며 기다린다. 그러나 사실은 반대로 알고 있는 것이다. 돈은 움직이는 것을 쫓는다. 사업 자금은 제품의 판매를 증대시키기 위해서가 아니라 필요한 수입을 불러들일 성장 동력을 얻기 위해 써야 한다. 다음 장에서 소개하는 단계를 착실히 따른다면 그 동력은 눈덩이처럼 아주 빠르게 불어날 것이다.

피부질환 덕에 시작한
스킨케어 사업의 성공 요인

2013년 AJ 파텔은 새로운 기회를 찾고 있었다. 지난 10년간 웹 호스팅, 온라인 마케팅 등 다양한 비즈니스를 시도했던 그는 여느 젊은 사업가들이 그렇듯 부침을 겪으며 몇 번의 성공과 수많은 실패를 경험했다. 고등학교 시절 그는 웹 호스팅 비즈니스로 한 달에 5,000달러를 벌었다. 대학생이 된 후에는 온라인 마케팅으로 10만 달러 이상을 벌었다. 하지만 두 비즈니스 모두 끝을 맞이했고 2013년이 되자 새로운 시도를 하고자 했다. 그는 실물 상품을 판매해보고 싶었다.

AJ는 미국에서 구할 수 있는 제품 중 진심으로 지지할 수 있는 것을 찾았다. 어렸을 때부터 피부질환으로 고생했던 그는 스킨케어 제품을 선택했다. 수요도 많았고 고객들과 충분히 교감할 수 있는 분야였다.

그는 천연 성분의 피부모발 케어 제품인 아르간 오일을 아마존에서 판매하는 법을 배우며 비즈니스를 시작했다. 그리고 출시 2주 후 그는 하루에 1,000달러를 벌어들이고 있었다. 제대로 된 제품을 찾은 것이다. 그가 판매하는 제품을 사람들이 실제로 구매하고 있었다. 점점 제품 판매량이 늘어나는 것을 확인한 그는 타오르는 불길에 화력을 좀 더 보태기로 했다. 두 번째 제품 출시를 준비했고 신용카드 대출과 개인 융자로 4만 달러를 마련해 비즈니스에 힘을 보탰다.

앞서 말했듯이 나는 빚을 싫어하는 쪽이다. 좋은 빚은 투자수익률을 높이지만 나쁜 빚은 당신을 위해 일해주지 않는다. 하지만 AJ의 이야기는 사업가에게 빚이 굉장히 긍정적으로 작용할 수 있음을 보여주는 좋은 사례다. 그의 도박은 큰 보상으로 돌아왔다. 3개월 후 월매출 10만 달러를 넘어섰고 곧이어 연매출 100만 달러 가도에 올랐다. 아르간 오일을 처음 판매한 날부터 13개월이 지나자 연매출 100만 달러를 훌쩍 넘었다. 그는 매달 100만 달러 이상의 매출을 기록하고 있었다.

AJ의 여정에 고난이 없었던 것은 아니다. 첫해에 그는 모든 것을 혼자 처리했고 이 경험으로 정말 많은 것을 배웠다. 마침내 혼자서는 규모를 확장할 수 없다는 것을 깨달았다. 도움이 필요했고 직원을 구하기 시작했다. 그는 지금보다 더 성공하기 위해서는 훌륭한 팀이 필요하다는 사실을 깨달았다. 그를 대신해 사업의 각 단계에서 더 뛰어난 지략을 발휘할 인재들이 필요했다.

"사실은 저의 약점을 잘 가려줄 팀이 필요한 거죠."

사업이 성장하면서 그는 훌륭한 인재들로 팀을 꾸리는 법, 업무 위임을 신속하게 진행하는 법, 사람들과 함께 일하며 더 좋은 리더가 되는 법을 배웠다. 그는 반년 후 그리고 1년 후에 필요할 자원을 고려해서 확장할 수 있는 인프라스트럭처를 만드는 데 중점을 두었고 덕분에 제대로 된 인력을 앞서 고용할 수 있었다.

약 2년 후 AJ의 브랜드는 20개 가까운 제품을 보유하고 있었다. 신제품을 기획할 때마다 그는 고객이 원하는 것에 집중했다. 무엇보다 천연 스킨케어 제품의 폭을 넓혔다. 데오도런트, 모이스처라이저, 토너 제품을 추가했고 시장이 어떻게 반응하는지 유심히 지켜봤다.

비즈니스가 성숙하면서 신제품을 출시하는 과정도 그에 맞춰 달라졌다. 고객이 무엇을 원할지 추측하고 판매량을 가늠하는 것이 아니라 브랜드의 가치에 부합하는 제품을 선제적으로 제시한 것이다. 그는 제품 포트폴리오를 주의 깊게 살피고 제품의 성분에 변화를 더해 진짜 천연 성분으로 만들어 브랜드를 쇄신했다.

"요즘에는 어떤 제품을 만들든 강력한 브랜드 요소를 반드시 갖춰야만 합니다."

AJ의 말이다.

"제가 비즈니스를 시작했던 2013년에는 딱히 그렇지 않았던 것 같아요. 하지만 이제는 단순한 제품 기반 비즈니스를 넘어서야만 해요. 당신이 비즈니스를 하는 '이유'에 집중해야 합니다."

브랜드의 성공과 팀의 지원에 힘입어 AJ는 몇 년 만에 비즈니스 네 가지를 추가로 시작할 수 있었다. 그중 하나는 가정, 자동차, 보트 용품을 취급하는 트리노바TriNova로 2016년 말 상당한 금액에 인수되었다. 하지만 트리노바를 매각하기 전 이미 그는 애완동물 보조제 브랜드를 시작으로 건강 및 웰니스 보조제를 자신의 포트폴리오에 올렸었다. 이 브랜드들은 한 사모펀드 기업의 주목을 끌 만큼 성공적이었다. 그러나 AJ는 사업 지분 일부를 사모펀드에 매각하지 않고 상당 부분의 소유권을 확보하고 이사진의 자리를 유지하면서 가능한 만큼 경영을 돕고 있다.

최근 들어 그는 남성 수염과 헤어 케어 제품을 판매하는 스무스 바이킹Smooth Viking을 새롭게 시작했다. 그리고 다른 비즈니스에 투자하기 위해 사모펀드 기업을 시작했다. 이 모든 게 아마존에 첫 제품을 판매하며 시작된 것이다.

"사람들은 실패를 두려워하죠."

누구보다 실패를 많이 겪었다고 자부하는 그의 말이다.

"저도 수많은 실패 끝에 여기까지 왔습니다. 사실 실패는 굉장히 가치 있는 통찰력과 교훈을 안겨줍니다. 실패의 경험을 통해 우리는 더욱 자신감을 얻을 수 있습니다. 돈을 잃을까 봐, 사람들의 이야기가 무서워서 실천하지 못하는 사람들이 많아요. 하지만 행동에 옮겨야만 뭐라도 배울 수 있습니다. 돈을 벌지 못한다고 해도요."

AJ는 매년 그전 해보다 더 많은 것을 배운다. 무엇보다 그는 성공이란 결국 사람으로 가능한 일이라는 사실을 깨우쳤다. 그 역시 사람들의 도움으로 비즈니스를 확장할 수 있었다. 사람들이 있었기에 동시에 다섯 개의 비즈니스를 운영할 수 있었고 각각 그가 중요하게 여기는 가치를 대변하는 브랜드로 만들 수 있었다. 혼자서는 결코 그 모든 일을 이룰 수 없었을 것이다. 자신의 아이디어에 열광하고 지지를 보내는 고객들, 함께 일하며 서로의 부족한 부분을 채워가는 동료들, 그 외에 당신 주변의 모든 이가 당신을 돕고 있음을 기억하라.

제품 출시 전에
고객을 끌어들이는 법

:
:

당신의 제품을 결정했다면 브랜드의 오디언스를 구축해
판을 유리하게 형성해야 한다.
오디언스를 만나고 그들이 공감하는 콘텐츠로 소통하고
상품 출시 과정을 기록하는 소셜 미디어에 광고를 진행해
출시 날 그들이 바로 제품을 구매할 수 있도록 준비해야 한다.

유명 기업가 게리 바이너척의 뒤를 따르기 시작한 건 내 나이 스물네 살 때였다. 나는 갓 대학을 졸업하고 삶의 방향을 찾아 헤매며 자아 발견의 시기를 거치고 있었다. 내 일생일대의 꿈은 클리블랜드 인디언스 야구팀의 구단주였지만 어떻게 해야 이룰 수 있는지는 전혀 감을 잡을 수 없었다. 그즈음 한 컨퍼런스에서 어떤 남자가 뉴욕 제츠 미식축구팀의 구단주가 될 거라고 말했다. 그의 말은 곧장 내 눈과 귀를 사로잡았다. 이사람은 나보다 열 살이 많고 나와 같은 목표에 10년 더 다가가 있구나. 이제부터 이 사람이 어떻게 하는지 지켜봐야겠어. 어쩌면 이 사람이 길을 알려줄지도 몰라.

그날부터 게리를 지켜봤다. 그리고 나는 그를 제1회 캐피털리즘 컨퍼런스에 초청했다. 그가 유명 스포츠 팀을 소유하기 위해 어떤 계획을 세우고 있는지 알고 싶었다. 하지만 내가 알게 된 건 그는 수십억 달러의 가치가 될 브랜드를 설립하고 인수하는 데 필요한 엔진을 만드는 데만 온전히 집중한다는 사실이었다.

자신에게 유리하게 판을 짜는 데서는 게리를 이길 사람이 없다. 그는 몇 년을 투자해 콘텐츠를 제공하고 그를 따르고 신뢰하는 오디언스를 형성했다. 자신의 콘텐츠로 영향력과 인지도를 얻었으며 무엇보다 착실히 관계를 쌓아나갔다. 간단히 말해서 그는 브랜드를 설립하거나 확장하고 싶을 때 활용할 수 있는 모든 자원을 갖추고 있었다.[*]

그의 전략에서 가장 나를 사로잡았던 건 자신의 오디언스를 바탕으로 어떤 브랜드든 시작할 수 있다는 점이다. 실제로 그는 이 영향력을 활용해 강연 에이전시, 스포츠 에이전시, 컨설팅 에이전시 몇 곳을 열기도 했다. 그가 와인 양조장인 엠퍼시 와인즈Empathy Wines를 열었을 때 가장 먼저 대량 주문을 했던 몇 명 중에 나도 있었다. 양조장 론칭과 관련해 그를 인터뷰하고자 뉴욕까지 갔었는데, 그때 그는 자신의 전략에 대해 이렇게 말했다.

"제 오디언스가 제품을 구매하는 고객이 되길 바라는 마음은 전혀 없습니다."

뒤통수를 세게 얻어맞은 기분이었다.

"한번 생각해보세요. 저는 콘텐츠 대부분을 이미 무료로 제공하고 있어요. 그 보상으로 거두는 매출은 제가 무료로 배포하는 콘텐츠의 양에 비해 턱없이 모자란 수준이죠. 저는 콘텐츠를 전달하고 싶어서 하는 것

---

* 게리처럼 나도 가장 유명한 콘텐츠는 전부 무료로 팟캐스트에 올린다. 게리와의 대화는 물론 엠퍼시 와인즈 CEO와의 인터뷰는 'Capitalism.com/best'에서 청취할 수 있다.

뿐이에요. 제 오디언스가 스니커즈나 와인 시장에 이미 몸을 담고 있다면 제 제품도 한번 시도해달라고 부탁하는 정도는 할 수 있지만 이들이 구매 고객으로 전환되길 기대하지는 않습니다. 그런 목적으로 콘텐츠를 제작하는 게 아니거든요. 제가 비웃는 장사꾼들, 출시 직후부터 오디언스에게 엄청나게 많은 제품을 판매하는 사람들은 사실 단기적으로는 저를 압살한다고 볼 수 있습니다. 매출로 상대가 안 되죠."

그가 말을 이었다.

"하지만 저는 잠깐만 하고 말려는 게 아닙니다. 제 오디언스들이 제 장례식에도 와주길 바라죠. 진심입니다. 이들의 돈이 필요한 게 아니에요. 엠퍼시 와인은 제 이름을 한 번도 들어보지 못한 사람들에게 훨씬 많이 팔릴 겁니다. 하지만 바이너미디어VaynerMedia는 엠퍼시 와인즈와 추후 제가 인수할 브랜드를 위한 판을 조성하는 역할로 만든 겁니다."

나는 게리가 상당히 다르게 접근하고 있다는 것을 깨달았다. 그는 이렇게 말했다.

"행복해지고 싶은가요? 그럼 보상을 바라지 말고 베푸세요. 정말로 불행해지고 싶습니까? 사람들에게 대가를 기대하며 베풀면 됩니다. 사실 사람들이 보답할 일은 없을 테니까요. 그럴 일은 벌어지지 않을 겁니다."

게리가 오디언스에게 기대하는 바가 없는 건 사실이며 그의 추종자들이 와인 애호가들로만 구성된 것도 아니다. 그럼에도 그의 오디언스는 여전히 와인 수만 병의 매출을 책임지는 영향력을 발휘한다. 그뿐 아니라 그가 쌓아온 관계가 와인 브랜드의 문을 열었다. 내 팟캐스트에서 인터뷰를 했던 엠퍼시 와인즈의 CEO 조너선 트라우트먼은 게리의 오디언스에게 의지하겠다는 사업 전략은 없었지만 그럼에도 그들이 첫 불꽃을 점화해준 덕분에 맨땅에서 시작하진 않았다고 설명했다.

물론 와인이 좋아야 하고 브랜드 가치도 있어야 하지만 게리의 경우 오디언스가 첫 불꽃을 일으켜 제품 판매를 이끌었다. 팀 페리스가 팟캐스트에서 언급하는 것만으로도 특정 브랜드가 인지도를 얻는 것처럼, 게리 역시 자신의 오디언스를 대상으로 비슷한 영향력을 행사한다. 심지어 제품이 그의 오디언스를 모두 아우르지 않아도 말이다. 사람들에게 약간이라도 주목을 받을 때 생기는 힘이다. 보통 알코올 브랜드가 수십억 달러에 매각되는 것을 보면(영화배우 조지 클루니의 테킬라 브랜드인 카사미고스Casamigos는 출시 후 4년 만에 10억 달러에 거래됐다) 이 불꽃이 훗날 게리가 뉴욕 제츠를 사들일 만큼 큰 화염으로 번질 수도 있는 일이다.

비즈니스의 경로를 전환하기 위해 게리만큼 오디언스를 만들 필요는 없다. 앞으로 우리가 소개할 전략의 일부라도 수행한다면 기업의 인지도를 순식간에 올리고 하루에 25개 판매(최종적으로는 일일판매량 100개)를 발생시킬 수 있다. 그리고 첫해가 다 가기도 전에 100만 달러 수익을 올리는 시작점에 설 수 있다.

당신이 해야 할 일은 오직 '판매'뿐이다

돈을 버는 과정을 정말 간단하게 말하면 딱 두 단계로 요약할 수 있다. 첫째, 팔릴 만한 것을 고른다. 둘째, 고른 것을 판매한다. 이렇게 간단하지만 대부분의 사람들이 무엇을 판매해야 할지 결정하는 첫 번째 단계를 통과하지 못한다. 대신 이들은 9시부터 5시까지 회사에서 자신의 시간을 판다.

무엇을 판매할지, 누구를 고객으로 삼아야 하는지 정하고 상품을 만드는 과정은 결코 만만한 일이 아니다. 대부분의 사람들이 여기까지도 오지 못하는 이유가 이 때문이다. 이 결정들을 모두 마쳤다면 반은 온 것이나 다름없다. 하지만 유명한 격언처럼 판매가 발생하기 전에는 무엇도 이룬 것이 아니다. 지금까지의 모든 일은 그저 게임에 진입하는 준비 과정이었다. 이제 당신에게는 판매할 상품이 있다. 게임을 시작할 차례다. 아직은 이 게임을 어떻게 해야 할지 잘 모르기 때문에 처음 몇 달간은 말 그대로 고생길이다.

이 단계에서는 사소한 것에 지나치게 집착하고 모든 결정에 지나치게 고민할 확률이 높다. 엄청난 혼란이 당신을 집어삼키려 할 때면 당신의 목표가 놀라울 정도로 간단하다는 사실을 상기하며 평안을 찾아야 한다. 지금 이 단계에서 당신이 해야 할 일은 판매를 발생시키는 것이다. 이게 전부다. 복잡하게 생각하거나 사람들의 수만 가지 조언을 따르거나 어려운 세일즈 시스템을 만들어야 할 것 같은 기분에 사로잡힐 것이다. 온갖 마케팅 블로그를 읽으며 기회란 기회는 전부 좇고 샛길로 새고 싶어질 것이다. 하지만 당신이 해야 할 일은 단 하나다. 판매다.

스트레스를 받을 때마다 나는 비즈니스에서 내가 할 일은 판매라는 것을 상기한다. 힘든 하루를 보내는 날이면 잠재 고객들의 리스트를 만들거나 제품 중 한 가지를 정해 소셜 미디어에 글을 올린다. 그런 뒤 잠재 고객들에게 전화를 걸거나 이메일이나 메시지를 보낸다. 내 목표는 제품을 하나 판매하는 것이다. 판매가 되었을 때 내 하루가 얼마나 달라지는지는 표현하기가 어려울 정도다. 가끔씩은 집중하기 위해 무척 좁게 생각해야 할 때가 있는데 이럴 때 굉장히 빠른 속도로 성장 동력이 생겨난다. 지금 당장은 판매에만 100퍼센트 집중해야 한다. 판매를 발생시키고 여기에 필요한 일을 하려면 '크게 생각하고' 싶은 마음에 저항해야 한다.

감사하게도 나는 사업가 수백 명에게 이 프로세스를 가르쳐줄 기회가 있었다. 확실히 말할 수 있는 것은 전에는 이 과정이 훨씬 힘들었다는 점이다. 완성된 제품을 사람들에게 노출시켜 판매가 성사되기까지 서너 달은 걸렸다. 하지만 이제 우리는 더 많은 것을 알고 있다. 이 그라인드 단계를 30일 미만으로 끝낼 수 있다는 사실을 말이다. 그 비결은 바로 '판을 유리하게 만드는 것'이다.

출시 첫날 판매를 보장하는 방법

첫날 판매를 보장하기 위해 SNS의 유명 인사일 필요도, 심지어 팔로어가 있을 필요도 없다. 그저 당신에게 유리한 판을 만들 정도의 노출만 있으면 된다. 내 경우는 이 세 마디면 되었다. '아이 러브 요가.'

SNS에서 이 말을 한 사람은 내가 처음이기는커녕 100만 번째 안에도 들지 못할 것이다. 그럼에도 이 문장이 내 비즈니스에 끼친 영향력은 정말로 어마어마했다. 이 세 마디는 성공적이고도 수익성 높은 브랜드를 만들기 위해 필요한 규모의 사람들을 불러 모으는 데 더할 나위 없이 충분했다.

2013년 나는 사업을 시작할 기회를 얻어 잔뜩 들떠 있던 신생 사업가들과 함께 일했다. 하지만 이들은 제품을 판매할 시점이 되자 한 번씩 좌절하는 모습을 보였다. 첫 제품을 찾기 위해 막대한 조사를 했고 시제품을 완성하고 공급업자들과 일하며 굉장한 고생을 했다. 그렇게 고생해가며 아마존 스토어를 열었지만, 아무 일도 일어나지 않았다.

나는 이를 '고비'라고 부른다. 많은 노력을 해서 상품을 준비했지만 다음 단계로 넘어가는 난관을 맞닥뜨린 상황이다. 비즈니스를 시작하고 초기 몇 개월을 그라인드라고 부르는 이유도 이 때문이다. 신생 사업가는 곧장 판매 실적을 내지 못하면 낙담하고 불안해하며 걱정한다. 제대로 시작할 기회가 오기도 전에 그만둘 생각도 한다. 하지만 이 고비만 넘기면 성공을 향해 나아갈 수 있다. 물론 출시하자마자 판매가 빨리 이뤄진다면 계속 지속하고 성장할 동력을 얻는다.

내 프로세스를 따른 많은 사람이 그토록 높은 수익을 내고 성공하는 것도 이 덕분이다. 우리는 그라인드 단계에서 판매를 가능한 한 빨리 발생시키는 데 집중하기 때문이다. 언젠가 이 프로세스를 소개할 때 한 친구가 이렇게 말한 적이 있었다.

"자리를 잡아서 고객 리스트가 확보된 기업이 너무 부러워. 과거에 구매 이력이 있는 사람들에게 제품을 홍보하면 되잖아. 애플만 봐도 신상품을 사려고 사람들이 줄을 서서 기다리잖아! 상품 출시 날 사람들이 바로 구매한다면 얼마나 좋을까?"

당시 나는 신생 사업가들이 이 고비를 잘 넘길 수 있도록 영업 마케팅 전략을 가르치고 있었다. 성과가 있는 전략들이었지만 효과가 나타나기까지 시간과 노력이 필요했다. 나는 친구의 말을 듣고 궁금해졌다. 첫날부터 날개 돋친 듯 판매가 이뤄지도록 판을 유리하게 만들 방법이 있을까? 대기업처럼 고객 리스트도, 자본도 없지만 그래도 상품이 나오는 날 사람들이 줄을 서서 구매하게 만들 방법이 있을까?

션과 내가 요가 사업을 시작할 무렵이었고 나는 멘티들에게 사업 과정을 공유하기 위해 기록도 더불어 하고 있었다. 그러던 어느 토요일 아침 션에게 전화를 걸어 우리가 주문한 요가 매트의 상황을 물었다.

"알리바바에서 찾은 제조업체에서 물건을 보냈고 지금 배를 타고 건너오고 있어. 아마존에 들어가려면 8주는 걸릴 거야."

여기까지 다 해놨는데 상품이 도착하려면 8주나 기다려야 한다고? 하지만 나는 기회를 발견했다.

"알겠어. 그럼 우리에게 유리한 판을 만들 시간이 8주가 있다는 뜻이네. 이제부터 우리가 할 일은 요가 매트를 출시하는 날 바로 구매해줄 사람들을 어떻게 해서든 만드는 거야."

"도대체 어떻게 한다는 소리야?"

우리는 무엇을 할 수 있을지 논의하기 시작했다. 요가에 대한 블로그를 만들어 트래픽을 유도할까? 영상을 만들어 유튜브에서 출시하는 건? 이메일 리스트를 만들거나 대형 요가 커뮤니티와 협력하는 방법도 있었다. 다 괜찮은 아이디어였지만 효과가 나타나기까지 8주 이상 걸릴 것 같았다. 우리는 요가 매트를 사려고 줄 지어 기다리는 고객을 만들 가장 신속하고 단순한 방법을 고민했다.

당시 페이스북에서는 막 비즈니스 계정을 시작해 무료 트래픽을 대량 확보할 수 있었다. 우리는 요가를 주제로 '아이 러브 요가'란 이름의 페이지를 열었다. 아주 분명하지 않은가? 수집된 오디언스 데이터는 광범위했지만 크게 상관은 없었다. 누구든 우리 페이지를 좋아하는 사람은 요가에 관심이 많고, 요가에 관심이 많은 사람이라면 요가 매트를 살 테니까. 요가를 하는 사람들이 주로 구매하는 다른 상품들도 이미 파악해놓은 상태였다. 그 페이지를 통해 얻고자 했던 것은 우리가 판매하려는 요가 제품에 대해 좋게 말해줄 오디언스를 충분히 확보하는 것뿐이었다.

우리는 페이지에 콘텐츠를 올려 '좋아요'를 누르고 공유해줄 팔로어를 형성하고자 했다. 팔로어를 모으기 위해 하루에 10달러씩 내고 광고를 했으며 댓글로 팔로어들과 소통했다. 30일이 지나자 우리의 페이지를 좋아하는 사람들이 3,000명가량 형성되었다. 거기서 우리는 한 걸음 더 나아갔다. 이것은 지금까지의 행보에서 가장 중요한 핵심이었다. 아이 러브 요가 페이스북 페이지에 제품 출시 과정을 기록하는 것이었다.

우리는 제품을 자랑하지도, 판매하려 들지도 않았다. 그저 시제품 제작 과정을 알리고 우리 제품의 차별성을 설명하고 그들과 같은 집단의 사람들에게서 받은 피드백을 어떻게 제품에 적용했는지 매번 공유했다. 요가 매트에 달린 어깨끈을 좀 더 두툼하게 변경한 것도 보여주었다. 그들이 두툼한 어깨끈을 원했기 때문이다. 우리가 그들의 말을 경청하고 있으며 의견을 듣고 싶고 그들의 니즈를 충족하고 싶어 한다는 걸 보여주었다.

페이스북 페이지를 만들면서 션과 나는 제품을 출시하자마자 바로 구매해줄 사람들이 생겼음을 느꼈다. 포커를 하는 사람들처럼 말하자면 우리는 그간 유리한 패를 쥐기 위해 카드 덱을 조작했던 것이다.

상품의 탄생에 사람들이 주목하게 하라

이 시기의 목표는 첫 불꽃을 촉발시키기에 충분한 관심을 한곳에 모으는 것이다. 돋보기로 불을 붙이는 것과 비슷한 원리다. 당신이 목표한 대상에 불꽃이 일어날 딱 그만큼의 힘을 모을 수 있는가?

페이스북이 존재하는 한 이 플랫폼을 활용해서 오디언스를 모으는 것은 가능하지만 전략만큼은 시간이 지나면서 달라져야 한다. 인터넷이 계속 진화하는 만큼 새로운 기회도 계속 생긴다. 물론 원칙은 시간이 지나도 변치 않는다. 당신이 집중해야 할 일은 판을 유리하게 형성해 당신의 상품이 세상에 나오기를 기다렸다가 곧장 구매하는 사람들을 만드는 것이다. 오디언스를 만나고 그들이 공감하는 콘텐츠로 소통하고 상품 출시 과정을 기록하는 하나의 핵심 소셜 미디어에 광고를 올려서 때가 됐을 때 그들이 바로 제품을 구매하도록 준비시켜야 한다.

여기까지 도달하는 건 쉬운 일이 아니다. 오디언스를 결정하고 상품을 개발해 시장에 선보일 방법을 찾고 재고를 주문하는 등 모든 과정을 거쳐야 한다. 더구나 재고를 마련하기 위해 최소 500~5,000달러를 썼을 것이다. 그러다 갑자기 고비를 맞닥뜨린다. 재고를 주문한 뒤 실제 판매를 시작하기까지 2주에서 길게는 3개월이라는 시간이 인생에서 가장 오랜 기다림처럼 느껴질 것이다. 물론 상품이 제작 완료되었다는 소식에 이어 배송이 시작되고, 화물 운송업자들이 물량을 배에 실어 바다를 건너고 있다는 사실을 확인하면 흥분하는 것은 당연하다. 마치 첫아이가 세상에 태어나길 기다리는 것과 비슷한 기분이다!

킥스타터에서 시작한다면 대량의 제품을 사전 판매로 진행하기 때문에 판매에 엄청난 가속이 붙는다. 아마존을 이용한다면 아마존 물류창고에 재고가 입고되기 전까지는 판매를 할 수가 없다. 어느 쪽을 택하든 구매할 준비가 된 고객을 형성해서 상황을 유리하게 만들어놓으면 처음에 작은 불씨가 생겨나고 이내 그 불씨는 맹렬하게 타오르는 불길로 커질 것이다. 이로써 동력과 에너지만 얻는 게 아니라 킥스타터, 아마존 두 플랫폼 모두의 검색어 상위에 노출되기도 한다. 또한 당신이 만드는 제품은 화젯거리가 되어 SNS에서 사람들은 당신에 대해 이야기하고 친구들과 제품을 공유할 것이다.

다시 말해서 판을 유리하게 만들어놓는 단계를 건너뛰면 안 된다는 말이다. 예비 사업가들이 좋은 아이디어가 있음에도 추진력을 빨리 얻지 못해 그냥 포기하는 경우를 많이 봤다. 이 단계를 따랐다면 그런 결과를 맞이하진 않았을 것이다.

지금은 내가 이 분야에서 전문가가 되었을지 몰라도 처음에는 순전히 짐작으로만 시작한 일이었다. 물론 디지털 마케팅 경력이 이 분야를 헤쳐나가는 데 도움이 되었지만 큰 확신은 없었다. 당시 대부분 사람들이 판을 유리하게 만들기 위해 별 노력을 기울이지 않았던 탓에 쉽게 경쟁 업체들을 이길 수 있었다. 보통은 제품이 출시되는 순간에만 초점을 맞추기 때문에 사전에 그 순간을 촉진시킬 방법에 대해서는 생각조차 하지 않는다. 따라서 이 과정에서 20퍼센트의 능력만 발휘해도 게임에서 훨씬 앞서나갈 수 있다.

8주 뒤 출시하는 날까지 당신이 좇아야 할 단 하나의 목표는 상품의 첫 몇백 개를 판매할 수 있을 정도의 추종자를 얻는 것이다. 그래야 눈덩이가 굴러가기 시작해 하루 25개 판매에 이를 수 있다. 온라인상에서 눈덩이를 만들기 위해 추종자를 형성할 방법은 많다. 링크드인 그룹과 마찬가지로 페이스북 그룹은 무료로 쉽게 만들 수 있고, 두 곳 모두 유저의 참여도도 높다. 인스타그램과 그 외 SNS 계정을 활용하는 이들도 있는데 돋보일 수만 있다면 역시 효과가 좋은 플랫폼이다. 어떤 사람들은 개인 페이스북 페이지를 이용하기도 한다. 이 또한 효과가 있다. 중요한 점은 호응도와 열정을 갖춘 몇백 명을 불러들여 당신이 대화를 나눌 수 있는 하나의 커뮤니티를 형성하는 것이다.

그 커뮤니티는 상품이 탄생하는 여정을 함께하고 상품이 출시될 때 당신에게 힘을 실어줄 것이다. 이렇게 탄생한 불꽃이 하루 25개 또는 그 이상의 판매를 이끌어낸다는 사실을 기억하라.

첫 100개 판매 성공시키기

이론적으로는 출시 날 제품을 구매할 사람이 한곳에서 100명 형성되어 있으면 불꽃을 일으키기에 충분하다. 사실 오디언스의 규모보다 중요한 것은 커뮤니티의 반응성responsiveness이다. 저렴하게 트래픽을 구매해 페이스북 페이지로 유입시킨다면 충성도 있는 이메일 구독자나 긴밀한 커뮤니티를 형성한 인스타그램 팔로어가 가져오는 동력을 얻을 수 없다. 수동적인 팔로어 다수를 얻는 것이 목표가 아니다. 당신의 목표는 출시 날 구매하기 위해 줄을 서서 기다리는 사람들이다.

물론 친구들을 이 집단에 포함시켜도 된다. 동료들이나 당신의 제품이 필요한 피자 배달부도 물론이다. 연락처에 있는 수십 명에게 이메일과 문자를 보내는 것으로 상품을 출시한 사람들도 있다. 당신의 목표는 성장 동력의 시동이 걸릴 딱 그 정도 규모의 사람들이 출시 날 구매하도록 만들면 된다. 이 개념을 이해하는 데 도움이 될 만한 공식은 다음과 같다.

팔로어 1,000명 + 지인 10명 + 인플루언서 1명 = 100개 판매

당신의 브랜드를 광고나 콘텐츠로 1,000명 앞에 노출시킨다면 출시 날 소란을 일으키기 충분한 규모의 대중적인 팬을 형성할 수 있다. 그리고 지인 10명에게 출시에 힘을 보태줄 것을 요청하고 마이크로 인플루언서 한 명을 확보한다면 당신이 바라던 숫자가 나온다.

션과 내가 운영하던 페이스북 페이지 팔로어가 1,000명이 넘었을 때 우리는 출시를 진행해도 될 정도의 충분한 팬층이 확보되었음을 알았다. 그리고 요가를 하는 친구들에게 전화를 걸었다. 이 친구들이 요가를 하는 다른 사람들을 알고 있을 거라 생각했다. 친구들에게 우리의 사업을 알리고 무료로 요가 매트를 제공한 뒤 제품 출시 날 포스팅을 올려줄 수 있는지 물었다.

제대로 히트를 치고 싶다면 마이크로 인플루언서 한 명을 참여시켜 불길을 더욱 키울 수 있다. 우리는 1만 명 이상의 팔로어를 거느린 페이스북 요가 페이지와 파트너십을 맺었다. 이로써 우리는 팔로어 1,000명, 친구 10명, 마이크로 인플루언서 한 명을 만들었다. 우리는 출시 당일에 판매 100개 달성이 가능하다고 믿었다. 설사 우리의 판단이 틀렸다 해도 아무것도 없는 것보다는 나았다!

모든 것을 완벽하게 갖출 필요는 없지만 브랜드와 제품을 많은 사람에게 내보일수록 좋은 것만은 확실하다. 만일 팔로어가 500명뿐이거나 전혀 없다고 해도 지인들과 인플루언서 한 명이 있다면 상품을 시장에 출시하라. 당신이 갖고 있는 자원으로 최대한의 노력을 다해야 한다.

대부분의 사람이 이 단계를 넘지 못한다. 상품을 출시하기까지 가만히 기다리기만 한다. 인터넷 신들이 은혜를 베풀어 판매가 발생하길 바란다. 이들의 전철을 밟지 않길 바란다. 유튜브 채널이든, 블로그를 운영하는 친구든, 본인의 페이스북 계정이든 갖고 있는 것은 무엇이든 활용해 불을 지펴야 한다.

앞서 소개했던 소피는 큰 규모의 팬층이나 인맥이 없었음에도 이 프로세스를 따라 대단한 성공을 이뤄냈다. 그녀는 성공적인 킥스타터 캠페인을 진행하면서 모든 과정을 자신의 페이스북에 기록했다. 광고 예산도 없었고 마케팅 계획은 사전 구매자 몇백 명과 지인 몇 명, 페이스북 그룹을 참여시키는 게 전부였지만 꾸준히 불씨를 키워갔다. 얼마 전 그녀는 내게 이메일로 재사용 가능한 도시락과 여러 제품들을 판매해서 월 매출 100만 달러를 달성했다는 소식을 전해왔다. 정말 대단한 화력이 아닐 수 없다!

당신의 비즈니스를 만드는 과정을 기록하라

소셜 미디어의 유행은 시시각각으로 변한다. 새로운 페이스북 기능이 유행하다가 어느 순간 인스타그램, 스냅챗, 링크드인 등 계속해서 새로운 것으로 넘어간다(내 생각에는 스물두 살 이하만이 뒤처지지 않는 것 같다). 이런 플랫폼들은 사람들의 눈길을 사로잡고 참여를 이끌어내는 화제성을 중심으로 움직인다. 출시 날 제품을 홍보할 용도라면 소셜 미디어의 최신 유행을 무시해도 된다. 어느 한 플랫폼의 전문가가 될 필요는 없다. 그저 당신의 이상적인 고객 앞에 노출되어 이들의 관심을 끌고 당신의 여정을 함께하도록 유도하면 된다. 가장 좋은 방법은 당신의 오디언스가 이미 모여 있는 곳을 파악하고 그 안에서 당신이 편안하게 생각하는 방식으로 이들과 소통하는 것이다.

내 멘티 중 한 명은 공간 정리 회사를 운영한다. 그의 오디언스는 완벽하게 정리된 옷장과 서랍 등에 집착하는 여성들이 대부분이었다. 이런 성향의 오디언스는 이미 핀터레스트에 모여 있으므로 그는 그곳에 집중했다. 반면에 나는 한 번도 핀터레스트에 접속해본 적이 없기에 거기서 오디언스를 형성하기는 무척 어려울 것이다. 하지만 나는 비즈니스에 대해 대화를 나누기 좋아하고 마이크에 대고 이야기하는 것을 불편해하지 않는다. 그래서 오디언스를 형성할 때 가장 선호하는 방법은 팟캐스트다. 팟캐스트에서는 피드백을 받을 수 없으므로 오디언스에게 이메일 구독을 유도해 팔로어들과 소통한다.

콘텐츠를 공유하고 광고를 하고 적극적으로 커뮤니티와 소통하기만 한다면 이 책에 나온 프로세스는 어떤 플랫폼에서나 적용할 수 있다. 당신이 개인적으로 열정을 가졌던 주제를 바탕으로 브랜드를 만든다면 블로그, 팟캐스트, 영상 채널에 콘텐츠를 제작해 올리는 것이 가장 좋다. 장기적으로 팔로어를 꾸준히 만들 수 있는 방법이다. 당신이 진입할 시장에 그리 전문가가 아니라면 광고를 하고 페이스북 그룹, 인스타그램 계정,

이메일 리스트 등 중심이 되는 플랫폼 한곳으로 사람들을 불러 모아야 한다. 1,000명의 팔로어를 당신의 통제 안에 두어야 하기 때문이다.

이 단계에서 콘텐츠 제작자나 마케팅 에이전시를 고용하는 사람들도 있지만 시작부터 이렇게 심각하게 접근할 필요는 없다. 눈덩이를 만들기 위해 출시 날 당신의 제품을 구매할 100여 명의 사람만 있으면 된다는 사실을 명심하기 바란다.

그런데 그렇게 당신을 따를 정도로 오디언스를 사로잡으려면 무엇을 제시해야 할까? 더 중요하게는 어떻게 해야 출시 날 당신의 제품을 구매하게 만들 수 있을까? 당신이 당신의 비즈니스를 만들어가는 과정을 기록하기만 하면 된다. 일단 시제품 사진을 찍어 올린다. 당신이 긴장하는 모습을 영상에 담아 공유하고, 최종 완제품을 들고 있는 친구들의 사진을 찍어 게시물에 올린다. 그리고 어떤 이유로 그 시장에 진입하기로 결심했는지 글을 올린다.

또한 커뮤니티에서 현재 오가는 대화에 참여하는 것도 큰 도움이 된다. 당신이 골프 장비를 판매하는 사업가인데 최근에 새로 나타난 골퍼가 큰 화제라면 이 골퍼의 가능성에 대해 블로그에 글을 쓰거나 영상을 올리거나 팟캐스트를 하는 것이 좋다. 그는 제2의 타이거 우즈가 될 것인가? 아니면 과대 포장된 거품일 뿐인가? 커뮤니티에서 떠오르는 이슈가 있다면 참여해 당신의 의견도 전한다. 이렇게 할 때 오디언스와 관계를 형성하고 새로운 오디언스를 끌어올 수 있을 뿐 아니라 제품 출시에 지나치게 집중된 콘텐츠의 흐름을 끊어줄 수도 있다.

당신의 오디언스가 자주 묻는 질문에 대해 답하는 것도 좋다. 이들이 처음 진입할 때 많이 하는 질문을 5~10가지 정도로 정리하고 이를 중심으로 콘텐츠를 만든다. 제품 이야기, 커뮤니티 활동, 자주 하는 질문에 대한 답변을 적절하게 섞는다면 당신을 중심으로 결집하는 작은 오디언스를 형성할 수 있다.

만일 당신의 메시지를 1만 명 이상에게 전달할 수 있다면 곧장 새 제품 라인에 대해 소통을 시작해도 된다. 당신 또는 사업 파트너에게 이미 오디언스가 형성되어 있다면 이 프로세스를 단축시킬 치트 키가 마련된 셈이다. 내가 브랜드의 인지도를 쌓을 때 선호하는 비법은 인플루언서와 제휴해서 브랜드 내 공식적인 역할로 참여시키는 것이다. 만약 광고 예산이 있다면 이미 오디언스가 형성되어 있는 관련 팟캐스트나 유튜브 채널에 광고를 하는 것도 좋다.

와일드 푸즈Wild Foods를 운영하는 콜린의 경우도 이 방법을 잘 활용한 사례다. 그는 제품과 코멘터리, 고객이 궁금해할 만한 질문을 잘 녹인 콘텐츠로 대중적인 팬층을 형성했다. 빈손으로 시작해 내가 알려준 프로세스를 착실히 따랐고 이제는 100만 달러 이상을 달성해서 소매 체인을 통해 전국 어디서나 그의 제품을 찾아볼 수 있다.

궁극적으로 브랜드는 신뢰다. 지금 이 단계는 사람들의 신뢰를 얻는 과정이다. 사람들이 뭔가에 참여하기 시작할 때는 보통 친구들도 함께 데려온다. 일반적으로 사람들은 친구들의 의견을 신뢰한다. 입소문 광고가 비즈니스에 굉장히 중요한 것도 이 때문이다. 어떤 문제를 누군가 해결해주길 기다리는 집단에 다가가 당신의 개인적인 의견을 들려주며 신뢰를 쌓아놓는다면 판을 당신에게 유리하게 만들 수 있다.

어쩌면 지금쯤 당신은 이미 인플루언서들의 관심을 받기 시작했을 수도 있다. 아주아주 좋은 현상이다. 하지만 한 가지, 사전 접촉 없이 무턱대고 연락해오는 것을 좋아하는 사람은 없다. 인플루언서에게 연락해 콘텐츠에 참여를 부탁하거나 공유해달라고 요청하는 것은 관계를 쌓는 것과 다르다. 그런 경우 상대방은 거래처럼 느낀다.

그래서 비결은 '요청하지 않는 것'이다. "저기요, 제가 당신이 진행하는 쇼에 참여할 수 있을까요?" 그렇다. 진짜 비결은 '뭔가를 제공하는 것'이다. "이런 콘텐츠가 있는데 당신의 오디언스가 좋아할 것 같아요. 그들이 어려움을 겪고 있는 문제 가운데 제가 글을 쓰거나 이야기를 들려줄 만한 게 있을까요? 그들에게 도움이 될 것 같아서요."

이렇게 접근하면 인플루언서는 자신의 오디언스를 위해 기꺼이 본인이 운영하는 플랫폼으로 당신을 초대한다. 누군가의 팟캐스트에 게스트로 출연해 유용한 콘텐츠를 제공한다면 팟캐스트 운영자에게도 득이 되고 당신은 더 많은 팔로어를 얻으니 윈윈이다.

처음에는 성과도 느리고 좌절의 순간도 맛보겠지만 그래도 해야만 하는 일이다. 모든 코멘트에 답하고 모든 메시지에 답장을 보내야 한다. 식단이나 생활 습관에 변화를 줄 때와 마찬가지로 처음에는 차이가 눈에 보이지 않지만 몇 주만 지나면 점차 탄력을 얻어 큰 보상을 가져올 것이다.

시장이 작을수록 구매 고객의 영향력은 커진다

'데이 원'Day One을 위한 준비가 다 되었는가? 당신의 오디언스가 출시 날 물건을 구매하도록 만드는 데 모든 초점을 맞춰야 한다.

션과 나는 데이 원이 가까워질수록 더욱 과감하게 홍보하기 시작했다. 우리는 제품을 과장해 홍보하거나 구매 부담을 주는 쪽이 아니라 좀 더 직접적인 메시지를 보냈다. "우리는 이 제품에 무척이나 기대가 큽니다. 하지만 한 가지 안타까운 소식이 있어요. 첫 물량을 500개밖에 확보하지 못했습니다. 제품을 원하시는 분은 아래에 댓글을 남겨주시면 4월 30일 출시 날 다른 사람들보다 먼저 구매하실 수 있도록 특별 리스트에 올리겠습니다."

우리는 제품을 홍보하거나 재고 확보의 어려움에 대해 알리는 데 거리낌이 없었고 사람들은 여기에 응답했다. 우리의 방식이 통했다. 출시 즉시 50개를 판매했고 곧 50개를 추가로 판매할 수 있었다. 사람들은 후기를 남기고 친구들에게도 알렸으며 얼마 지나지 않아 첫 제품이 하루에 50개씩 판매되었다. 10만 달러 이상 비즈니스에 해당하는 판매량이었다. 우리의 제품이 성공작이라는 것을 실감했다. 핫 리드_{hot lead}, 즉 제품에 큰 관심을 보이며 출시를 기다리는 고객들이 당일에 제품을 바로 구매할 수 있도록 사전에 줄을 설 기회를 마련해줘야 한다.

그런데 어쩌면 당신의 비즈니스가 너무 작거나 타깃 시장이 너무 좁아서 이 출시 전략을 적용하기 어렵다는 생각을 할 수도 있다. 그 예로 검안사인 제나와 트래비스의 경우를 들 수 있다. 부부인 두 사람은 선글라스를 판매하고 있었지만 그들의 전문성을 반영하는 상품을 출시하고 싶었다. 부부가 생각해둔 제품 리스트는 있었지만 추가로 재고를 확충할 비용만큼 제품들의 수요가 충분치 않은 것 같았다.

그런 제품 중 하나가 건조한 눈에 뿌리는 스프레이였다. 이런 스프레이를 찾는 사람은 많지 않았다. 부부는 내게 안구건조증을 겪는 사람들을 위한 페이스북 그룹을 개설할 생각이라고 밝혔다. 그러나 나 역시 고작 수백 명 정도인 팔로어를 보고 여러 관련 제품들을 출시하기에는 규모가 너무 작다고 생각했다. 나는 이렇게 말했다.

"정말 작은 시장인데요. 좀 더 넓혀서 눈 건강에 대한 보편적인 조언을 제공하는 게 좋을 것 같아요."

내 충고와는 달리 부부는 페이스북 그룹을 열어 안구건조증에 대해 자주 묻는 질문을 올리고 답했다. 두 사람은 주말마다 페이스북 라이브 방송도 했다. 안구건조증에 시달리는 사람들이 같은 증상을 겪고 있는 친구들을 태그했고 부부에게 문의하는 질문들도 점점 많아졌다. 그렇게 형성된 커뮤니티에는 고작 몇백 명밖에 없었지만 두 사람은 열정적으로 응답하고 빠르게 사람들과 친밀해졌다. 커뮤니티 사람들은 부부의 이런 모습에 빠져들었다. 내 생각이 틀렸던 것이다.

부부가 안구 스프레이 제품을 출시하자 반응은 폭발적이었다. 커뮤니티가 한데 힘을 합쳐 응원하고 구매하고 후기를 적었다. 이익률이 상당히 높은 제품인 데다 커뮤니티가 널리 홍보를 해주는 덕분에 두 사람이 돈을 들여 광고를 할 필요도 없었다. 이 한 제품이 두 사람의 비즈니스를 완전히 바꿔놓았다. 이들은 같은 오디언스를 대상으로 다른 여러 제품을 출시했고 수익은 세 배에서 마침내 네 배까지 올랐다. 이제 부부는 경쟁 업체나 가격 할인 경쟁, 그들보다 후기가 수천 개는 더 많은 업체를 신경 쓰지 않고 새로운 아이디어를 빠르게 테스트할 여건이 마련되었다. 두 사람은 계획대로 제품을 출시했고 수백만 달러의 비즈니스를 만들었다.

특별 고객 리스트의 효과

확실한 성공을 보장하는 방법이 있다. 출시 날 제품을 사겠다고 손을 번쩍 들어 약속하는 구매자들의 특별 고객 리스트hot list를 얻는 것이다.

이렇게 하면 된다. 공개적으로 제품에 대해 이야기하다 보면 다른 사람보다 좀 더 뜨거운 반응을 보이는 사람들이 나타나기 마련이다. 나는 이들에게 '선착순' 안에 포함시키는 것으로 보상한다. 이 선착순 안에 든 사람이 많을수록 제품의 성공 가능성은 커진다.

예를 들어 출시 날이 가까워지면 더욱 적극적으로 홍보를 하기 시작한다. 그리고 이런 포스팅을 올린다.

"아시다시피 4월 2일부터 요가 매트 판매가 시작됩니다! 조금 이르긴 하지만 우리와 함께해주신 분들에게서 피드백을 듣는 것이 무척이나 중요합니다. 안타깝게도 제품이 몇백 개밖에 확보되지 않아 꼭 사용해보고 싶다는 팔로어 몇 분을 위해 제품 몇 개를 따로 빼두려고 합니다. 출시 날 24시간 안에 제품을 구매하고 싶은 분은 아래에 '하나 원해요'라고 댓글 남기시면 특별 고객 리스트에 올려두겠습니다."

물량이 한정되어 있다고 말하면서 소규모의 구매 경쟁을 조성하는 것이다. 그러면 별로 열광하지 않았던 사람들도 특별 고객 리스트에 오르려고 한다. 이 구매 경쟁이 판매 동력을 만들어내고 당신도 지금보다 제품을 더욱 열심히 판매하게 된다.

이후에는 다음과 같이 후속 글을 올린다.

"와! 지난 포스팅에 50명 넘는 분들이 요가 매트를 구매하고 싶다고 댓글을 남겼어요. 정말 영광입니다. 감사합니다! 총 100개의 매트를 준비해 먼저 응답하신 분들이 상품이 출시되는 날 바로 구매하실 수 있도록 안배하겠습니다. 이는 안타깝지만 일반 구매자들이 주문할 수 있는 수량이 적어진다는 의미이기 때문에 만약 선착순에 들고 싶으신 분은 '선착순'이라고 코멘트를 남겨주시면 특별 고객 리스트에 포함시키겠습니다."

이렇게 특별 고객 리스트에 오른 사람들을 나는 이메일 리스트, 메신저앱 슬랙Slack, 개인 페이스북 그룹 등 다른 커뮤니케이션 채널로 초대해 이들이 내부인이 된 것 같은 기분을 느끼게 한다. 그리고 제품이 공식적으로 출시되기 전에 누구보다 앞서 소식을 받는 사람임을 상기시킨다. 이렇게 하면 상품이 출시되는 날 이 소규모 집단의 사람들은 서둘러 제품을 구매한다!

첫날부터 고객을 줄 세우는 여섯 가지 전략

다시 한 번 말하지만 이 단계에서 목표는 제품 출시 날 최소 100명의 구매 고객이 나타날 정도의 오디언스를 구축하는 것이다. 첫 100명의 고객을 얻는 방법은 다음과 같다.

> ### 1. 타깃 고객이 이미 모여 있는 곳을 찾아낸다
> 이들은 이미 어떤 인스타그램 계정을 팔로하거나 페이스북 그룹에 가입되어 있거나 특정 유튜브 채널을 구독하고 있을 수 있다.

2. 이들을 직접적으로 겨냥한 콘텐츠를 만든다

사람들이 모여 있는 곳을 찾았다면 그 그룹을 운영하는 사람들과 관계를 쌓아가는 것도 좋다.

3. 제품이 완성되는 과정을 기록한다

당신의 제품에 어떤 차별성이 있는가? 어떤 이유로 그런 선택들을 내렸는가? 상품 출시까지 얼마나 남았는가?

4. 제품이 언제 출시될지 공지한다

모든 댓글에 답하고 모든 메시지에 답장을 보낸다. 커뮤니티 내 오가는 주제에 대해 당신의 의견을 공유하며 당신의 지지자, 네트워크, 콘텐츠를 구축한다. 그런 다음 팔로어들에게 언제부터 당신의 제품을 구입할 수 있는지 알린다.

5. 지인들에게 연락하고 인플루언서 한 명을 확보한다

많은 사람이 본인이 가진 인맥의 힘을 얕잡아보는 경향이 있다. 당신이 관심을 갖고 있거나 이미 속해 있는 시장에 진입하는 경우라면 분명 고객으로 삼을 수 있는 사람 10명은 알고 있을 것이다. 크로스핏 브랜드를 론칭하는 경우라면 크로스핏을 하고 페이스북에 관련 글을 포스팅하는 사람을 10명 알고 있을 것이다. 이들이 인플루언서가 아니라도 괜찮다. 출시 초기에 제품을 구매해줄 100명의 사람만 필요하기 때문에 이들이 각각 10명에게 영향력을 발휘하면 충분하다. 오늘날 평균적으로 한 명이 수백 명의 인스타그램 팔로어와 최소 100명의 페이스북 친구를 보유하고 있다. 10명만 확보한다면 당신은 수천 명의 사람들에게 노출될 수 있다. 소란을 일으키고도 남을 정도다.

6. 특별 고객 리스트를 만든다
당신의 제품을 가장 먼저 사용하고 싶어 하는 사람들이 선착순 안에 들도록 홍보를 진행한다.

고객과 정서적 유대감을 형성하라

록셀 초는 여성들이 자신의 몸을 편안하게 인식하도록 자신감을 불어넣는 핸드메이드 수영복 브랜드 퓨즈드 하와이를 설립했다. 얼마 전까지만 해도 록셀은 집 차고에서 제품을 제작했지만 페이스북 라이브 방송과 인스타그램, 이메일로 소통하며 그녀의 제품에 충성과 지지를 보내는 고객층을 점차 넓혀갔다.

그녀는 스스로를 마케터라고 생각하지 않는다. 단지 오디언스 앞에 자신을 드러내 보인 것으로 그녀의 사업은 믿을 수 없는 속도로 성장했다. 소셜 미디어만으로 순식간에 월 매출 12만 달러를 달성한 것이다.

"제가 수영복을 파는 것은 맞지만 퓨즈드 하와이가 수영복 회사라고는 생각하지 않아요."

그녀는 내게 이렇게 말했다.

"처음 시작할 당시 핸드백과 스크린 프린트로 제작한 티셔츠, 모자 등 차고에서 만들 수 있는 것은 뭐든 만들었어요. 회사 이름이 퓨즈드인 것도 제 안의 예술적 감각을 모두 융합해서 작업하고 있었기 때문이죠. 명확한 방향이 있었던 건 아니지만 이 비즈니스가 앞으로 몇 년간 끊임없이 변화해나갈 거라는 점은 알고 있었어요."

그런 그녀에게 오디언스는 너무나 특별한 존재다.

"오디언스를 위한 브랜드를 키워나간 덕분에 그 과정에서 고객들과 너무나도 멋진 순간들을 함께할 수 있었어요. 기쁜 소식이 있으면 가장 먼저 이들과 공유해야겠다는 생각을 해요. 사람들과 함께 성장해나가는 것, 결국 중요한 건 이거죠."

록셀의 미션은 여성들에게 가짜 자존감을 판매하는 다른 브랜드들과는 차별화된 길을 걷는 것이었다.

"스스로에 대한 자신감이 넘칠 때도 여성으로서의 자존감이 낮아지는 순간이 있어요. 퓨즈드 하와이가 이야기하는 이상적인 여성상이란 자신감이 넘치거나 자신감이 넘친다고 말하고 다니는 게 아니에요. 결과를 모를 때도 시도하는 정신에 가까워요. 자신의 신념과 목표를 따르는 거죠. 제가 전달하고자 하는 메시지를 좀 더 선명하게 다듬어나갈수록 그저 자신감에 대한 것만은 아니라는 점이 분명해졌어요. 어디로 향하게 될지 몰라 두려울지라도 잘 이겨낼 강인함이 자신 안에 있다는 것을 믿고, 위험을 무릅쓰고 꿈을 향해 도전하는 여성들을 위한 브랜드예요."

이 메시지 덕분에 록셀은 여성을 타깃으로 한 다른 브랜드들을 가뿐히 뛰어넘을 수 있었다.

"수영복의 나라인 하와이에서는 사람들이 항상 수영복을 입고 생활해요. 사실 사람이 가장 취약함을 느끼는 차림이기도 하죠. 하와이에서는 수영복을 입고, 그러니까 속옷에 가까운 차림으로 공공장소를 활보해요. 그런 차림으로 자신의 모습에 자신감을 갖는 것이 제 목표이자 오디언스에게 전달하고자 하는 메시지예요."

록셀이 세상에 전한 메시지가 다시 그녀에게로 돌아올 때쯤 성공도 함께 찾아왔다. 메시지와 성공이라는 두 개의 실은 하나처럼 얽혀 있다.

"스토리가 있는 제품만이 브랜드를 성공시킨다는 걸 알고 있었어요. 처음으로 아이들과 같이 바다에 나가는 것이 불편하지 않았고 수영복을 입고 파티에 갈 수 있었다는 고객들의 이야기를 들었어요. 저는 디자이너가 아니에요! 그저 제가 입을 수영복을 제작하다가 그 위에 로고를 붙인 것뿐이죠. 진짜 여성들을 위한 제품이란 점도 있지만 무엇보다 스토리가 이 오디언스를 형성한 힘이에요."

이제 그녀는 무엇이든 원하는 것을 원하는 수량으로 만들어 팔 수 있다. 고객들은 몇 달 전부터 사전 구매를 하는 탓에 그야말로 수요를 따라가기가 어려운 지경이다. 행복한 고민이 아닐 수 없다.

한편 오디언스가 있다면 전략적 위험도 감수할 수 있다. 플렉서블 다이어팅 라이프스타일Flexible Dieting Lifestyle은 건강한 치트 밀을 판매하는 기업으로 내가 자문을 하고 있는 곳이기도 하다. 공동 창립자인 잭 로셀로는 인스타그램에 레시피를 올려 오디언스를 형성했고 그것만으로 실제 제품까지 출시할 수 있었다.

"누구나 경험하는 문제, 즉 치트 밀을 매일 먹고 싶다는 문제를 해결해주는 것부터 브랜드를 만들어나갔습니다. 가장 인기 있는 게시물이 프로틴 쿠키 버터 레시피였죠. 영양학적으로도 훌륭하고 맛도 좋았으며 오디언스의 욕구를 충족시켰습니다. 하지만 사람들이 계속 말했던 건 직접 만들기가 싫다는 거였어요. 그냥 제품으로 구매하길 원했습니다."

실물 상품을 만들어본 적이 없었던 잭에게는 새로운 영역이었다.

"일단 해보자고 결심했습니다. 상품을 개발한 뒤 1만 개를 확보하고 광고비 한 푼 쓰지 않고 출시했어요. 우리가 한 일이라고는 그동안 오디언스가 원했던 제품을 내밀며 '여기 있습니다. 스와이프업swipe-up(인스타그램 비즈니스 계정의 팔로어가 1만 명 이상인 경우 제공되는 기능으로 스토리에 걸린 링크를 위로 밀어 올려 페이지를 이동시킨다 — 옮긴이)하시면 구매할 수 있어요'라고 말한 게 다예요. 그랬더니 사람들이 그대로 따랐습니다. 1만 개를 일주일 만에 모두 팔았죠."

잭은 사람들이 기업에 정서적 유대감을 느끼도록 만들면서 오디언스를 형성하고 스토리를 전하는 데 주력했다. 정서적 유대감이 핵심이다. 가격을 비교하지 않고 당신에게 유대감을 느낀다는 이유로 제품을 구매하는 고객을 형성해야 한다.

언제 'GO' 버튼을 눌러야 할까?

당신의 상품이 바다를 건너 아마존 물류창고에 가까워지고 있는 만큼 이제는 데이 원, 즉 출시일을 좀 더 정확히 제시해야 한다. 한 가지 조언을 하자면 일정을 여유롭게 잡기 바란다. 금요일부터 상품 판매가 가능하다고 생각하면 출시일을 다음 주 수요일로 잡는 식이다. 출시일을 여기저기 광고해놓고 그날 판매를 하지 못한다면 고객의 관심과 참여도를 막대하게 허비하는 것이다.

처음 며칠 동안 구매하는 사람들에게는 보너스 상품이나 원플러스 원BOGO; Buy One Get One 이벤트 같은 할인 혜택을 제공할 수도 있다. 할인 행사를 하는 브랜드라는 이미지가 생기면 벗어나기가 굉장히 어렵기 때문에 개인적으로 이런 할인 행사를 좋아하는 편은 아니지만, 앞으로 제품 가격을 인하할 일이 없다는 전제 아래 출시 기간 동안 진행하는 것은 괜찮다. 다만 행사 날짜를 정하고 이를 반드시 지켜야 한다. 제품을 추가로 제공하는 경우에는 특히 재고 관리에 신경 써야 한다. 개인적으로 선호하는 방식은 출시 후 첫 며칠 내에 제품을 사지 않고는 못 배길 정도로 사고 싶은 보너스 상품이나 추가 구성품을 제공하는 것이다.

어쩔 때는 재고 부족을 솔직히 말하는 것이 구매를 촉진하는 강력한 장려책이 되기도 한다. 제품이 500개만 확보되었고 출시 날 구매 리스트에 오른 사람이 500명이라면 구매하지 못하는 사람들이 생기고 만다. 인스타그램에서 당신을 팔로하는 1,000명의 사람들과 당신의 콘텐츠를 보고 공유하는 이 팔로어들의 친구들 또한 구매의 기회가 없는 것은 당연하다. 이런 희소성은 사람들의 관심을 더욱 높인다. 고객의 입장에서는 희소성이 곧 가치다.

출시를 앞둔 일주일 동안은 출시 소식을 매일같이 전해야 한다. 사람들에게 이메일을 보내고 소셜 미디어에 게시물을 올리고 관계를 쌓아온 인플루언서가 있다면 적극 활용한다. 그렇게 해서 '이 상품은 다음 주 수요일 오전 11시부터 판매가 시작됩니다!'라는 문장을 모든 사람의 머릿속에 각인시켜야 한다. 그런 뒤 수요일 오전 11시가 되자마자 물밀듯이 밀려드는 모습을 지켜보면 된다.

출시 후 처음 며칠간은 기대를 너무 많이 하지 않도록 주의해야 한다. 상품 출시와 그간 당신의 오디언스가 보여준 호응에 크게 들떠 있다가 상품이 곧장 품절되지 않은 걸 보면 실망하기 쉽다(다시 한 번 말하지만 품절 사태는 피해야 한다!). 처음 며칠간 최소 25개에서 100개를 팔았다면(이 책의 내용을 잘 따랐다면 이 정도 판매가 발생하지 않는 일은 거의 없다) 비즈니스를 더욱 발전시키기 위한 추진력을 얻은 것이다. 100만 달러를 달성하는 공식을 명심하기 바란다. 평균 30달러짜리 상품 3~5가지를 하루에 각각 25개씩 판매하면 100만 달러 비즈니스가 된다.

25개 판매에 도달하고 나면 이제 당신은 고객들에게서 후기를 받아야 한다. 걸음마를 떼기 전에 달리기부터 가르치고 싶지 않기에 이 부분에 대해서는 나중에 자세히 다루도록 하겠다. 지금 당장 할 일은 판매를 발생시키는 것이다. 그리고 판매를 발생시키는 가장 좋은 방법은 판을 유리하게 만드는 것이다.

카피캣을 따돌린
브랜드의 비밀은 고객 후기

간호사였던 마빈 리는 높은 연봉을 받으며 일했던 병원에서 해고당할 위기에 처했다. 경영진이 인사이동을 추진 중이었고 얼마 지나지 않아 마빈은 자기 자리가 위태롭다는 걸 깨달았다. 그뿐 아니라 직업에 대한 열정도 잃었다. 사람들을 돕기 위해 간호사가 된 그는 환자를 도울 수 있어 기뻤지만 지켜야 할 규칙과 방침이 너무 많았고 간섭하는 사람들도 너무 많았다. 그동안 타인을 돕는 데서 얻었던 기쁨마저도 식어가고 있었다.

또한 그는 오래전부터 경제적 자유를 꿈꿨다. 어려운 환경에서 자랐기에 성공하고 싶은 마음이 컸다. 그래서 계속 돈을 모아왔지만 그 돈으로 무엇을 해야 할지는 알 수 없었다. 온라인 비즈니스를 잘 운영하고 있는 친구들과 대화를 나누며 그는 자신도 가능할지 궁금해졌다. 그리고 조사를 하던 중 우연히 내 영상을 보게 됐다.

자신도 얼마든지 온라인 비즈니스를 할 수 있다는 걸 깨달은 그는 사업을 시작하기 위해 가장 친한 친구와 파트너를 맺었다. 두 사람은 수익성이 있으면서도 두 사람이 갖고 있는 예산으로 시장에서 경쟁해볼 만한 제품을 찾기 시작했다(이들은 많은 돈을 투자할 생각이 별로 없었다). 그리고 요가 시장에 적용할 수 있는 독특한 피트니스 도구를 찾았다. 놀랍게도 요가 시장에는 이와 비슷한 제품을 판매하는 경쟁사가 하나도 없었다. 완벽한 제품이었다.

　중국의 제조업자들을 알고 있는 마빈의 친구 한 명이 한 업체와 굉장히 좋은 조건에 계약을 성사시켜 주었다. 충분한 조사를 마친 마빈은 기존 제품 후기를 바탕으로 공장에 수정을 요청했다. 그렇게 해서 흔히 볼 수 있는 운동 후 회복 도구와 똑같이 생겼지만 요가를 하는 사람들에게 특화된 제품이 탄생했고, 이후 수정을 거듭하며 더욱 업그레이드됐다.

　결과는 대히트였다. 사람들은 제품에 열광했다. 그러나 마빈은 브랜드를 만들려면 3~5가지 제품이 더 있어야 한다는 내 조언을 기억했다. 유명한 제품은 보유하고 있었지만 브랜드는 없는 상태였다. 그는 브랜드를 만드는 것이 정말, 굉장히 힘들다는 것을 깨달았다. 일단 브랜드를 어떻게 정의해야 할지도 몰랐고 깔끔한 텍스트 상자 안에 브랜드 이름을 넣는 방법도 몰랐다. 어떤 이들은 브랜드가 로고라고 말하기도 했고, 어떤 이들은 제품을 보고 고객들이 느끼는 감정이라고 설명하기도 했지만 대체 이것들을 어떻게 실행해야 할까?

　마빈은 마케팅 도서를 여러 권 읽기도 했지만 너무 포괄적인 내용이라 비즈니스에 적용할 수가 없었다. 그가 브랜딩에 대해 아는 건 남들과 다른 게 좋다는 것뿐이었다. 하지만 다르다는 게 무슨 뜻일까? 다른 색깔을 의미하는 걸까? 아니면 가격이 비싼 걸까? 그는 어떻게 해야 다르게 보일지, 그 차이를 브랜드의 테마에 어떻게 녹여내야 고객에게 전달될지 고민했다. 특정 고객층을 타깃으로 삼지 않았기 때문에 기업의 가치를 드러내는 브랜드를 만들기가 더욱 어려웠다. 그동안은 그저 나은 제품을 만드는 데만 중점을 두었지, 누구를 대상으로 하는지에 대해서는 고려해본 적이 없었다.

그러던 중 마빈은 오디언스와 메시지 전달의 중요성을 강조하는 내 영상 하나를 접했다. 그는 오디언스와 직접 대화를 나누면 어떨까 하는 생각이 들었다. 물론 인스타그램에 게시물을 많이 올리지도 않았고 팔로어도 별로 없었지만 고객들에게 다이렉트 메시지를 보내 제품에 대한 의견을 묻기 시작했다.

"그 일이 게임의 판도를 완전히 바꿔놓았습니다. 제품을 사랑하는 고객들과 진짜 대화를 나누며 그들이 누구인지, 이후 어떤 상품을 기다리고 있는지 이해하는 계기가 되었어요."

겨우 몇백 명밖에 안 되었지만 그의 오디언스는 큰 소리로 응답해주었다. 마빈과 파트너는 이 피드백을 바탕으로 마케팅을 수정해나갔고 그 결과 판매량이 늘어났다. 제품을 그저 완성하는 데 그쳤던 두 사람은 이제 그 제품으로 도움을 받을 사람들과 그 제품을 사용하는 이유를 생각하는 단계로 나아갔다. 그리고 그들이 사람을 대상으로 하고 있다는 사실을 항상 유념했다. 경쟁 업체들이 이 시장을 발견해 두 사람을 모방하기 시작했을 즈음 이미 마빈과 파트너는 한참을 앞서 있었다. 진짜 고객들이 남겨준 후기 덕분에 사람들은 두 사람의 제품을 선택했다. 마빈은 두 개의 제품으로 엄청난 성공을 거뒀지만 추가로 최소 세 가지 상품을 출시할 계획이다. 그러고 나면 그는 브랜드를 매각할 위치에 오를 것이다.

"상품 비즈니스를 시작하려는 분들에게 조언을 드리자면 우선 자신이 무엇을 하려고 하는지부터 깨달아야 합니다. 일단 실행에 옮기라고 말하는 사람들이 많지만 서두를 필요는 없어요. 자칫하면 실수하니까요. 그것도 아주 값비싼 실수를요."

마빈과 파트너는 무엇이 반응이 있는지 알아내기 위해 모든 것을 테스트하는 데서 그치지 않았다. 무엇이든 깊이 고민했다. 이들은 가능한 모든 시나리오를 고려했다.

"또한 배움을 즐겨야 합니다. 계속 배우지 않으면 당신보다 더 많이 아는 사람이 나타나 더 크게 성공할 겁니다."

비즈니스 세계에서 배움이란 고객에게 귀를 기울이는 것이다. 비즈니스를 하다 보면 당신을 모방하려는 사람들이 나타나기 마련이고 그러면 모든 비즈니스가 다 같이 위기에 처한다. 계속 진화하지 않으면 당신에게 주어진 시간은 곧 바닥난다.

"브랜드를 시작하고 크리스마스 직전에 제품을 출시하자 사람들이 연휴 기간에는 우리가 예상하는 것보다 3~5배 많은 물량을 확보해야 한다고 입을 모아 말했습니다. 하지만 우리는 그만한 돈이 없었어요."

당시 두 사람은 자리에 앉아 심각한 대화를 나누었다. "이 사업을 어디까지 해볼 생각이야?" 둘 다 끝까지 해보자는 마음이었던 터라 신용카드 대출로 18퍼센트 이자에 8만 달러를 인출하기로 결심했다. 실패한다면 둘 다 파산이라는 걸 알고 있었다.

"그때 비로소 제가 얼마나 강한 사람인지, 얼마나 간절히 성공하길 원하는지 깨달았어요. 결과적으로 제가 한 일 중에 가장 잘한 선택이었습니다. 드디어 스스로 뭔가를 이뤘다는 성취감을 느껴요. 제게는 가치를 매길 수 없는 성취감입니다."

고객, 즉 사람에게 집중하고 그들의 이야기에 귀를 기울일 때 비로소 답이 나온다. 마빈은 브랜드의 의미조차 몰랐지만 사람에게 집중함으로써 판매에 성공하고 사업의 위기를 넘어설 수 있었다.

당신의 첫 고객에게
올인하라

．
．
．

사업 초기에는 대단하고 획기적인 무언가를 하려고 하지 마라.
새로운 마케팅 전략도 세우지 말고 새로운 직원도 고용할 필요가 없다.
오직 판매를 발생시키고 후기를 받고 오디언스를 형성하는 데 집중하라.

맷과 나는 시어 스트렝스를 시작할 때 시장에서 어떤 제품들이 회자되는지 알아보기 위해 보디빌딩 쇼나 피트니스 컨퍼런스를 둘러보는 것을 좋아했다. 우리는 부스 이곳저곳을 다니며 운동 전 음료 샘플을 시음하고는 서로를 보며 이렇게 말했다.

"우리 제품이 더 낫다!"

경쟁사를 염탐하고 제품 아이디어를 얻기에 무척이나 훌륭한 기회였다. 되돌아보면 비즈니스를 하며 가장 즐거웠던 날들 중 하나였다.

어느 날 한 컨벤션을 둘러보던 우리는 무료 샘플을 받기 위해 사람들이 길게 줄을 선 것을 목격했다. 물론 일상적인 광경이었다. 기업들은 화제를 모으기 위해 무료 샘플을 나눠 주는 일이 많았다. 하지만 그때는 평범한 줄이 아니었다. 시식단 줄이 컨벤션 홀 전체를 휘감을 정도로 이어져 다른 회사에서 차린 부스 몇 곳을 가릴 정도였다! 무료 샘플을 얻기 위해 기다리는 사람이 수백 명이었다. 놀이 공원에서 가장 유명한 롤러코스터가 개시하기를 기다리는 모습 같았다.

저 앞에 프로레슬러 더 록The Rock(드웨인 존슨)이 사인을 해주고 있는 건가 의아했다. 여담이지만 맷과 나는 드웨인 존슨이 시어 스트렝스에 파트너로 참여해주길 꿈꾸곤 했다. 한 번 만난 적은 있었지만 우리의 바람이 실현되지는 못했다. 아무튼 호기심이 커진 나는 줄에 서 있는 사람에게 다가가 물었다.

"저기요, 이거 무슨 줄인가요?"

그는 머리 위를 가리켰다. 한 번도 들어보지 못한 회사의 로고가 보였다. 바로 퀘스트 뉴트리션이었다. 즉시 나는 그 기업에 매료되었다. 퀘스트 뉴트리션은 원래부터 사람들이 줄지어 기다리는 회사는 아니었다. 그러나 몇 년 전에 생긴 이 회사는 벌써 역대 최고 판매를 기록하는 프로틴바를 보유하고 있었다. 나중에야 퀘스트 뉴트리션이 4년 만에 5억 달러 매출을 달성했다는 걸 알게 됐다. 굉장한 성장세였지만 처음부터 그랬던 건 아니었다.

퀘스트 뉴트리션에 깊이 빠졌던 나는 몇 년 후 캐피털리즘 컨퍼런스에 창업자 톰 빌류를 연사로 초청했다. 톰은 처음엔 집 주방에서 제품들을 만들었다고 말했다. 직접 재료를 칼질해가며 만들었던 것이다! 그에겐 제대로 된 론칭 계획도 없었다. 관심 있는 사람들에게 제품 출시 소식을 알리고 운동선수들에게 프로틴바를 무료로 나눠 주었다.

시간이 지나자 소규모의 열성 팬층이 형성되기 시작했다. 이들은 바를 창의적으로 섭취하는 방법을 공유했다. 가령 전자레인지에 돌린 후 으깨어 동그랗게 모양을 잡으면 쿠키처럼 먹을 수 있다. 바를 조각내서

끈적끈적한 프로틴 셰이크에 넣으면 쿠키 도우 같은 맛이 났다. 이 소수의 '굶주렸던' 구매자들은 순식간에 '팀 퀘스트'란 이름으로 뭉쳤다. 톰은 상품을 출시하거나 제품 테스트가 필요할 때면 가장 먼저 팀 퀘스트에게 제품을 제공했다. 이 방법으로 제품이 출시되면 열성적인 팬들이 바로 구매하도록 이끌 수 있었다.

소수의 광적인 팬들이 모여 시작된 팀 퀘스트는 얼마 안 있어 강력한 구매자 집단으로 진화했다. 이들은 제품을 헬스장, 회사로 가져갔고 결국에는 미국 전역의 소매 체인점 선반에까지 제품을 올려놓았다. 이 열정적인 구매자 집단이 퀘스트 뉴트리션의 인지도를 높였고 엄청난 규모의 인수 계약까지 성사시켰다. 2019년 퀘스트 뉴트리션은 10억 달러에 인수됐다.

세상에, 사람들이 내 제품을 구매하려고 저렇게 줄을 선다면 얼마나 좋을까? 무료 샘플을 나눠 주는 걸 봤을 때 이런 생각이 들었다. 그러나 제대로 된 방법으로 제품을 론칭한다면 당신도 분명 경험할 일이다.

이름을 모르는 구매자가 '진짜' 고객이다

처음으로 제품이 판매됐을 때 그 흥분은 영원히 잊히지 않는다. 나 역시 수십 번이나 경험했지만 새로운 비즈니스를 론칭할 때마다 여전히 짜릿한 흥분을 느낀다. 첫 판매가 발생했을 때의 그 기분이란!

12개월간의 프로세스에서 지금 시점에는, 그러니까 판도를 유리하게 조성하는 단계를 넘어 여기까지 온 이상에는 상황을 되돌릴 수 없다.

당연히 의심과 두려움이 있기 마련이다. 정말 가능할지, 한 명이라도 당신의 물건을 사겠다는 사람이 있을지 의구심이 들 것이다. 그러나 사람들이 구매를 시작하면(분명 그럴 것이다) 당신이 상상할 수 있는 가장 확실한 도파민 자극을 맛보게 된다. 첫 주문 알림창이 뜨면 진짜로 주문이 들어온다니, 믿을 수가 없다고 생각한다. 전혀 모르는 사람들의 이름이 구매자로 뜰 때면 더욱 놀라움을 느낀다. 우리 엄마 말고도 내가 만든 것을 좋아하는 사람들이 있다니!

당신이 소셜 미디어에 상품 출시까지의 과정을 기록한 게시물을 읽고 친구와 가족들이 구매를 해주는 것도, 당신이 게시물에 태그했던 마이크로 인플루언서들이 제품을 구매하고 힘을 실어주는 것도 모두 기분 좋은 일이다. 하지만 전혀 모르는 사람들이 제품을 구매하기 시작할 때는 훨씬 큰 기쁨을 느낀다.

그들이야말로 진짜 고객으로 광고 메커니즘을 통해 당신을 발견한 사람이다. 즉 그들은 단순히 페이스북에 누군가 포스팅한 글을 봤을 수도 있고, 아마존 검색 중에 당신의 제품을 발견했을 수도 있다. 이렇게 낯선 사람의 이름을 발견했을 때 당신은 활짝 미소를 지으며 파트너나 어머니, 반려견에게 "진짜로 팔렸어!"라고 말할 것이다. 바로 진정한 비즈니스가 시작되는 순간이다.

구매를 부르는 가장 쉽고 간단한 일

이 단계에서는 모든 판매 하나하나가 소중하며 소셜 미디어에서 공유되는 게시물과 후기 하나하나가 게임의 판도를 바꾸는 잠재력을 지닌다. 처음의 짜릿한 판매 이후 동력이 사라지지 않도록 이때부터 당신은 땔감을 계속 더해서 불길을 살려야 한다. 티끌이 모여 태산을 이루기 마련이다. 모든 고객을 당신의 사람으로 만들어야 하고 팔로어들에게 상상 이상의 노력을 다해야 하며 어떻게든 고객 후기를 받아야 한다.

게리 바이너척에게서 배운 것 중 하나가 바로 한 명 한 명이 소중하다는 것이다. 당신이 남긴 답글이 평생 가는 팬을 만들 수 있고 당신을 칭찬하는 사람 한 명이 커다란 도미노 효과의 시작일 수도 있다. 게리는 오디언스가 그의 콘텐츠 또는 제품을 공유하거나 구매할 때마다 감사를 표한다. 게리처럼 수백만 명의 사랑을 받는 인물이 새로운 비즈니스를 시작하는 단계에서 고된 일을 마다하지 않는다면, 팔로어들에게 항상 감사하는 마음을 갖고 고객을 위해 더욱 노력하는 모습을 보인다면 당신도 마땅히 그래야 한다.

이 단계에서는 한 번의 실수가 그간의 진전을 수포로 만들 수 있다. 나쁜 후기 하나, 제품의 오류 하나로 몇 달을 뒷걸음질할 수 있다. 이런 이유로 이 단계에서는 고객과 팔로어의 신뢰를 쌓아가는 것이 가장 중요하다.

이 모든 일이 너무 부담스럽고 힘들게 느껴진다면 눈덩이는 금세 불어난다는 점을 명심하고 기운을 내기 바란다. 리트윗 하나가 신규 고객 10명을 불러올 수 있다. 제품을 추천하는 영상 한 편이 당신의 인지도를 높여줄 광고가 될 수도 있다. 팟캐스트에서의 언급 한 번이 수천 명의 마니아들에게 당신을 주목하라는 신호가 될 수 있다. 그만큼 이 단계에서는 앞으로 내딛는 한 걸음 한 걸음이 중요하다.

론칭 이후에는 불길을 계속 뜨겁게 유지하는 것이 가장 중요하다. 앞서 판을 유리하게 짜놓았기 때문에 당신은 성공할 가능성이 크다. 출시 전 충분한 이슈를 만들어놓으면 처음 며칠 동안은 매일 꾸준한 판매로 이어진다. 신나면서도 바쁘고 두렵기도 한 감정이 동시에 찾아온다. 그러다 뜨거운 분위기가 사그라지면(보통은 출시 후 2주가 지난 시점이다) 약 50퍼센트 정도 판매량이 감소한다. 이때에 대한 마음의 준비를 해야 한다. 불가피한 일이다. 심장이 떨어질 것 같지만 초반의 열기가 점차 잦아든 후 판매가 감소하는 시기를 누구나 경험한다. 이제부터 진짜 노력을 시작할 때다. 지금까지 해왔던 것처럼 마음을 다잡고 집중해서 계속 나아가야 한다.

당신이 내건 약속을 모두 지키고 고객을 만족시키기 위해 모든 노력을 다하고 판매가 고객 후기로 이어지도록 하라. 그러면 금세 눈덩이가 불어나기 시작해 한 주 한 주 성장세가 달라진다. 처음에는 갖은 애를 써도 판매가 드문드문 발생한다. 그런 뒤 하루에 제품 두어 개가 나가기 시작한다. 그러다 어느 날은 다섯 개가 판매되고 며칠 뒤에는 하루에 10개가 판매되는 식으로 계속 이어진다. 이 시기에는 몸속 도파민이 형언할 수 없을 정도로 널을 뛴다. 말도 안 되게 기분이 좋아졌다가 죽음과도 같은 좌절에 빠졌다가 한다.

출시 후 일주일 만에 하루 10개 판매를 꾸준히 기록하는 사람들도 있지만 비즈니스를 시작하자마자 허우적거리는 이들도 많다. 자신이 원하는 만큼 성과가 보이지 않을 때는 크게 생각하고 싶은 유혹에 빠지기도 한다. 하지만 나는 오히려 좁게 보라고 말하고 싶다. 판매를 발생시키기 위해 할 수 있는 가장 사소하고도 간단한 일은 무엇일까?

예전에 나는 25~50명으로 구성된 소그룹들을 대상으로 일주일에 한 번씩 비즈니스 코칭을 했다. 하루는 켄이란 남성이 고민을 털어놓았다. 친구와 가족들이 제품을 사주고는 있지만 판매 고비를 넘길 수 없다고 이야기했다. 제품을 유행시키기 위해 몇 가지 마케팅 전략을 활용해봤지만 효과가 전혀 없다고 했다.

나는 켄이 고전하는 이유를 단번에 알 수 있었다. 그는 너무 멀리 내다보고 있었다. 하루 한 개를 판매하는 데서 10개를 판매하는 것으로 늘려가지 않고 갑자기 100개 판매를 노린 것이다. 그는 프로세스에 나온 단계를 모두 따르면 하루아침에 제품이 100개씩 팔릴 거라고 생각하고 있었다. 나는 그에게 이렇게 말했다.

"켄, 과제를 하나 줄게요. 다음 주 모임까지 제품 후기 10개를 만들어오세요. 무엇을 어떻게 하든 다음 주 모임까지 후기 10개를 가져오면 돼요."

후기 10개는 그가 충분히 할 수 있는 작은 과제라 생각했다. 크고 복잡한 전략을 내주면 그는 계속 고전하리라.

"고객에게 후기를 받기 위해 뭐든 하세요. 하루에 피자를 세 번 주문해서 배달원에게 당신의 제품을 구매해달라고 설득할 생각이라면 질리게 피자를 먹는 것도 방법입니다. 어찌됐든 후기 10개 없이는 다음 주 모임에 참석하지 마세요."

다음 주가 되자 그는 모임의 마지막까지 기다렸다가 이야기를 꺼냈다. 차례가 되자 그는 침착한 목소리로 그간의 상황을 알렸다.

"내주신 과제는 마쳤습니다."

"잘됐네요. 그래서 어떻게 됐나요?"

"이제는 모르는 사람들이 하루 7~10개를 구매하고 있어요."

참석자들은 축하의 인사를 건네려 했지만 그는 멍하니 내 모니터만 바라보고 있었다.

"이제부터는 어떻게 해야 하죠?"

"계속해야죠!"

그의 성과에 내가 더 신이 나서 들뜬 목소리로 말했다. 아마도 켄은 갑자기 하늘에서 돈이 쏟아지는 상황을 그렸던 것 같다. 그는 진행 상황이 너무 느리다고 느꼈지만 분명 나아가고 있었다. 그의 눈덩이가 굴러가기 시작했다. 그 정도면 제품을 움직이기 충분하고 추진력은 그때부터 커지기 시작한다.

신생 사업가들을 코칭할 때 나는 무엇을 하려 하지 말라고 강조한다. 새로운 마케팅 전략을 세우지 마라, 새로운 직원을 고용하지 마라, 대신 판매를 발생시키고 후기를 받고 오디언스를 형성하는 데 집중하라고 말한다. 켄의 경우에도 나는 그가 머릿속에서 온갖 좋은 아이디어들을 지우고 단 한 가지, 물건을 몇 개 판매하고 이를 후기로 연결시키는 데만 집중하도록 코칭했다.

나도 처음엔 마찬가지였다. 처음 일일 다섯 개 판매의 늪에 빠졌을 때 아무런 도움도 없이 혼자 산을 오르는 기분이었다. 상상할 수 없을 정도로 긴 여정이 될 것만 같았다. 당신도 지금 산을 오르는 단계에 있다. 지치고 힘든 고난의 길을 끝도 없이 올라야 할 것 같은 기분이 들 것이다. 하지만 앞서 판을 유리하게 만들었고 출시 후 당신의 브랜드가 눈덩이를 만들기 시작했다면 생각보다 이 눈덩이는 훨씬 빠른 속도로 커질 것이다. 계속 움직이게만 하면 추진력은 계속해서 커진다.

알고리즘보다 중요한 고객과의 소통

처음으로 한 고객이 재구매를 했던 순간을 아직도 또렷하게 기억한다. 제품을 구매한 고객이 다시 방문해서 세 개나 더 구매한 것이다. 나는 궁금함을 참지 못하고 그에게 전화를 걸었다.

"안녕하세요. 저는 라이언입니다. 아마존에서 우리 제품을 구매하셨는데 어떻게 이 상품을 찾으신 건지, 어떻게 생각하시는지 여쭤보고 싶어서 전화 드렸습니다."

"라이언, 그쪽 제품 정말 마음에 듭니다."

통화를 녹음했다면 좋았을 뻔했다. 최고의 고객 추천사가 되었을 테니까! 그때의 기분만큼은 앞으로도 절대로 잊지 못할 것 같다. 누군가 내 브랜드를 마음에 들어 하고 재구매를 한다는 것을 안 순간 모든 것이 완전히 달라졌다. 비즈니스란 상품이 아니라 사람을 상대로 하는 일이라는 사실이 그냥 머리로만 알고 있을 때와 다르게 새삼 가슴 깊이 와 닿는 순간이었다.

수많은 인터넷 사업가들이 편법을 써야 한다는 생각에 알고리즘, 숫자, 머신 최적화를 뿌리내리는 데 일조했다. 하지만 사업은 사람들을 대상으로 마케팅을 하고 사람들과 소통하는 것이다. 이 사실을 진정으로 이해할 때 훨씬 효과적으로 마케팅을 할 수 있다. 이 사실을 이해하면 고객들이 남긴 추천 글을 수집하고 후기에(나쁜 후기라도) 응답하며 고객들과 좀 더 개인적인 관계를 형성하고자 노력하게 된다. 판매란 단순히 거래가 아니라 관계임을 깨달을 것이다. 비즈니스를 이론이 아닌 현실로 인식하는 순간이다.

완벽한 론칭은 없다

시작과 동시에 모든 것을 완벽하게 해내서 대단한 성공을 거둔 사례를 찾아보려고 해봤지만 수백만 달러의 자금을 지원받은 대형 브랜드 외에는 전혀 떠오르지 않았다. 출시의 목적이 곧장 떠들썩한 인지도를 얻는 데 있는 게 아니라 우선 시작의 발걸음을 떼는 데 있기 때문이다. 내 프로세스에 따라 100만 달러 비즈니스 오너가 되었던 수백 명의 사람들은 빈손으로 시작해서 갖은 노력 끝에 간신히 출발선에 올랐다. 그리고 출시 후 보통 정도의 성과에서부터 성장하기 시작했다. 출시는 이들이 성장하기 위해 필요했던 추진력을 얻는 계기였다.

내 멘티인 앤서니의 첫 상품은 아기 띠였다. 그는 파산했던 상황에서 아이들과 함께할 시간도 없이 세 가지 일을 동시에 하며 버티다 마침내 첫 번째 제품을 출시했다. 그리고 1년 6개월 만에 그는 전업 사업가가 되었다.

이렇게만 설명하면 그가 굉장히 성공적으로 제품을 론칭해서 곧장 수백만 달러를 벌어들였다고 추측하기 쉽다. 하지만 그렇지 않았다. 출시만 제대로 하면 자동적으로 전국 곳곳에서 제품이 팔려나갈 거라고 오해하는 사람들을 자주 본다. '하나, 둘, 중간은 건너뛰고 출시 끝. 이제 백만장자다'라고 생각하는 것이다. 그러나 이는 틀린 생각이다. 출시는 프로세스의 초기 단계일 뿐이다. 판매와 추진력이 있어야 성장할 수 있다. 당신은 여전히 그라인드 단계라는 걸 기억해야 한다.

앤서니는 멋지게 론칭에 성공했지만 사실 그의 최대 강점은 프로세스에 체계적으로 접근했다는 것이었다. 그는 3~5가지 상품을 이미 염두에 두고 있었다. 그리고 출시에 앞서 판을 유리하게 조성하는 것도 잊지 않았다. 상품을 하나 출시한 뒤 불씨를 계속 키웠고 두 번째, 세 번째, 네 번째, 다섯 번째 제품이 나올 때마다 일련의 과정을 신중하게 반복했다. 어느 한 과정을 건너뛰어도 안 되고 출시에 모든 것을 걸어서도 안 된다. 가장 화려한 일만이 아닌 모든 단계를 충실히 이행할 때 성공이 찾아온다.

세계 최대의 마켓플레이스, 아마존

킥스타터나 쇼피파이에서 제품을 출시하는 경우도 있지만 대다수의 사업가들은 아마존에서 최고의 기회를 발견한다. 세계에서 가장 큰 마켓플레이스인 아마존은 기업가치가 1조 달러에 이른다. 이 책에서 소개하는 프로세스는 플랫폼 어느 곳에나 적용할 수 있지만 초보자의 경우 아마존에서 판매하는 것만큼 쉽고 간단한 플랫폼이 없다.

출시 후 당신의 브랜드가 추진력을 쌓아갈 때 아마존은 당신에게 사회적 검증과 무료 고객이라는 보상을 해준다. 그리고 당신이 아마존에 고객을 불러올 수 있다는 점을 증명한 후에는 아마존이 마케팅 기계가 되어 수백만 명의 잠재 고객 앞으로 당신을 데려가준다. 검색어 상위에도 오르기 시작한다. 아마존 광고 페이지에 무료로 오를 기회가 생길지도 모른다. 구매전환율을 높이는 '신상', '인기 신상', '베스트셀러'라는 딱지가 붙기도 한다. 마지막으로 고객 후기가 쌓이기 시작하면 여기서 브랜드의 성패가 판가름 날 수 있다.

얼마 전 내 멘티인 네이선은 출시 후 3개월 만에 일일판매량 60개를 뛰어넘었다. 어떻게 그렇게 했을까? 그는 이 책에 나온 프로세스를 그대로 따랐다. 무엇이 그렇게 만들었을까? 아마존이라는 마케팅 기계가 그의 제품을 알아보고 유리한 방향으로 도움을 주었다. 아마존에서 '함께 자주 구매하는 상품'이라고 적힌 섹션을 본 적이 있을 것이다. 친구들이나 다른 사람들이 당신의 제품을 구매할 때 아마존은 이들이 바로 전에 어떤 상품을 구매했는지 분석한다. 이 마케팅 기계가 개입하기 시작하면 당신의 제품을 다른 유사한 제품과 함께 올려준다. 말 그대로 무료 광고인 셈이다.

다음 장에서 다루겠지만 아마존에서 좀 더 눈에 띄기 위해 활용할 수 있는 방법이 몇 가지나 있다. 그런데도 사람들은 아마존이 사업의 방향을 결정하도록 내버려두는 실수를 저지르곤 한다. 즉 아마존에서 잘 팔릴 것 같은 제품을 출시한다. 이는 주객이 전도된 것이다. 먼저 고객을 위한 비즈니스를 만들고 난 뒤 아마존의 편리성과 시장의 규모를 이용해 다른 사안들을 쉽게 처리해야 한다.

아마존에서 물건을 판매할 때 누릴 수 있는 가장 큰 기회는 바로 이 플랫폼이 성장 동력을 제공한다는 데 있다. 동력을 쌓을수록 속도는 더욱 빨라진다. 그렇다면 동력을 어떻게 구축할 수 있을까? 오디언스에게 애정을 갖고 후기를 쌓고 고객과 관계를 형성하는 것이다. 당신의 제품을 구매하는 사람들과 정직하게 소통하는 것의 중요성을 결코 가볍게 봐서는 안 된다. 어떤 사람들은 돈을 주고 구매한 가짜 후기로 분위기를 유리하게 이끌 수 있다고 생각한다. 이런 계략은 정작 무엇이 중요한지 이해하지 못한 것이다. 당신은 단순히 제품을 판매하는 것이 아니라 브랜드를 만들려는 것이다. 알고리즘을 조작하는 데 치중한다면 정말로 중요한 당신의 고객들에게 집중할 수 없다.

때문에 나는 누군가가 '아마존 비즈니스'를 하고 있다고 말하면 조금 언짢아지기도 한다. 아마존 비즈니스가 아니다. 아마존에서 제품을 판매하는 비즈니스를 하는 것이다. 때로 당신은 아마존에서 비슷한 비즈니스를 운영하는 사람들과 자신을 비교하며 그와 같은 직접적 경쟁자들을 따라 가격을 정하고 심지어 다음 상품까지 결정하기도 한다. 신생 사업가가 가장 이해하지 못하는 점이 이것이다. 경쟁자들은 결코 당신이 생각하는 것만큼 중요하지 않다.

올림픽에서 마이클 펠프스가 채드 르 클로스를 꺾고 또 하나의 금메달을 걸기 직전의 모습을 찍은 사진을 본 적이 있는가? 옆 레인의 르 클로스는 펠프스가 0.5초도 안 되는 차이로 자신을 앞지르는 모습을 바라보고 있다. 그 사진에는 이런 문구가 새겨져 있다.

'승자는 승리에 집중한다. 패자는 승자에게 집중한다.'

비즈니스에서는 고객에게 집중할 때 승리한다. 승자를 이기는 데 집중한다면 기껏해야 가격 전쟁에 빠져 바닥 치기 경쟁을 하게 된다. 당신은 당신의 게임을, 경쟁 업체들은 그들의 게임을 하며 시스템이 알아서 자리를 잡으리라고 믿어야 한다. 사실 내가 소개한 프로세스를 제대로 따르기만 한다면 경쟁에 대해서는 생각조차 하기 어렵다. 고객과 직접 소통하고 훌륭한 상품을 만들고 고객이 만족스러운 경험을 하는 데 최선을 다하느라 정신없이 바쁠 테니 말이다.

재고가 0이 되면 사업을 리셋하는 것과 같다

이 단계에서는 판매와 고객 후기, 고객 만족도에 온 신경을 쏟아부어야 한다. 그렇게 보유한 상품을 모두 판매하고 나면 어떤 일이 벌어질까? 재고가 없는 상황에 처한다. 제품이 없으면 어떻게 될까? 자칫하면 사업을 접어야 할지도 모른다. 제품이 처음으로 판매되는 상황에 너무 흥분한 나머지 재고를 추가 주문해야 한다는 사실을 까맣게 잊을 때가 있다. 판매할 상품이 없으면 사업을 운영한다고 볼 수 없다. 판매를 할 수 없다면 수익을 창출할 수 없다.

당신이 생각하는 것보다 빠르게, 당신이 언제까지는 괜찮겠다고 생각하는 일정보다 이르게 재주문을 고려해야 한다. 보통은 이렇게 생각하기 쉽다. '음, 500개가 있고 하루에 다섯 개 씩 판매되니까 아직 100일 정도 여유가 있네.' 그러나 긍정적인 고객 후기가 몇 개 생기고 순식간에 판매량이 하루 10개로 상승하면 50일을 버틸 재고밖에 없다. 당신이 일을 열심히 한다면 얼마 지나지 않아 재고는 10일치밖에 남지 않을 것이다. 이런 식으로 숫자가 줄어들다 결국 0이 되고 만다.

때문에 초기에 수용할 수 있는 최대로 상품을 주문해둬야 한다. 그리고 여유가 생기면 바로 재주문을 넣어야 한다. 내 전략은 가능한 한 일찍, 가능한 한 빨리 추가 주문을 하는 것이다. 내 경험상 제품이 생명력이 있다는 점을 확인하는 순간 곧장 다음 재고를 주문해야 한다. 예를 들면 제품 출시를 마친 후나 하루 10개 판매를 넘어선 후에는 추가 주문을 고려하기 시작해야 한다.

앞에서 언급했다시피 나는 직접 경험했던 일이기 때문에 물건이 품절되는 사태야말로 최악의 상황임을 잘 알고 있다. 내게만 벌어진 일이라고 말할 수 있으면 좋겠지만 사실 많은 비즈니스에서 비슷한 상황이 벌어진다. 어느 날 당신에게도 슬그머니 닥칠 수 있는 일이다.

나는 제품이 품절될 때마다 처음부터 다시 시작하는 기분을 느꼈다. 분위기도 다시 조성해야 했고 그간 쌓아왔던 추진력을 모두 잃곤 했다. 다행히 품절 사태를 겪었지만 며칠 만에 동력을 다시 회복했던 제품도 있었다. 물론 다시는 동력을 얻지 못했던 제품도 있었다. 이는 마치 해서는 안 되는 도박과 같아서 재고가 소진되는 일이 없도록 계획을 잘 세워야 한다.

어쩌다 창고가 텅 비는 상황이 벌어졌다면 사람들을 대기자 명단에 올려도 괜찮다. 다만 지금까지의 프로세스를 처음부터 다시 실행해야 하고 무엇보다 고객들과 소통을 반드시 해야 한다.

언젠가 인스타그램에서 봤던 프로틴 시리얼을 구매한 적이 있었다. 주문을 마치고 결제까지 완료한 뒤에 재고가 없어 배송이 늦어질 예정이라는 이메일이 한 통 도착했다. 이런 식으로 해서는 안 된다. 재주문한 재고가 입고되길 기다리는 상황이라면 상품 페이지에 해당 내용을 기재해야 한다. 이 공지 덕분에 오히려 매출이 늘어날 수도 있다. 수요가 많다는 건 상품을 검증하는 역할을 할 뿐 아니라 어쩌면 가격 인상을 정당화하는 구실이 될 수도 있다. 그리고 고객들이 기다려준다면 문제없이 제품을 판매할 수 있다. 고객들이 기다리지 못한다 해도 제품이 언제 입고될지 관심을 가질 확률이 높다. 중요한 건 고객들이 정보를 모두 아는 상태에서 직접 결정을 하게 해야 당신의 브랜드가 상술을 부리는 이미지로 낙인찍히지 않는다는 점이다.

고객과의 커뮤니티를 만들어라

처음으로 매출이 발생하는 걸 보면 신이 나고 이렇게만 성장세를 유지한다면 돈을 어느 정도 벌지 계산하는 재미도 크다. 하지만 '사람 비즈니스'를 하는 이상 당신만 생각하는 실수를 저질러서는 안 된다. 물론 멋진 제품을 만든 것도, 그간 갖은 노력을 다한 것도 당신이지만 이제 제품의 운명은 사람들의 손에 달려 있다. 이 초기 고객들은 후기를 남기고 주변 사람들에게 소문을 내는 열성적인 팬이 될 수도 있지만 비즈니스의 엔진을 멈추는 원인이 될 수도 있다. 상품이 판매된 후 이 고객들 중 몇 명은 후기를 남길 수 있다는 점을 유념하며 모든 고객을 귀하게 대해야 한다.

이때가 사업가들의 질문이 쏟아지기 시작하는 지점이다. "리뷰는 어떻게 받나요?" "언제 받아야 하나요?" "리뷰가 몇 개 필요할까요?" 생각해보자. 리뷰는 몇 개 필요할까? 0개다. 리뷰가 없던 시절에도 큰돈을 번 사람들은 많다. 리뷰를 몇 개 원해야 할까? 간단하다. 가능한 한 많아야 한다.

수천 개의 후기가 쌓인 수백만 달러의 상품들도 있지만 후기가 고작 100개임에도 수백만 달러를 벌어들인 상품도 있다. 나는 후기는 많을수록 좋지만 이것이 구매 의사를 확정하는 용도이지, 구매 이유가 될 수는 없다고 생각한다. 아마존 셀러들 대부분이 좋은 제품을 만들고 고객 응대에 힘쓰기보다는 다른 업체들보다 더 많은 후기를 쌓는 데만 집중하는 오류를 범한다. 고객 후기도 중요하지만 제품 3~5가지를 만들고 평균 가격 30달러로 하루에 25개씩 판매해야 한다는 100만 달러 비즈니스 공식보다는 중요하지 않다. 이렇게만 하면 수백 건의 고객 후기는 필요하지 않다. 사람들이 무난한 제품이라고 생각할 정도의 개수면 충분하다.*

제품 출시 전부터 형성해온 커뮤니티에서 지속적으로 소통하는 것이 후기를 보장하는 판매를 발생시키는 가장 좋은 방법이다. 사업의 성장과 당신의 비즈니스가 만들어내는 영향력에 대해 지속적으로 기록하라. 사람들이 소셜 미디어에 올린 제품 사진도 계속 공유해서 이런 자료들을 커뮤니티에 올려 눈에 띄게 만들어야 한다. 이런 활동을 통해 당신의 커뮤니티를 꾸준히 만들어가라.

당신이 받은 후기를 자축하며 화면을 캡처해 소셜 미디어에 올려라. 후기를 남긴 고객들에게 깜짝 선물을 보내라. 소셜 미디어에서 당신의 제품에 대해 말하는 사람들에게 접근하라. 장기적으로 이런 관계가 쌓여 100만 달러가 된다. 이 사람들에게 올인해야 한다. 고객을 향한 헌신과 관심이 결국에는 당신을 돕는 힘으로 돌아온다는 사실을 기억하라. 이들이 남긴 제품 후기가 경쟁 업체들 속에서도 무조건 당신을 택하는 강력한 커뮤니티를 조성한다.

그런 후에 한 번씩 이렇게 물어볼 수 있다. "우리가 최근 새로운 상품을 출시해 판매를 시작한 지 2주 정도 되었습니다. 이 글을 보실 즈음이면 아마도 재고가 소진됐을지도 모르겠어요! 더 많은 사람에게 제품 소

---

* 참고로, 아마존의 검색 결과는 후기가 아니라 구매전환율에 크게 좌우된다. 후기가 구매전환율에 영향을 미치긴 하지만 결과적으로 중요한 것은 전환율이다. 이것이 묘미다. 이론적으로는 경쟁사보다 긍정적인 후기가 많다면 판매량도 높고 구매전환율도 높아야 한다. 하지만 다른 업체들 사이에서 당신을 선택하는 오디언스가 있다면 압도적인 양의 후기가 없다고 해도 전환율이 상승한다. 호응도 높은 오디언스가 구매전환율을 높이고 그 결과 아마존에서 순위도 올라가는 것이다.

식을 알리고 우리의 메시지를 전달하며 요가(또는 크로스핏, 선글라스, 파인 애플 먹기 등 당신의 커뮤니티가 속한 분야)를 더욱 널리 소개하기 위해서는 고객 후기가 간절한 상황입니다. 우리 제품을 써보셨고 마음에 드셨다면 아마존(쇼피파이, 월마트닷컴 등 물건을 판매하고 있는 플랫폼)에 후기를 남겨주시기 바랍니다."

첫 몇 개월간 수십 건의 후기만 확보해도 하루에 25~30개의 판매가 가능하다. 100만 달러짜리 상품은 아닐지라도 하루에 25개 판매는 가능할 것이고, 지금 현재로서는 이 정도의 판매량이 당신이 달성해야 하는 단 하나의 목표다. 그러고 나서 지금까지의 프로세스를 반복하면 된다. 하루 25개 판매만 발생시키면 된다는 점을 명심하길 바란다. 지금은 여기에만 집중하고 마켓플레이스에서 당신의 제품이 수익성이 있음을 입증했다면 두 번째, 세 번째, 네 번째 제품을 출시한다. 그렇게 100만 달러를 향한 여정을 계속해나가는 것이다.

하지만 어쩌면 제품 출시만 잘해도 곧장 100만 달러에 이를지 모른다. 베스트셀프BestSelf Co.의 공동 창립자 캐서린 레이버리가 바로 그런 경우였다. 베스트셀프는 사람들이 더욱 효율적이고 생산적이며 높은 집중력을 발휘할 수 있도록, 즉 최고의 자신을 스스로 발견하도록 돕는 사업이다. 캐서린이 처음부터 이 비즈니스를 하려고 했던 것은 아니었다. 본인이 겪고 있던 문제를 해결하는 과정에서 의도치 않게 탄생한 결과물이었다.

"당시만 해도 저랑 파트너가 함께 운영하는 비즈니스가 있었어요. 그와중에 아마존 비즈니스도 시작한 거죠. 아마존에는 그다지 신경을 쓰지 않았어요. 소금, 후추통 등 그리 중요하지 않은 잡다한 상품들을 판매했죠. 너무 이것저것 손대고 있었어요. 상황을 체계적으로 정리할 프레임워크가 필요했죠. 우리 둘 다 몰스킨 노트에 이것저것 빼곡히 적으며 함께 머리를 맞대고 그날그날 계획을 세우는 과정을 좋아했어요. 그러다 보니 더 예쁘고 기능적인 생산성 프레임워크를 개발하자는 결론에 이르렀죠. 제가 디자인을 맡았고 파트너인 앨런이 시제품을 만든 후 출시하기로 했죠."

캐서린은 곧장 킥스타터에서 출시하려고 했지만 앨런이 반대했다.

"앨런은 제품을 정식으로 출시하길 원했고 저는 킥스타터를 활용하고 싶었던 터라 서로 합의해서 킥스타터에서 제품을 출시하기로 했어요. 크라우드 펀딩에는 시간제한이 있다는 점이 큰 힘을 발휘하죠. 자신이 원하는 상품이나 아이디어를 발견한 고객들은 정해진 기한 내에 얼마의 돈을 모으지 못하면 원하는 것을 얻지 못한다는 커다란 카운트다운 시계를 마주하거든요. 또 킥스타터에는 제품을 후원하는 걸 좋아하는 쇼퍼들이 모여 있어요. 1,500만 명의 후원자가 있고 그중 3분의 1 이상이 여러 제품을 주기적으로 후원해요."

여느 브랜드와 마찬가지로 캐서린에게도 상품 개발은 수많은 수정을 거듭하는 길고 긴 여정이었다.

"고객의 의견을 경청했어요. 저널을 무료로 배포하고 사용자 경험을 피드백 받았습니다. 제품 개발 과정에 참여한 사람들은 일종의 주인의식을 갖고 기업의 성공에 일조했다는 기분을 느꼈죠."

캐서린은 미디엄닷컴Medium.com에 올린 콘텐츠를 바탕으로 석 달간 이메일 리스트를 만들며 사전에 판도를 유리하게 형성해나갔다. 킥스타터를 시작하던 날 아리아나 허핑턴이 트윗을 올리는 엄청난 행운 덕분에 인지도를 크게 높일 수 있었다. 결국 베스트셀프의 셀프 저널은 킥스타터에서 22시간 만에 후원금을 달성하는 기염을 토했다. 킥스타터의 플랫폼에서 눈에 띌 수 있는 방향으로 리워드를 설정한 것도 성공을 이끈 요인이었다.

"킥스타터는 총 후원 금액보다 참여 인원에 더 비중을 두는 알고리즘이에요. 예를 들어 500달러를 10명이 후원하는 것과 5달러를 1,000명이 후원하는 것은 총 후원금이 같지만 후자가 훨씬 많은 관심을 받는 거죠. 우리는 이 전략을 이용했어요. 1달러짜리 리워드도 포함시켰고 결국 플랫폼에서 높은 순위를 차지할 수 있었죠."

얼리버드 리워드 역시 더 많이 노출될 수 있는 비법이다.

"자금을 빨리 모으는 비결은 바로 목표 금액만큼 얼리버드 리워드를 설정하는 거예요. 사람들은 빨리 구매한 덕분에 특별한 보상을 받는 걸 좋아하거든요. 우리는 자금을 빨리 마련해서 좋고, 사람들 눈에도 성공한 프로젝트로 보일 뿐 아니라 알고리즘상으로도 이점을 누리죠. 우리는 목표 금액을 달성하기 위해 얼리버드 200명만 있으면 되었어요. 이틀 안에 달성할 수 있었죠. 그리 많은 사람이 참여한 게 아닌데도 말이죠."

킥스타터의 유기적인 트래픽이 굉장한 역할을 한다는 걸 잘 알았기에 두 사람은 이 플랫폼 내에서 동력을 만드는 데 매진했다. 프로젝트 후원자 중 3분의 1은 킥스타터를 둘러보다가 우연히 베스트셀프를 발견하고 참여한 이들이었다. 두 사람이 아무것도 하지 않고도 얻은 오디언스였다. 킥스타터에 출시 당시 이들은 '사전 예약 주문' 버튼을 페이지에 마련했고 이를 위해 트래픽을 운영하거나 달리 노고를 들이지 않았다. 며칠 후 데이터를 확인한 캐서린은 킥스타터에서 며칠 동안 들어온 주문량이 아마존에서의 월 판매량보다 세 배 더 높다는 걸 발견했다. 그녀는 앨런에게 전화를 걸어 아마존 비즈니스로 다시 돌아갈 수 없으며 베스트셀프에 집중하고 싶다고 털어놨다. 앨런도 동의했다.

"좋아요. 그럼 그 비즈니스는 접는 걸로 하죠."

"음, 아니요. 그 사업은 파는 게 좋겠어요."

그렇다. 떠나면서 굳이 불을 붙이고 나올 필요는 없다. 두 사람은 베스트셀프와 킥스타터 캠페인에 매진했다. 그러던 중 제품이 푸부의 CEO이자 〈샤크 탱크〉 투자자 데이먼드 존의 눈에 띄었다. 50만~60만 달러를 기록하던 베스트셀프는 7개월 만에 100만 달러 비즈니스로 성장했다. 킥스타터와는 무관한 성과였다.

"제품 범위를 확장했어요. 저널을 구매하는 사람들이라면 생산성 향상을 위한 다른 제품도 구매한다는 사실을 알게 됐죠. 〈샤크 탱크〉에 나온 몇몇 비즈니스를 보면서 이런 생각을 했던 게 떠올랐어요. 저건 '비즈니스가 아니라 상품이잖아.' 우리는 그런 비즈니스를 하고 싶지 않았기에 제품군을 다양화하는 데 집중했어요."

캐서린의 사례는 좋은 제품이 있고 고객 응대를 잘하고 사전에 판을 유리하게 조성해서 론칭까지 성공한다면 처음 예상했던 것과는 다를지라도 결국에는 큰 성공을 거둔다는 사실을 보여준다.

하나를 팔았다면 이제 반은 왔다

이 단계까지 온 사업가들에게 100만 달러까지 이제 반 정도 왔다고 말하곤 한다. 하지만 아무도 내 말을 믿지 않는다. 그러니 잠시 시간을 할 애해서 당신이 꽤 멀리까지 왔음을 알려주고자 한다. 당신은 첫 100만 달러 고지까지 반이나 왔다.

물론 이렇게 되물을 수도 있다. "어떻게 그럴 수가 있죠? 이제 막 상품이 나가기 시작했는데요! 지금 50만 달러도 못 벌고 있다고요!" 지금은 그 말이 사실이겠지만 앞으로 눈덩이가 얼마나 빠르게 굴러가는지 목격할 것이다. 지금까지는 결정을 내리고 제품을 준비하고 판매를 하는 과정이었다. 즉 그라인드 단계였다.

이제 우리는 판매량이 눈덩이처럼 불어나는 그로스 단계에 진입했다. 사람마다 다르지만 이 시기에 진입하고 6개월 후 첫 100만 달러를 접하는 사업가들이 많다. 다시 말하지만 어쩌면 당신도 100만 달러 달성까지 반이나 왔는지 모른다.

몇 개월 전만 해도 당신은 여정을 시작조차 하지 않은 상태였다. 무엇을 판매하고 싶은지도 정하지 못했다. 하지만 지금 당신은 제품을 출시했고 판매를 발생시켰고 곧 있으면 재구매 고객과 주변의 추천을 듣고 온 고객도 생긴다. 그렇다. 당신은 얼마 안 가 100만 달러 비즈니스를 이뤄낼 것이다.

한두 제품을 출시한 후 제법 빠르게 100만 달러로 향하는 사람을 여럿 봤다. 곧장 시스템이 가동되는 것이다. 그리고 서너 달 안에 하루에 100개 판매를 달성해 100만 달러 문턱을 훌쩍 뛰어넘는다. 이렇게 빠른 속도로 달성할 수 있는 목표지만 누구나 제로에서 시작한다. 누구나 자기 자신을 의심하는 것부터 시작한다. 모든 사람이 이게 정말 가능한 일인지 의구심을 품는다.

그러나 이 프로세스를 따르고 고객에게 충실하고 수익이 점점 불어 나는 걸 지켜보고 있다면 당신도 내 프로세스를 따른 수백 명의 사람들처럼 100만 달러 비즈니스를 만들 수 있다. 어쩌면 10억 달러 비즈니스가 될지도 모른다. 하지만 지금은 10억 달러는 잊고 매일 25개 판매를 발생시키는 일에만 집중해야 한다. 그 방법을 배우기 위해 계속 이 책을 읽어나가기 바란다.

판매 상승과 규모 확장의 차이를 깨닫고
정체기를 극복하다

2013년 말 케빈 파스코와 제러미 셔크는 밴쿠버에 위치한 네스티드 내추럴스Nested Naturals를 공동 창립했다. 이들은 2014년 여름에 천연 수면유도제인 루나Luna와 캐나다 메이플 시럽, 이렇게 두 제품을 출시했다. 처음에는 보조제뿐 아니라 건강식도 함께 판매할 계획이었으나 메이플 시럽과 수면유도제를 아우르는 브랜드를 설립하는 것이 어려웠다. 판매 수치를 확인한 이들은 이내 건강 보조제에만 집중하기로 했다.

두 사람은 가족들에게 돈을 빌려 회사를 운영했다. 제러미가 모친에게 빌린 1만 달러 대부분이 상품을 주문하는 데 쓰였고 그 외에 상표 디자인과 회사 웹사이트를 만드는 등 초기 비용에 투입됐다. 사업이 성장하면서는 케빈의 어머니에게도 1만 달러를 빌렸다.

케빈과 제러미는 한 가지 원칙을 고수해 제품을 만들었다. 바로 양질의 재료를 사용하겠다는 원칙이었다. 두 사람은 천연 성분과 유기농 성분, 유전자 변형을 하지 않은 성분으로 만든 정직하고 투명한 제품을 원했다. 그어떤 인공 성분도 첨가되지 않은 제품이 브랜드의 핵심이었다. 당시만 해도 두 사람은 몰랐지만 말이다. 아마존에 출시하자마자 수면유도제 루나의 첫 판매가 발생했다. 단 한 건의 판매에 케빈과 제러미는 크게 흥분했다.

"세상에! 우리 제품을 누군가 진짜로 사갔다고? 이 말만 계속 했어요. 물론 그게 목표였지만 정말로 그 목표가 이뤄졌다니 믿을 수가 없었죠."

형성된 고객층도 없었고 상품을 홍보하는 광고도 하지 않았기 때문에 처음에는 판매 상승세가 더뎠다. 두 사람은 아마존과 자사 웹사이트에 루나를 내걸고 그날그날의 일에 집중했다. 그리고 제러미는 백룸에 가입해서 낯선 비즈니스 세계를 공부했다. 이미 인터넷 마케팅과 온라인 비즈니스, 마케팅에 정통했던 그였던지라 빠르게 배울 수 있었다. 그는 성공하기 위해 무엇이든 하겠다는 마음으로 네스티드 내추럴스를 시작했고 이런 마인드셋 덕분에 계획보다 빨리 성공할 수 있었다.

굳건한 정신과 마인드셋 그리고 그들이 중요하게 여기는 가치에 충실했기에 네스티드 내추럴스는 열성적인 팬과 고객층을 거느린 브랜드로 성장했다. 사업이 성장하며 케빈과 제러미는 소셜 미디어에서 오디언스를 만들기 위해 다양한 방법을 시도했다. 쿠폰을 나눠 주기도 하고 제품 병에 URL을 인쇄해 고객을 자사 웹사이트로 이끌기 위해 노력했다. 고객 정보나 이메일을 얻으면 직접 리스트에 추가하며 챙겼다.

초기에 두 사람이 겪은 가장 큰 문제 중 하나는 재고 소진 사태였다. 그들은 이 일을 무려 여섯 번이나 경험했다. 지급할 수 있는 금액에 맞춰 재고를 주문했던 탓에 재고보다 초과해서 판매되는 상황이 벌어졌다. 본인 자금으로만 운영하는 비즈니스에서 겪는 성장통이다. 공급업자와 협상하기가 어려웠고 두 달 치 재고가 한 달 만에 소진됐을 때는 그야말로 패닉이었다.

그럼에도 불구하고 몇 차례 세일즈 사이클을 경험한 후에는 점차 빠른 속도로 상황이 나아지기 시작했다. 마침내 필요한 만큼의 재고를 주문할 수 있을 정도로 현금 보유량이 충분해졌다.

"3개월 차에 접어들자 우리가 예상했던 것보다 판매량이 훨씬 많아졌습니다. 하루에 10~20개 정도 판매했던 것 같아요."

두 사람은 첫해 100만 달러 매출을 달성했다. 대부분이 루나에서 발생한 것이었다. 9~10개월 차가 되자 매출은 하루 몇천 달러를 넘어섰다. 이들은 상당히 특이하고도 흔치 않은 입장에 처했다. 브랜드 내에서 다양한 상품을 판매하려 했지만 루나의 판매량이 너무 많은 나머지 새 제품 출시는 고사하고 루나의 성장을 쫓아가기도 벅찼던 것이다.

"회사를 제대로 운영하기 위해서는 기존의 생각을 완전히 뒤집어야 한다는 것을 깨달았습니다."

두 사람은 원래 수익을 반으로 나눠 갖기로 했다. 그러나 외부 투자를 원치 않는 상황에서 수익을 재투자하지 않으면 사업을 성장시키기 어렵다는 걸 깨달았다. 그래서 이들은 최대한 허리띠를 졸라매고 생활하기로 했다. 첫해 동안은 겨우 생활만 가능할 정도인 2,000달러씩만 월급으로 가져갔다. 수익은 모두 새로운 제품을 출시하고 판매하는 데 투자했다.

두 번째로 나온 제품은 영양식 음료용 채소 파우더인 슈퍼 그린스였다. 네스티드 내추럴스라는 브랜드를 확립하고 다양한 천연 보조제를 취급하는 회사로 변모하기 위해 라벨 디자인에 특히 신경 썼다. 각 제품마다 고유의 브랜딩과 라벨과 색을 각각 달리하는, 필요 이상으로 노고를 요하는 접근법을 택한 것이다. 제품마다 모양도, 느낌도 다르게 제작해서 마치 각각 다른 브랜드처럼 느껴지게 했다.

이런 차별화된 디자인은 곧 사람들의 이목을 끌었다. 하지만 이것이 문제가 됐다. 사람들은 제품들이 전부 다른 회사의 제품이라고 생각했다. 네스티드 내추럴스를 아는 사람들마저도 이 회사가 다른 회사 제품을 판매하기 시작했다고 생각할 정도였다. 통일된 브랜드 이미지를 만들어야 했다. 케빈은 소비자들이 변화에 반발할까 봐 걱정했지만 그 어떤 불만 사항도 접수되지 않았다.

"우리가 한 가지 느낀 점은 오너보다 브랜딩에 대해 꼼꼼하게 분석하고 고민하는 사람은 없다는 겁니다. 브랜딩은 중요하지만 사실 고객은 우리만큼 신경 쓰지 않거든요."

연매출이 250만 달러에서 300만 달러가 되자 두 사람은 사무실을 차리고 직원을 고용했다. 더욱 크고 빠르게 성장하기 위해 필요한 일들을 하고 싶었다. 전통적으로 건강 보조제를 판매해온 브랜드들은 보통 500여 가지의 상품을 보유하고 있지만 두 사람은 고작 10개뿐이었다. 한때는 이들의 경쟁자였지만 백룸에서 이들과 가장 먼저 친구가 된 이가 멋진 조언을 해주었다.

"혼자 힘으로는 할 수 없어요."

케빈과 제러미는 인력을 충원하기 시작했다. 논의 끝에 원격으로 근무하는 것은 별로라고 생각하고 사무실을 차리기로 결정했다.

"한 공간에 모여서 일하는 쪽이 의사소통도 원활하고 조직 문화를 만들어가는 데도 좋습니다. 직원들에게도 더 많이 투자할 수 있죠. 물론 옳은 선택이었지만 비용은 엄청 들었습니다."

밴쿠버의 무시무시한 임대료를 피해 신축 빌딩이 아닌 100년 된 건물에 사무실을 차렸다. 사무실을 연 첫해에는 사업이 정체기를 맞았다. 판매가 조금도 늘지 않았다. 케빈은 집중력을 잃은 탓이라고 여겼다.

"그해에 너무 이것저것 손을 대고 있었어요. 소매에 입점해야 할까? 아니면 도매로 가야 할까? 페이스북에서 판매를 해야 할까? 이런 식이었죠. 다시 초심으로 돌아가야 했습니다."

다시 핵심 능력에 집중해 아마존에서 천연 보조제를 판매하기 시작하자 사업이 성장하기 시작했다. 3년이 지난 지금은 규모가 네 배나 커졌고 월 매출 100만 달러를 기록했다. 정직원은 15명이며 그 외에 재택근무를 하는 계약직 사원도 몇 명 두고 있다.

케빈은 처음 시작할 때 할 수 있고 또 해야만 하는 일들이 사업 규모가 커진 후에는 불가능해진다고 말했다. 처음에는 다양한 실험도 할 수 있고 브랜딩에 변화를 줄 수도 있으며 심지어 회사명을 바꿔도 된다.

"가능한 한 빨리, 서둘러 성장하는 게 아니라 시작하는 단계부터 제대로 해야 순조롭게 규모를 키울 수 있습니다."

제품 한 개에서 10개로 확장하는 과정에서 재고 관리를 책임지는 사람을 두는 것 또한 확장만큼이나 중요하다. 경력만 있다면 처음에는 파트타임 계약직을 두어도 된다. 또한 사업을 시작할 때 무조건 매출만 좇아서는 안 된다. 판매량이 늘어나기 시작하는 순간부터 잘못되거나 사고가 생기는 일들이 많아지기 때문이다. 규모를 확장할 준비가 제대로 갖춰져야만 판매 증대에 주력할 수 있다. 성공하기 시작하는 순간부터 더욱 신중하게 생각해야 한다고 제러미는 말했다.

"비즈니스를 성장시키기 위해 어떻게 돈을 투자해야 할지 모색하기 시작하죠. 그때부터 실수를 하게 됩니다. 조심하지 않으면요."

여유가 생기기 시작하면 이것저것 도움을 받아 기회로 삼을 수 있을 것 같지만 늘 그런 건 아니다.

"우리에게는 특히 인플루언서들과 손을 잡았던 것이 실수였어요. 인플루언서들에게 1만 달러쯤 써보고 어떻게 되는지 지켜보자. 당연히 좋은 결과가 있을 거라고 생각했죠. 하지만 실수라는 걸 깨달았어요. 매출로 100달러 정도밖에 회수하지 못했거든요."

케빈과 제러미는 비즈니스를 성장시키는 최고의 방법은 가볍고 효율적으로 사업을 유지하는 것이라는 점을 깨달았다. 드문 경우를 제외하고는 두 사람은 회사의 성장을 위해 돈을 지출하는 것은 피해왔다. 이들은 최대한 전략적으로 접근하고 무엇이든 심사숙고하며 회사의 성장을 도모했다.

5 대 5 파트너십을 유지하는 두 사람은 지금까지도 설레는 마음으로 사업을 하고 있으며 여전히 성장할 여지가 많다고 믿는다. 이들은 매 분기 새

롭고 신나는 계획을 세운다. 사업의 면면을 감독하는 멋진 팀이 밴쿠버에 포진해 있어 전보다는 직접 해야 할 일이 줄었지만 열정만큼은 줄어들지 않았다. 직원이 늘어 업무의 진행이 좀 느려지는 부분도 있지만 사업은 여전히 민첩하게 움직이며 뛰어난 적응력을 발휘하고 있다. 제러미는 자신이 만든 비즈니스에 참여한다는 것만으로도 기쁘게 생각한다.

"제 브랜드를 운영하던 지난 몇 년간 수많은 사람이 사업을 시작했다가 매각하고 떠났어요. 심지어 몇 번이나 그랬던 사람도 있었습니다. 하지만 케빈과 저는 일확천금을 노리거나 하루아침에 엑시트를 하는 것은 전혀 생각하고 있지 않습니다."

두 사람은 이 비즈니스를 더 높은 수준으로 끌어올릴 수 있다고 믿는다. 그렇게 되면 아직 이들의 계획에는 없는 일이지만 훗날 훨씬 큰 규모의 엑시트를 성공시킬 것이다. 여전히 열정적이고 더 성공할 수 있다고 믿는 만큼 두 사람은 비즈니스에 100퍼센트의 노력을 다하고자 한다. 사실은 매각을 기대하기보다는 다른 기업에 투자하고 인수하는 데 더 관심이 있다. 알다시피 사업가의 세계에는 다양한 길이 있다. 중요한 건 계속 나아가는 것이라고 이들은 말한다.

"승자는 늘 움직이고 뭔가를 향해 나아가죠. 반면에 패자는 무력함에 빠져 꼼짝도 하지 못합니다."

하루 25개 판매를
달성하는 법

．．．

하루에 25개를 꾸준하게 판매하는 데 초점을 맞춰라.
고객에게 모든 것을 쏟아부어 성장 동력을 유지해야 가능한 일이다.
좋은 후기를 받고 고객이 남긴 글에 응답하고
고객에게 감사하는 마음을 가져야 한다.

2008년 경제위기 이후 20대 젊은이들은 안전하다 믿었던 대기업들마저 산산조각 나는 모습을 지켜봤다. 전 세계에서 사업가를 꿈꾸던 이들은 꿈을 접은 채 회사에 묶여 있어야만 했다. 그러나 시간이 흘러도 경제는 나아지지 않았고 성공을 보장했던 예전의 방식은 더 이상 통하지 않았다. 사업가적 열망을 품은 수많은 이들은 자신만의 고유한 길을 찾아 걸어가야 했다.

오브리 마커스도 그런 20대였다. 대부분의 허슬러가 그렇듯 몇 번이나 벤처에 손을 댔고 무엇이든 시도하며 어떤 게 성공할지 시험했다. 그의 첫 번째 도전은 섹스 토이와 숙취 해소제였다. 그러나 어느 것도 그에게 성공을 안겨주지 못했다.

"준비가 안 되어 있었죠."

지난날을 되돌아보며 그는 이렇게 말했다. 물론 그가 바라던 자유를 가져다주지는 못했지만 이 도전들을 통해 그는 상품을 어떻게 만들고 판매하는지, 광고는 어떻게 해야 하는지를 배웠다. 그 과정에서 그를 도와줄 여러 인연을 만나기도 했다. 덕분에 인기 팟캐스트를 운영하는 스탠드업 코미디언 조 로건과 점심 미팅까지 할 수 있었다. 조의 팟캐스트 초기에는(현재는 한 달에 2억 건 이상의 다운로드를 기록하고 있다) 오브리가 자신이 판매하는 섹스 토이 광고를 실어 조의 가장 큰 스폰서가 되기도 했다.

"조에게 요즘 무엇에 빠져 있느냐고 물었어요. 그러자 그가 누트로픽에 관심이 많다고 답했죠. 조에게 내가 세계 제일의 누트로픽을 만들겠다고 말했어요."

다만 오브리는 누트로픽이 뇌의 기능을 향상시키는 보조제라는 사실을 전혀 모른다는 것은 조에게 말하지 않았다. 그는 세계 최고의 제품을 만들겠다고 장담하고는 이내 제품 조사에 깊이 빠져들었다. 연구 자료를 읽고 성분을 테스팅하기 시작했고 결국 알파 브레인이라는 두뇌 건강 보조제를 만들었다.

새로 출시된 알파 브레인을 건네받은 조는 제품이 무척 마음에 들었던 나머지 오브리의 파트너가 되어 오닛이라는 새로운 프로젝트에 참여하기로 했다. 조는 자신의 팟캐스트에 새로운 오너인 오브리의 제품을 소개했다. 그 결과 알파 브레인을 매주 정기적으로 배송받는 회원이 수백만 명으로 늘어났다.

제품은 날개 돋친 듯 팔려나갔고 오브리는 재고를 확보하기 위해 바삐 움직였다. 제품이 재입고된 후 조가 팟캐스트에서 다시 언급하자 또 한 번 물건이 동났다. 회사의 성장 속도를 따라가기 위해 약간의 자금을 확보할 때까지는 이 사이클이 반복되었다. 그때만 해도 오브리에게 거대 기업을 향한 비전은 없었다. 단순한 사업가적 추진력이 빚어낸 결과였다.

"어떻게든 성공하려고 필사적으로 매달렸습니다."

곧 알파 브레인은 두뇌 기능 향상 보조제로 역대 최고 판매량을 기록했다. 천연 누트로픽이라는 새로운 카테고리가 만들어지기까지 했다. 하지만 기업의 생사가 단 한 제품의 성공에만 의지하고 있었다. 기업은 계속 성장했고 수익도 높았지만 오브리는 진정한 브랜드로 거듭나려면 더 많은 제품이 필요하다고 생각했다.

"그때서야 제가 무엇을 하는지, 왜 그 일을 하는지에 대한 비전을 생각해보게 되었어요."

얼마 후 그는 두뇌 진정과 스트레스 관리에 효과적인 세로토닌 촉진제 뉴 무드와 다양한 버섯 추출물을 혼합한 쉬룸 테크를 출시했다. 또한 케틀벨도 판매하기 시작했다. 배틀 로프, 메디신 볼, 음식, 프로틴 파우더, 견과류 버터도 출시했다. 회사는 팟캐스트 광고에 매진했고 성과는 좋았다. 전국적으로 브랜드가 노출되었으며 얼마 지나지 않아 헬스장 어디서나 오닛의 로고가 찍힌 티셔츠를 찾아볼 수 있었다. 나중에는 헬스장도 열었다.

오브리는 두뇌 기능 최적화 전문 기업에 안주하지 않고 전속력으로 내달려 인체 기능 최적화 브랜드를 만들어 두뇌, 신체, 정신을 모두 아우르는 기업을 세웠다. 현재 오스틴에 위치한 오닛 본사는 주짓수 수업과 식사 메뉴까지 갖춘 커피숍, 100명이 넘는 직원들로 분주하다. 이제는 조 로건의 팟캐스트 외에도 여러 팟캐스트에 지속적으로 언급되는 브랜드가 되었고 세계적으로 열성적인 팬층을 거느리고 있다.

오브리는 여러 번의 큰 실패 뒤에 성공이 찾아온다는 것을 보여주는 완벽한 사례다. 실패는 그전에는 보지 못했던 새로운 문을 열어주는 훌륭한 기회가 된다. 첫 번째 시도가 당신이 원하는 결과를 가져오지 못한다 해도 대단한 돌파구로 향하는 길을 마련해줄 수도 있다. 같은 고객에게 지속적으로 어필할 수 있는 제품군을 생각해내야 한다. 그것이 바로 브랜드의 힘이다.

고객을 늘리는 시스템 만들기

처음부터 아이디어를 생각하고 실현하고 판매하는 이 과정이 얼마나 대단한 영향력을 발휘하는지 이해하는 사람들은 많지 않다. 때문에 나는 사업가들이 세상에서 가장 영향력 있는 사람이라고 생각한다. 우리는 말 그대로 뭔가를 만들어내서 사람들에게 판매한다. 새로운 제품을 판매한다는 건 당신의 아이디어를 인정받는 것, 즉 당신의 생각이 진짜임을 증명해 보이는 일이다. 이제 당신이 할 일은 예측 가능한 판매를 발생시키는 시스템을 만드는 것이다.

이 단계에서는 하루에 최소 25개를 꾸준하게 판매하는 데 초점을 맞춰야 한다. 고객에게 모든 것을 쏟아부어 성장 동력을 유지해야 가능한 일이다. 좋은 후기를 받고 고객이 남긴 글에 응답하고 고객에게 감사하는 마음을 가져야 한다. 또한 인플루언서들과 협력하며 한 명, 한 명에게 마음을 다해야 한다. 이렇게 할 때 하루 25개 판매를 달성하기 위한 고객 후기, 노출, 홍보, 입소문 효과를 모두 거머쥘 수 있다.

하루에 꾸준히 25개 판매가 발생하면 다른 제품들에도 적용할 수 있는 시스템이 생겨난다. 이 시스템에서 다수의 제품을 출시한다면 하루 100개 판매를 금세 뛰어넘어 100만 달러 수익에 가까워질 수 있다. 이렇게 짧은 시간 안에 이룰 수 있는 일이다. 하지만 우선은 그로스 단계를 거쳐 시스템을 만들어야 한다. 그러기 위해선 몇 명뿐인 고객을 다수로 늘리는 프로세스가 필요하다.

고객의 마음에 불을 지펴라

맷과 내가 처음 시어 스트렝스 제품을 판매하기 시작할 때 코치 중 한 명이 내게 물었다.

"비즈니스가 어느 정도 규모로 성장하길 바랍니까?"

솔직히 말하자면 이 질문을 받고 가장 먼저 떠오른 생각은 이거였다. '무슨 질문이 이렇담? 당연히 엄청 커졌으면 좋겠지. 어마어마하게. 세상을 뒤덮을 만큼 거대해지고 싶지.' 하지만 나는 좀 더 구체적인 대답을 했다.

"하루 100개 판매요. 그러면 100만 달러 비즈니스가 될 테니까요."

"지금은 어느 정도인가요?"

"하루에 다섯 개 정도 판매되고 있어요."

아마존이 지금처럼 거대 기업으로 우뚝 서기 전이었다. 자동화 도구와 인플루언서가 등장하기 전이기도 했다. 당시 우리는 대부분의 마케팅을 우리 손으로 처리했다. 고객들에게 직접 전화를 걸었다. 친구들과

상의하고 상품이 어땠는지 물었다. 마음에 들었다면 후기 좀 남겨달라고 사정을 했다. 후기를 얻기 위해 무슨 짓이든 했고 새로운 후기가 올라올 때마다 자축했다. 그때만 해도 하루 판매량 100개라는 숫자는 꿈과도 같았다.

비즈니스를 시작하자마자 꾸준한 판매 흐름을 달성하는 사람은 아무도 없다. 이렇게 되도록 만들어야 한다. 출시 기간에는 하루에 20~25개 판매가 발생하는 일도 있지만 론칭이라는 레몬에서 더 이상 즙을 쥐어 짤 수 없는 순간 판매 흐름이 뚝 끊기고 만다. 초반의 탄력을 계속 유지하려면 후기와 추천사, 옛날 방식의 양질의 광고가 필요하다. 앞으로 몇 달간 계속 땔감을 넣으며 불을 지핀 후 전략적으로 후속 상품들을 출시해야 한다.

하루 25개 판매가 말도 안 되게 어려운 일은 아니다. 다만 그 지점에 이르기까지 준비하는 과정이 힘들다. 좋은 소식을 하나 알려주자면 이 단계만 지나면 대부분의 준비 과정이 끝난다. 이제부터는 앞으로 내딛는 한 걸음 한 걸음이 복리로 돌아온다. 재구매 고객이 찾아오고 고객 리스트와 프로세스가 생긴다. 사업 활동 전체가 하나의 시스템처럼 움직인다. 하지만 준비 과정을 거치지 않으면 마법의 숫자에 한참 못 미치는 지점에 갇혀 희망마저 잃고 만다.

하루 다섯 개에서 25개 판매로 훌쩍 도약하는 알고리즘은 없다. 그저 사람들과 관계를 쌓고 고객들에게서 신뢰를 얻고 마켓플레이스에서 인지도를 높여야 한다. 이것이 브랜드다.

나는 맷과 함께 고객 관리를 직접 하면서 후기를 받으려고 갖은 노력을 다할 때 사실 뭘 어떻게 해야 하는지도 몰랐다. 고객들에게 전화를 거는 일은 낯선 사람들 앞에 자신을 드러내는 민망스럽고도 두려운 일이다. 하지만 이 또한 사업가가 되는 과정의 일부다. 당시 우리는 비슷한 시기에 뛰어든 다른 누구보다도 더 열심히 하겠다는 의욕이 넘쳤다. 한 직원은 그 시절의 우리에 대해 이렇게 표현했다.

"처음 같이 일했을 때는 모든 해답을 갖고 있는 사업가인 줄 알았어요. 하지만 1년 전쯤부터는 라이언도 본인이 뭘 하고 있는지 잘 모르는구나 싶었죠."

조금 잔인한 말이지만 맞는 말이기도 하다. 삶에서, 비즈니스에서 누구나 어느 정도는 준비 없이 즉흥적으로 해내야 할 때가 있다. 나만 빼고 다른 사람들은 잘 알고 하는 것 같겠지만 그렇지 않다. 내 말을 믿기 바란다. 그런 사람은 아무도 없다. 잘해야 우리는 몇 가지에 능할 뿐 그 외의 일에서는 똑같이 추측하고 고민하며 길을 찾아간다.

시장에 제품을 출시한 후 어떤 결과가 벌어질지는 누구도 알 수 없다. 전화를 걸었을 때 고객이 어떻게 반응할지도 알 수 없다. 당신이 아는 건 어느 순간이 되면 페이스북에 악의적인 댓글이 달릴 거라는 점, 어떻게든 극복해내야 한다는 점이다. 그냥 무시해도 되고 재밌게 반응을 보이며 넘겨도 된다. 가능하면 즐기길 바란다. 결국 이 모든 것이 당신이 성공에 가까워지고 있다는 신호다.

나쁜 후기를 받으면 마음이 아플 것이다. 다 그만두고 싶어질지도 모른다. 매출에도 악영향을 미칠 것이다. 모두 다 과정의 일부다. 데이터를 수집한다고 생각하라. 당신을 싫어하는 몇 명이 무서워 페이스북 그룹을 만들 엄두를 못 낸다면 일일판매량 다섯 개, 10개를 넘어 비즈니스를 성장시켜야 할 때 정말로 힘들 것이다.

대학생 때 나는 목사가 되려고 했다. 교수님들은 내가 비판에 무뎌지도록 훈련시켰다. 물론 나중에 설교단에 올라갔을 때 마주할 비판을 미리 경험하라고 그런 것이지만 사실 비즈니스도 다르지 않다. 모두가 당신을 좋아하지는 않는다. 모두가 당신의 제품을 좋아해주지는 않는다. 당신의 말을 언짢게 듣는 누군가가 항상 있기 마련이다. 그건 어쩔 수 없는 일이다.

그렇다고 해서 고객에게 전화를 걸 때마다 항상 분노 어린 비난을 마주했거나 눈물을 쏟을 일이 있었다는 건 아니다. 가끔 분노를 표출하는 고객도 있었지만 열에 아홉은 굉장히 감동을 받았다. "제게 왜 전화하신 거죠?"라고 날카롭게 묻던 사람들도 "제가 그 회사 창립자인데요. 우리 제품으로 만점짜리 경험을 하고 계신지 확인하고 싶어서 전화드렸습니다."라고 말하면 깜짝 놀라곤 한다. 직접 전화를 걸어 고객의 경험에 진심으로 관심을 갖는 작은 마음 씀씀이야말로 커다란 변화를 이끌어내는 핵심 동력이다.

판매량을 급상승시키는 마법의 숫자, 25

판매 신장을 보장하는 공식이나 마법은 없을지 모르지만 특정한 성과를 달성했을 때 판매가 급상승할 수도 있다. 이를테면 긍정적인 후기가 25건 이상 쌓이면 판매량이 훌쩍 뛴다. 그리고 후기가 100개를 넘기면 판매량이 더 큰 폭으로 상승한다. 100개의 후기는 당신이 제대로 된 물건을 판매하고 있다는 방증이기 때문이다. 당신의 제품을 칭찬하는 사람이 100명이 되면 사람들의 머릿속 '쓰레기 감지기'를 무난히 통과하는 효과가 나타난다.

물론 판매량이 증가하기까지, 위에 나온 성과를 달성하기까지 얼마나 걸릴지 산출하는 공식이 있으면 좋겠지만 이는 예측할 수 없는 사안이다. 그저 해야 할 일을 열심히 하는 수밖에 없다. 내 경우 처음 제품을 출시했을 때 하루 25개 판매를 달성하기까지 석 달이 걸렸다. 이제는 물론 더 많은 고객을 확보하고 있고 재구매 고객도 수천 명 형성되어 있으며 전반적인 프로세스에 한결 능해졌기 때문에 2주에서 한 달이면 가능하다. 당신도 그렇게 될 수 있다.

고객이 제품을 구매했으면 할 때 쓸 수 있는 두 가지 접근법이 있다. 하나는 고객에게 연락해서 이렇게 묻는 것이다. "우리 제품이 마음에 들었으면 좋겠습니다. 혹시 고객 후기를 남겨주실 수 있을까요?" 그러나 고객 입장에서는 굳이 후기를 쓸 이유가 없다.

두 번째 방법은 이렇게 묻는 것이다. "안녕하세요, 나탈리. 물건 잘 받으셨나요? 수령 예정일에 잘 도착했는지 확인하고 싶어서 연락드렸습니다." 이는 고객에게 뭔가를 제공하는 행위다. '관계'라는 통장에 입금을 하는 것이다. 나탈리가 잘 받았다고 대답하면 이렇게 응한다. "다행이네요. 피드백 감사합니다. 상품이 잘 도착했다고 알려주셔서 감사의 표시로 10달러 포인트 적립해드렸어요. 우리 브랜드에 대해 달리 전해주실 의견 없으신가요? 혹시 우리 브랜드에서 출시되었으면 하는 제품이 있으신가요?" 그러면 나탈리는 '와, 이 회사 굉장한데'라고 생각할 것이다.

이제는 서로 주고받는 위치가 되었다. 관계를 형성한 것이다. 당신은 고객이 좋아하는 것, 즉 특별한 대우를 받는다는 짜릿함을 선물한 대가로 더 많은 것을 되돌려받을 수 있다. 언제나 뭔가를 제공해야 한다는 걸 명심하기 바란다.

고객이 피드백과 좋은 제품 아이디어를 준다면 계속 대화를 이어나간다. "정말 감사한 말씀이네요. 고맙습니다. 제품 경험을 공유하고 싶다면 아마존 후기로 피드백을 남겨주시면 정말 감사하겠습니다." 그러면 누구든 그렇게 할 것이다.

고객이 후기를 남기면 그 화면을 캡처해 인스타그램에 올린다. 공개적으로 기념하는 것이다. 당신이 그들의 목소리에 귀 기울인다는 걸 커뮤니티에 보여줘야 한다. 지금 단계에서 할 일은 사람들이 당신에게 피드백을 주는 데 중독되도록 만드는 것이다. 단순히 당신의 제품을 좋아하는 것이 아니라 당신에게 후기를 들려주는 것도 좋아해야 한다. 사람들은 자신이 속한 커뮤니티에 적극적으로 참여하는 기업에 힘을 실어주고 싶어 한다.

정체기에 빠지면 '작게' 생각하라

아마도 한 번씩은 정체기에 빠질 것이다. 어떤 이들은 일일판매량 10개에서 막히고 만다. 제품을 출시한 뒤 하루에 20개씩 판매하다가 점점 판매량이 떨어지기 시작한다. 이제 무엇을 어떻게 해야 할지 모르겠다는 생각이 든다. 숫자와 알고리즘을 걱정하기 시작하고, 프로세스나 구매 활동 뒤에 가려진 사람에게 더 이상 호기심을 갖지 않는다. '내 고객들이 누구고 어디에 모여서 활동하지?'라고 질문하지 않는다. 그보단 '내 제품이 별로인가 보네. 다른 상품을 찾아봐야겠어'라고 생각한다.

판을 유리하게 형성하고 출시를 준비하며 오디언스를 구축하느라 그 공을 들여놓고도 곧장 성과가 나타나지 않는다고 포기하고 만다. 심지어는 도무지 이해할 수 없다고 생각한다. 다른 제품보다 자신의 제품이 훨씬 나은데도 왜 더 많이 팔리지 않는지 이해할 수 없다. 그러나 혹여 당신의 제품이 다른 제품보다 더 낫다고 해도 더 많이 판매할 수 있는 건 아니다.

그런 식으로 되는 게 아니다. 바보라도(당신이 바보라는 말이 아니다!) 제품 하나를 아마존 같은 플랫폼에 내걸고 하루에 10개 정도는 판매할 수 있다. 바보도 저렴한 중국 계정을 사서 고객 후기를 조작할 수 있다. 물론 그렇게 하다가 적발되면 활동을 금지당한다(실제로 그런 사람이 많았다). 하루에 25개, 그 이상의 판매를 발생시키려면 고된 일을 견디고 갖은 노력을 다해 추종자들을 만들겠다는 의지가 필요하다.

정체기에 빠지면 크게 생각해야 한다는 유혹에 사로잡힌다. 하지만 나는 그 반대를 권한다. 아주 작게 생각해야 한다. 앞서 켄이란 사업가에게 내가 후기 10개를 써오라고 했던 코칭을 기억하는가? 당신은 후기 10개를 받기 위해 이번 주에 무엇을 할 수 있는가? 고객에게 감동을 주기 위해 이번 주에 무엇을 할 수 있는가? 당신의 추종자들에게 동기를 부여하기 위해 이번 주에 무엇을 할 수 있는가? 당신의 이름이 공개적으로 언급되기 위해 이번 주에 누구에게 연락을 할 수 있는가?

내게 배운 사람들 중 몇몇은 개인 페이스북 계정에 제품 이야기를 할 때마다 판매가 급증하는 경험을 한다. 그곳에서 다른 집단의 사람들과 소통한 덕분이었다. 제품의 여러 특징 중 한 가지를 부각시켜 이야기한 것이 유효했을 수도 있고, 아니면 마침 때를 잘 맞춰 게시물을 올렸던 것일 수도 있다. 사소한 일들을 오랜 시간 꾸준히 하는 것이 해답일 때도 있다.

다음은 매출 증대를 위해 분위기를 전환하는 몇 가지 방법이다.

1. 아마존에서 클릭당 지불하는 광고 프로그램을 활용한다

아마존에서 고객의 검색 결과 페이지에 광고를 할 수 있는데 이는 굉장히 효율적이면서도 비용이 많이 든다. 고객 유입으로 얻는 이익보다 더 많은 돈을 지출하게 되어 적자가 난다. 하지만 고객 후기가 쌓이고 새 고객을 불러들일 수 있다. 그리고 알고리즘을 만들어나갈 수 있다. 지금 상황에서는 판매가 전혀 발생하지 않는 것보다 수익이 없어도 일단 판매가 발생하는 게 나을 수 있다.

2. 페이스북, 인스타그램, 유튜브에 영상을 올린다

이 방법을 택한다면 첫 번째 영상으로는 고객의 추천 후기를 올리는 것을 권한다. 판매자는 고객보다 상품을 더 잘 팔 수 없다. 다양한 형식의 메시지와 광고를 빨리 테스트할 수 있는 방법이므로 효과가 있는 것을 찾을 때까지 여러 접근법을 시도해보자.

3. 커뮤니티를 만드는 데 다시 집중한다

판매에 쏠려 있던 주의를 돌려 커뮤니티에 신경을 쏟는다. 고객들에게 돌아가 무엇을 원하는지에 다시 집중하면서 판을 유리하게 조성하는 단계로 돌아간다. 필요하다면 재론칭을 해도 된다. 핵심은 잠재 고객들과 다시 소통하는 단계로 돌아가야 한다는 점이다.

반려동물 사업을 하는 한 사업가의 이야기다. 첫 제품을 출시한 후 초기에는 반응이 좋았지만 이내 정체기에 빠졌다. 그는 제품의 타깃 집단에 속해 있지 않았기에 고객이 무엇을 원하는지 몰랐다. 하지만 이는 별 문제가 되지 않는다. 고객의 의견을 경청하고자 하는 의지만 있다면 극복할 수 있다. 하지만 그는 제품 뒤에 있는 사람들에게 신경을 끊었고 이로써 그의 비즈니스는 사형 선고를 받았다. 그는 나를 찾아와 말했다.

"정체기에 빠졌습니다. 여기서 벗어나려면 어떻게 해야 하나요?"

"지금은 뭘 하고 있습니까?"

"후기에 신경 쓰고 있어요. 정말 괜찮은 제품을 판매하고 있고 계속 새로운 제품을 출시할 예정입니다."

"알겠어요. 광고를 하려면 고객들이 있는 곳을 알아야 하는데 주로 어디에 모여 있습니까?"

"모르겠어요."

"그럼 그것부터 파악해야겠네요."

그는 고객을 전혀 몰랐지만 자신이 모른다는 걸 대수롭게 생각하지 않았다. 그저 상품이 더 많이 팔리기만을 바랄 뿐이었다.

하루 25개 판매를 달성하고 고객 후기를 쌓기 위해 오롯이 집중해야 할 대상은 바로 고객이다. 이들이 누구인지, 어디서 찾을 수 있는지, 이들을 위한 최고의 상품을 어떻게 만들 수 있는지 알아야 한다. 만약 이들이 당신의 제품과 브랜드, 당신이 제공하는 경험에 만족한다면 어쩌면 후기를 남겨줄 수도 있다.

고객은 답을 알고 있다

"하지만 전부 다 해봤는데도 반응이 없으면요?"

이렇게 말하는 사람들도 있을 것이다. "전부 다 했어요. 지금까지 나온 거 전부 다 했고 잘하기까지 했는데 반응이 없어요. 왜죠? 라이언, 이유가 뭘까요?" 솔직히 말해서 나는 그 이유를 말해줄 수 없다. 하지만 당신의 고객은 이유를 알려줄 수 있다. 가장 활발하게 활동하는 팔로어와 고객들에게 피드백을 구하라. "이 제품을 원하시나요? 이 제품을 구매하시겠어요? 구매를 하겠다는 이유, 하지 않겠다는 이유는 뭔가요?" 이렇게 묻고 그들의 의견을 들어야 한다.

현재 나는 한 기업과 일하고 있다. 마침 내가 타깃 고객층에 속해 있어 기업에서 제품을 보내주었다. 저칼로리 과일 파우더였다. 맛도 좋고 보기에도 좋아 충분히 괜찮은 제품이 될 수 있었다. 하지만 고객의 입장에서 볼 때 한 가지 큰 문제가 있었다. 이 제품의 용도가 이해되지 않았다. 파우더로 뭘 어떻게 해야 하는지 이해하지 못했다는 게 아니다. 다만 시중에 있는 과일 대신 이 파우더를 언제 어떻게 사용해야 할지 감을 잡지 못했다. '요거트에 넣어 드세요!' 하는 과일도 있고 '스무디에 넣어 드세요!' 하는 냉동 과일도 있지만 이건 '물에 타 드세요!'라고? 왜지?

내 생각을 회사에 전달했지만 관계자는 내 의견을 수렴하는 대신 내가 틀렸다고 말했다. 내가, 즉 고객이 상품을 이해하지 못했다며 자세하게 설명해주었다. "라이언." 그는 이렇게 설명하면 내가 제품의 콘셉트를 마침내 이해하리라는 듯 힘주어 말했다. "과일 대신 먹는 제품입니다!" 나는 그 제품이 왜 필요한지 아직도 이해가 안 된다.

언젠가 그도 이해할 것이다. 오디언스가 크게 형성되어 있는 기업이니 거창하고 멋지게 제품을 출시할 것이다. 제품도 물론 판매될 것이다. 사람들이 신기해하며 제품을 구매하겠지만 이내 찬장 안 깊숙한 곳에 밀어두고 다시는 손대지 않을 것이다.

해야 할 일을 전부 다 제대로 했음에도 반응이 오지 않는다면 초기 단계에서 뭔가 실수했을 확률이 높다. 사업가들은 본래 크게 생각하는 사람들이지만 대체로 지금 이 단계에서 지나치게 크게 생각하려는 경향이 있다. 고객과 추종자들에게로 돌아가야 한다. 작은 일에 집중해야 한다.

어쩌면 한곳에 사람을 충분히 모으지 못했을 수도 있다. 앞서 한 플랫폼에서 제품에 대해 이야기하는 1,000명을 만들어야 한다고 말한 바 있다. 당신은 인스타그램에서 뭔가를 하고 레딧과 유튜브에서도 각각 다른 일을 벌였는지 모른다. 뭔가 많이 진행되는 것 같고 전부 제품에 대해 이야기하는 것처럼 느껴지지만 아직 한 플랫폼에서의 1,000명은 달성하지 못했을 수 있다.

내 멘티인 마이클은 정원을 가꾸는 사람들을 위한 제품을 판매하고 있다. 판을 유리하게 형성하는 단계에서 그는 페이스북 그룹에 올인했다. 그는 인스타그램 팔로어도 없었고 다른 플랫폼에서는 아예 활동하지 않았다. 오로지 페이스북 그룹을 키우는 데만 집중했고 현재는 1만 4,000명의 정원사들이 그곳에 모여 있다. 이제 그는 원하는 제품은 무엇이든 출시할 수 있고 필요한 피드백도 모두 받을 수 있다. 그는 얼마든 간에 원하는 만큼 수익을 벌어들일 수 있다.

마이클은 1만 4,000명의 잠재 고객을 어떻게 구축했을까? 그는 호응도가 높고 서로 도움을 주고받는 커뮤니티를 만들었고 여기에 모인 사람들이 친구들을 그룹에 초대했다. 이제는 마이클이 손가락 하나 꼼짝하지 않아도 매주 회원이 수백 명 단위로 불어난다. 그는 그룹에 부담을 주지 않으면서도 윤리적인 선 안에서 자신의 제품을 홍보하고 커뮤니티는 그에게 보답한다.

이제 두 번째 제품을 선택할 때다

하루 25개 판매를 달성하고 당신의 추종자들을 형성했는가? 축하한다! 당신은 100만 달러 비즈니스를 지원할 시스템을 구축했다. 그러면 이제 무엇을 해야 할까? 간단하다. 지금까지의 프로세스를 반복할 차례다. 두번째, 세 번째, 네 번째, 다섯 번째 제품의 출시를 준비하는 것이다.

사실 이 프로세스는 멈추지 않고 계속 반복되어야 한다. 고객들이 나타나는 곳으로 돌아가 이들과 더 열심히 교류해야 한다. 사람들이 자주 하는 질문이 있다. "지금까지 별문제 없이 잘해왔다면 첫 제품 구매 고객 중 몇 퍼센트나 재구매 고객이 될까요?" 지금껏 잘해왔다면 답은 쉽다. 100퍼센트다. 첫 번째 제품에 만족하고 당신과 당신의 회사를 통해 좋은 경험을 쌓은 고객들은 다시 돌아와 두 번째 제품도 구매한다. 잠재 고객을 만들고 그들과 대화를 나누고 의견을 듣고, 지금껏 말해왔던 것처럼 사람에게 집중한다면 재구매 고객을 충분히 기대할 수 있다.

두 번째 출시 때는 앞서 구매했던 고객들을 대상으로 분위기를 이끌기만 하면 된다. 그것으로 첫 번째 제품보다 더 크게 론칭할 수 있다. 두 번째 제품은 사전 프로세스를 거치지 않아도 되므로 한결 쉽게 진행된다. 첫 번째 제품을 출시하기까지는 엄청난 노력과 시간을 기울였지만 두 번째는 좀 더 수월하게 할 수 있다. 당신의 제품을 이미 구매한 사람들이 무엇을 원하는지에만 좀 더 관심을 기울이면 된다. 즉 판을 유리하게 조성하는 단계를 건너뛰고 이미 형성된 고객들에게 전념하면 된다.

이제는 정말로 결승선에 다다랐다. 100만 달러를 향해 전력 질주하면 된다. 앞서 언급했던 검안사 부부 트래비스와 제나를 기억하는가? 두 사람은 아이러브_{Eyelove}라는 브랜드를 만들어 고객 관리에 정성을 쏟는다. Q&A 게시판을 만들어 고객의 질문과 피드백을 경청하고 열성적인 팬들과 소통하기 위해 정기적으로 페이스북 라이브 방송도 한다. 그렇기에 제품 가격대가 높게 형성되어 있음에도 부부가 새로운 제품을 출시할 때마다 몇 주 만에 일일판매량 50개를 달성한다. 사람들은 구매 후기를 남기고 이 효과는 다시 눈덩이처럼 커진다. 고객에게만 집중했던 것이 후기 시스템을 만들었고 이것이 수백만 달러 비즈니스를 탄생시켰다.

하루 25개 판매라는 마법의 숫자를 달성하고 나면 당신도 눈 뭉치를 만들 차례다. 바로 두 번째 제품을 선택해야 할 때다.

선택과 집중으로 더욱 빠르게
사업을 키우는 법

제이슨 프란초사는 실패한 사업을 접고 앞으로 무엇을 해야 할지 인터넷으로 찾아보던 중이었다. 그의 컴퓨터 모니터에 내 광고 팝업 창이 떴다. 곧장 흥미가 생긴 그는 캐피털닷컴의 커뮤니티에 가입하기로 결심했다. 그렇게 제이슨은 내 프로세스를 공부한 뒤 바로 뛰어들어 엘리먼트 26Element 26이란 회사를 차렸다.

제이슨과 물리치료사인 그의 비즈니스 파트너는 여러 가지 제품 아이디어를 떠올렸다. 그들은 맷과 내가 시어 스트렝스를 시작할 때와 똑같이 자신들을 타깃 고객으로 삼았다. 두 사람 모두 열정적인 웨이트 리프터였는데 웨이트를 어느 정도 사용하다 보면 웨이트 벨트에 달린 잠금장치가 제 기능을 못 할 때가 많았다.

제이슨은 사업 초기를 회상하며 이렇게 말했다.

"가장 먼저 출시할 제품이 뭔지는 제법 명확했습니다."

그와 파트너는 첫 제품을 성공시키기 위해 어느 부분을 달리 접근해야 할지 잘 알고 있었다. 벨크로로 된 잠금장치가 불편한 건 이들만의 문제가 아니었다. 웨이트 벨트 판매처 가운데 가장 큰 경쟁사들을 분석하고 온라인 후기를 읽으며 벨크로 문제가 꾸준히 언급된다는 것을 확인했다. 두 사람은 높은 기능성을 갖춘 최고의 웨이트 리프트용 벨트를 구상하며 한 가지 중요한 문제를 해결하기 위해 노력했다. 그러면 벨트의 잠금장치를 어떻게 고칠 수 있을까?

이들은 제조업체 여러 곳을 다니며 다양한 샘플을 확인했다. 버클, 잠금쇠, 톱니형 클립을 고려했다. 약 다섯 가지의 시제품을 만들고 직접 실험도 해봤다. 어떤 재질로 제작해야 할지도 고민했다. 벨트의 너비, 모양 등 모든 것을 꼼꼼하게 조사했고 그 모든 과정에서 기능성 운동을 하는 사람들을 위한 제품을 만들겠다는 기업의 핵심 가치에 집중했다. 마케팅 상술은 지양했다.

마침내 두 사람은 벨크로와는 달리 벨트로 전달되는 압력을 고스란히 지지할 수 있는 자동 잠금 기능이 있는 슬라이드 버클을 만들었다. 제품의 출시와 홍보 과정에서 이들은 이 벨트가 해결해줄 수 있는 문제, 바로 벨크로의 약한 접착력을 개선한 제품이라는 데 초점을 맞췄다.

두 사람은 오디언스가 어떤 제품을 찾고 있는지 이해했기에 시중의 다른 제품들과의 차별성을 마케팅하는 데 온 힘을 다했다. 덕분에 그들의 제품은 시장에서 단연 돋보였고 경쟁사의 매출을 조금씩 빼앗아오면서 가격은 시중보다 높게 유지할 수 있었다. 곧 유명세를 얻고 업계 내에서 브랜드 이미지가 형성되기 시작했다.

제이슨은 차별화된 제품과 크로스핏 및 웨이트 리프팅 커뮤니티에서 널리 사용되는 도구를 확실히 개선한 것이 성공의 비결이라고 말했다. 그뿐 아니라 인플루언서들과의 관계도 이점으로 작용했다. 그는 몇 번의 경험을 통해 인플루언서들에게 무작정 연락을 취하는 방법은 그리 효과가 없다는 걸 깨달았다. 제품을 포스팅해주는 조건으로 돈을 지불하는 게 아니고서는 말이다.

"사람들을 만나는 가장 좋은 방법은 행사에 참석하고 악수를 나누고 인플루언서에게 뭔가를 제공하는 거죠. 특히 그들의 관심사를 이해하고 그것을 바탕으로 관계를 쌓아가야 해요."

인플루언서들을 제품 개발에 참여시킨다면 더욱 효과적이다. 제이슨과 그의 파트너가 현재 하고 있는 일이기도 하다.

"새로운 제품을 만들 때 인플루언서들의 의견을 참고합니다. 이렇게 하면 제품이 출시된 후 확실한 구매층이 형성되죠."

인플루언서들이 참가하는 경기나 행사를 방문하는 것도 좋지만 그보다 당신이 선택한 타깃 인구가 모이는 이벤트에 직접 방문해서 인사를 나누고 얼굴을 익히는 것이 좋다.

"결국 물건을 구매하는 건 사람이잖아요. 컴퓨터 스크린을 마주하고 있지만 그래도 우리가 상대하는 대상은 사람이죠. 이들이 모여 있는 행사에 가서 직접 얼굴을 보고 인사를 하지 않으면 어떻게 고객을 이해할 수 있겠어요?"

끊임없이 변화하는 아마존의 환경이나 제품의 초기 디자인 결함, 포장재 변화 등 몇 가지 난관도 마주했다. 변경한 디자인이 마음에 들었지만 제조업자가 새로운 프린팅 공정으로 냄새가 날 수 있다는 이야기를 두 사람에게 하지 않은 경우도 있었다. 갑자기 제품에서 이상한 냄새가 난다는 부정적인 후기들이 접수되기 시작했다.

여러 문제에도 불구하고 이들은 출시 2개월 차에 월 매출 1만 달러로 성장했다. 이후 성장세가 1년 반 동안 이어지자 이들은 새로운 제품 출시에 매진했다.

"좋은 제품 하나를 찾아 현금흐름을 확보했다면 즉시 새로운 제품 테스트에 들어가야 합니다. 훌륭한 제품은 더욱 밀어붙이고 그렇지 않은 제품은 과감하게 포기해야 하죠. 만일 다시 돌아갈 수 있다면 좀 더 공격적으로 진행할 겁니다. 비즈니스가 어느 정도 자력으로 돌아가고 더 이상 우리 주머니에서 비용을 지출하지 않아도 될 때 곧장 다음 제품을 출시해야죠. 대략 한 제품으로 1만 달러에서 1만 5,000달러 매출이 발생하는 시점이라고 보면 됩니다."

처음 비즈니스를 시작할 당시에는 제이슨과 파트너 둘 다 직업이 있었기 때문에 100퍼센트 사업에 몰입할 수 없었고 프로세스 진행이 더뎠다. 그 결과 100만 달러 비즈니스를 달성하기까지 12개월이 넘게 걸렸다. 두 사람은 2년 만에 100만 달러를 달성했다. 이제 제이슨은 하던 일을 그만두고 사업에만 전념하고 있다. 그리고 마침내 이들은 사업에서 벌어들인 수익에서 자기 몫을 가져가게 되었다.

"돈도 물론 좋죠. 하지만 솔직히 말해서 돈보다는 사업을 하며 얻은 자유
와 사람들이 제게 큰 성취감을 줍니다."

10억 비즈니스로
도약하기

．
．
．

첫 제품의 성공이 두 번째 제품 출시에 힘을 실어주고,
두 번째 제품의 판매가 첫 제품의 매출을 끌어올린다.
제품을 출시할 때마다 새로운 고객들이 자연스럽게 당신의 브랜드를 찾고
판매량은 급속도로 증가한다. 10억 비즈니스가 가까워진 것이다.

데이브 아스프리의 '방탄커피'를 기억하는가? 2013년 데이브가 불릿 프루프 360을 처음 시작할 당시 그가 추천한 버터와 MCT 오일을 넣은 모닝커피가 순식간에 큰 인기를 얻었다. 곧이어 그는 유기농의 업그레이디드 커피를 첫 제품으로 커피 브랜드를 직접 설립했다. 이후 버터와 MCT 오일을 출시하며 지속적인 매출 흐름을 만드는 동시에 열광적인 팬층도 형성했다. 그가 만일 소규모의 수익성 높은 커피 브랜드를 원했다면 이쯤에서 멈췄을 것이다.

하지만 그는 커피 회사보다 더 큰 것을 바랐다. 인간의 퍼포먼스 향상을 전문으로 한 최고의 기업이 그의 목표였다. 이후 몇 년 동안 데이브는 건강 보조제에서 수면 유도 매트, 전신 진동 운동기, 1만 5,000달러짜리 5일 수련회까지 출시했다. 물론 그가 사업을 시작함과 동시에 이렇게 할 수 있었던 건 아니다. 그도 뛰기 전에는 걸음마부터 배워야 했다. 하지만 그의 제품을 열성적으로 지지하는 팬층이 형성된 덕분에 그는 영감을 받고 떠올리는 제품은 무엇이든 제작해 출시할 여건이 되었다.

불릿프루프 360처럼 당신의 브랜드 또한 당신이 출시하는 제품으로 정의될 것이다. 처음 출시한 제품은 당신의 게이트웨이 상품이었다. 고객이 여정을 수월하게 시작하도록 돕고 그 여정에서 당신을 가이드로 선택하게 만든 제품이었다. 하지만 진짜 브랜드를 만들려면 후속 제품들로 고객을 다음 단계로 이끌어야 한다. 이 후속 제품들은 브랜드의 방향을 결정짓고 당신이 첫 100만 달러 고지를 뛰어넘도록 이끌 것이다.

사업에 스노볼 효과 일으키기

시어 스트렝스의 첫 제품으로 하루 25개 판매를 처음 달성했을 때 맷과 나는 함께 있었다. 기념비적인 성과였다. 동시에 우리는 이제 시작일 뿐이라는 걸 알았다. 계산을 해본 결과 100만 달러 비즈니스를 만들려면 현재 판매가로 네 종의 제품을 하루에 25개씩 판매해야 한다는 결론이 나왔다.

첫 제품의 일일판매량 25개가 꾸준히 유지된 뒤부터 교착상태에 빠졌다. 당신도 이런 정체기를 맞이할 것이다. 그러나 이 정체기는 하나의 단계일 뿐이다. 두 번째 상품을 출시할 때라는 것을 알려주는 신호다.

두 번째 제품은 출시 후 판매량이 급속도로 늘었다. 새로운 제품을 시도하고자 하는 고객층이 이미 형성된 터라 첫 번째 제품 때보다 판매 속도가 훨씬 빨랐다. 실제로 두 번째 제품은 몇 주 만에 첫 제품의 판매량을 뛰어넘었다. 그런데 그때 이해할 수 없는 현상이 벌어졌다. 두 번째 제품이 일일 25개 판매를 기록하자마자 첫 번째 제품도 정체기에서 벗어나 하루에 50개씩 판매되기 시작한 것이다! 좀처럼 변동이 없던 매출이 갑자기 두 배로 뛰어올랐다. 두 번째 제품이 첫 번째 제품을 밀어 올리고 있었다.

우리는 판매량이 양분될까 우려했지만 실제로는 함께 성장해나갔다! 왜 이런 현상이 벌어진 걸까? 몇 가지 요인이 있다. 첫째, 이미 형성된 재구매 고객들이 추가로 다른 제품을 구매했다. 둘째, 고객들이 번들로 두 개를 함께 구매하기 시작했다. 우리가 두 가지 제품을 판매하는 것을 보고 둘 다 결제하는 식이었다. 네트워크 효과, 즉 자연스럽게 제품을 소개하고 추천하는 시스템이 만들어진 것이다. 마지막으로, 출시 때부터 우리를 관심 있게 지켜보고는 있었지만 구매는 하지 않은 고객들이 있었다. 우리의 여정을 지켜봤던 이들은 제품이 추가로 출시되는 것을 보고 구매에 참여하며 우리에게 합류하기 시작했다.

더불어 이 두 제품은 아마존의 마케팅 기계 안에서 서로 윈윈했다. 알고리즘 덕분에 한 가지 제품에 관심을 보이는 사람에게 또 다른 제품이 노출되었던 것이다. 잠재 고객들은 사람들이 보통 이 두 가지 제품을 함께 구매하는 경우가 많고, 이 제품을 본 사람이 저 제품도 본다고 생각하게 된다.

우리는 첫 제품의 경우 하루 25개 판매로 최고점을 찍었다고 생각했다. 이미 최고 판매량을 달성했다고 말이다. 하지만 우리의 착각이었다. 첫 제품의 판매량이 순식간에 하루 50개 이상으로 증가했다. 기업을 매각할 즈음 제품은 하루 300개 이상의 판매량을 기록하고 있었다. 말 그대로 스노볼 효과였다. 첫 제품의 성공이 두 번째 제품 출시에 힘을 실어주었고, 두 번째 제품의 판매가 증가하며 첫 제품의 판매도 끌어올린 것이다. 이렇게 공이 오가길 반복하며 판매량과 수익이 눈덩이처럼 커졌다.

이 단계가 '골드'라고 불리는 것도 이 때문이다. 그간의 노력이 마침내 결실을 맺는 단계이기 때문이다. 제품을 출시할 때마다 판매량이 급속도로 증가하는 승수효과가 발생한다. 새로운 고객들이 자연스럽게 당신의 브랜드를 찾기 시작하고 100만 달러가 눈앞에 보일 듯 가까워지는 단계다.

한 제품을 하루에 25개 판매할 수 있음을 확인했다면 이제는 이 과정을 몇 번만 더 반복하면 된다. 공식을 명심하길 바란다. 3~5가지 제품이 하루에 25개씩 판매되면 100만 달러 비즈니스가 탄생한다. 당신의 과제는 간단하다. 다른 곳에 한눈팔지 않고 감당할 수 있는 수준에서 가능한 한 빨리 제품들을 출시하는 것이다.

다수의 고객에게 메시지를 전하는 법을 익혀라

내 멘토인 트래비스는 대다수 사람들이 깨닫지 못하는 사실 하나를 알려주었다. 우리가 비즈니스에서 하는 모든 일은 오디언스를 만드는 것이라는 사실이다.

첫 제품을 출시할 때는 고객층을 만들어야 한다. 앞서 이야기한 모든 것을 해야 한다. 관계를 쌓고 인플루언서와 교류하고 고객들이 자발적으로 피드백과 후기를 줄 정도로 그들을 감동시켜야 한다. 두 번째 제품을 출시할 때면 이미 호응할 준비가 된 오디언스가 당신에게 보답할 것이다. 이들은 한 번 구매했다면 재구매할 확률이 높다.

이즈음부터 시스템이 망가지기 시작한다. 당신이 바로 그 시스템이었기 때문이다. 아무리 훌륭한 태도를 갖춘 사업가라도 밀려드는 고객 요청과 코멘트, 유입되는 고객 수에 슬슬 지쳐가기 시작한다. 변화가 불가피한 상황을 맞이한다. 출시 전마다 했던 고객 관리 활동도 해야 하고 고객층도 계속 만들되 이제는 일대일이 아닌 다수의 사람들에게 동시에 메시지를 전달해야 한다. 오디언스와 교류하고 유대감을 계속 쌓아가는 활동은 여전하지만 그 규모를 키워야 한다.

그러나 이는 개개인이 아니라 오디언스 전체에게 이야기하는 것이다. 더욱이 이제는 홍보를 도와줄 팬층도 형성되어 있다. 혹시 아직 안 했다면 좋은 후기를 캡처해 오디언스에게 공유하거나 고객들에게 추천 영상을 찍어줄 것을 부탁해 페이스북에 광고처럼 올리는 것이 좋다. 실제 고객의 추천은 오디언스를 위한 콘텐츠가 되고 당신의 제품을 손에 들고 있는 사진이나 영상 후기는 광고 또는 소셜 미디어 게시물로 활용할 수 있다. 당신이 처음부터 일일이 만들어야 하는 것이 아니라 당신을 대신해 제품을 검증해주는 고객들이 있다. 이 거대한 규모를 활용할 때 강력한 힘이 발휘된다.

앞서 관계를 쌓았던 인플루언서들은 하나같이 당신의 성장을 지켜보고 있다. 첫 제품이 좋은 반응을 얻고 긍정적인 후기가 쌓여간다면 당신과 함께하는 것이 올바른 선택임을 사람들에게 입증할 수 있다. 이 네트워크를 적극 활용해야 한다. 사람들은 다른 사람들에게 크게 영향을 받기 때문에 좋은 후기와 극찬의 말이 담긴 이메일, 홍보나 매스컴에 조금이라도 노출되었던 것 모두 지속적으로 공유해야 한다. 이 모든 활동이 출시 전 시스템을 가동시켜 두 번째 제품을 히트시킬 수 있다.

아마존, 킥스타터, 월마트, 쇼피파이 등 당신이 제품을 판매하는 플랫폼에 외부 트래픽 유입과 판매량이 늘수록 플랫폼은 당신에게 더욱 크게 보상한다는 점을 기억해야 한다. 비즈니스의 성장 과정을 기록하고 당신의 결정에 대해 이야기하며 팔로어와 고객들의 관심을 잃지 않도록 노력하는 것이 그 어느 때보다 중요하다.

첫 제품의 고객이 다음에 필요한 것은 무엇인가

두 번째 제품으로 무엇을 출시할지 결정하는 것은 사실 굉장히 쉬운 일이어야 하지만 많은 사람이 여기서 실수를 저지르고 만다. 가장 큰 실수는 바로 또 다른 시장을 공략하려드는 것이다. 두 번째 제품은 다음 질문의 답을 충족시켜야 한다. '내 첫 고객들이 다음에는 무엇을 사고 싶어할까?'

그 답을 찾으려면 고객들이 이미 구매한 제품군을 살펴야 한다. 고객이 다음 제품으로 무엇을 원하는지 모르겠다면 당신은 잘못된 비즈니스에 들어왔거나 첫 제품에 너무 몰입한 나머지 브랜드의 방향을 잊은 것이다. 당신의 사람들이 원할 것 같은 제품 3~5가지를 파악하는 게 중요한 이유가 이 때문이다. 지금껏 충실히 따랐다면 벌써 제품 리스트를 보유하고 있을 것이다.

맷과 내가 요가 비즈니스를 할 때는 제품의 순서가 자연스럽게 정해졌다. 우리의 게이트웨이 상품은 요가 매트였다. 다음에는 사람들이 무엇을 구매하고 싶을까? 우리는 요가 타월을 내놓았다. 그다음에는 요가 블록과 폼 롤러를 출시했다. 그렇게 계속 이어갈 수 있었지만 우리 비즈니스에 관심을 보인 기업들이 나타나 사업체를 매각했다.

첫 제품에 추가 구성품을 더하거나 색과 사이즈만 달리해 계속 출시하고 싶어 하는 사람들이 많다. 문제될 건 없지만 이는 두 번째 제품이 아니다. 부대 용품은 새로운 제품이 아니며 기껏해야 추가 수익을 조금 만들어낼 뿐이다. 첫 제품의 '1A' 버전을 소개하는 것으로 좋은 제품을 출시할 기회를 낭비해서는 안 된다. 두 번째 제품이 첫 제품만큼의 화제를 불러일으키지 못한다면 기업의 매출을 두 배로 올릴 승수효과가 발생하지 않는다.

이렇게 생각해보자. 당신의 고객들은 이미 여정을 시작했다. 그 여정이 체중을 감량하는 것일 수도 있고 작가가 되거나 환경 친화적인 삶을 사는 것일 수도 있다. 고객들은 자신만의 여정을 시작하기로 결심한 주인공들이다. 당신의 역할은 이들이 여정 중 마주할 난관을 수월하게 극복하도록 돕는 것이다.

보조 상품은 당신의 고객들이 난관을 헤쳐나가는 데 도움을 주지 못한다. 그저 첫 번째 제품을 더욱 소비하게 만드는 도구일 뿐이다. 예를 들어 노트북을 구매할 때 가방이나 키보드 커버 등 온갖 부대 용품도 함께 고민하게 된다. 이런 제품은 보조 상품이지 새로운 콘셉트가 아니다. 애플이 한 제품만 출시하고 추가 구성품만 계속 판매했다면 10조 달러의 기업이 되기 어려웠을 것이다. 한 제품을 그저 변형시켜 출시한다면 고객은 당신의 제품을 줄 서서 기다리지 않는다.

하나의 제품에서 브랜드로 성장하다

두 번째 제품은 다음 1년 동안 당신의 비즈니스가 어떤 기업이 될지를 결정한다. 두뇌 기능 보조제 기업을 뛰어넘고자 했던 오닛과 커피 회사 그 이상을 바랐던 불릿프루프 360을 생각해보자. 두 기업 모두 제품 라인업을 최대한 빠르게 변경했다. 첫 제품과 너무 유사한 제품들만 출시하면 그 이미지로 고정된다. 정체기가 찾아올 수 있고 결국에는 가능성에 비해 비즈니스의 규모가 훨씬 작아진다.

때문에 어떤 기업이 되고 싶은지 지금 결정하는 것이 중요하다. 처음 시작 단계부터 해야 할 일을 모두 했고 고객을 잘 이해하고 있다면 별로 어렵지 않을 것이다. 결국 당신의 회사는 이상적인 고객이 여정을 잘 헤쳐나갈 수 있도록 돕기 위해 존재하기 때문이다.

베스트셀프를 세운 캐서린과 앨런은 셀프 저널을 처음 출시하고 대단한 성공을 거뒀다. 번개 같은 속도로 뜨거운 반응을 얻으며 수백만 달러 매출을 올렸다. 하지만 두 번째 제품을 출시할 때가 오자 고전을 면치 못했다. 첫 타석에서 홈런을 때려낸 제품의 후속으로 무엇을 출시해야 할까? 이미 저널의 부속품과 케이스(추가 구성품)를 판매하고 있었지만 두 번째로 출시할 킬러 제품에 대한 아이디어가 없었다. 그러던 어느 날 나는 그들과 대화를 나누다가 단순한 질문을 하나 했다.

"어떤 비즈니스를 하고 싶은가요?"

저널을 전문으로 하는 회사가 되고 싶다면 다음 제품도 쉽다. 다양한 저널 제품과 멋진 필기구 정도가 될 것이다. 하지만 나는 두 사람이 좀 다른 것을 원한다는 생각이 들었다. 대화를 나누던 그들은 어느새 답을 찾았다. 저널이 아니라 생산성이 주제였다.

　이 사실을 깨달은 후부터 완전히 새로운 아이디어가 쏟아져 나오기 시작했다. 그들이 할 일은 저널을 판매하는 게 아니라 고객이 더욱 생산성을 발휘할 수 있도록 돕는 제품을 개발하는 것이 되었다. 얼마 지나지 않아 그들은 두 번째 제품 템포를 출시했다. 세계 최초로 시간 조절이 가능한 모래시계로 사용자의 시간을 관리하고 집중력을 높이는 제품이었다. 더불어 이 모래시계는 그 자체로도 예쁘기까지 했다. 베스트셀프의 포괄적인 브랜드 콘셉트와 심미성까지 완벽히 충족하는 제품이었다. 이 제품 덕분에 기업은 단순한 저널 기업 이상으로 도약했다.

두 번째 제품의 함정

두 번째 제품으로 타격을 크게 입는 경우는 드물지만 새로 출시한 제품이 어떤 이유로든 끝내 성공을 거두지 못하는 경우는 많다. 오디언스를 형성하기 위해 모든 노력을 했다면 이런 상황이 첫 제품에서 벌어지는 일은 거의 없다. 하지만 두 번째 제품이 고객들의 기대에 부응하지 못했다면 이는 얼마든지 벌어질 수 있는 일이다. 또는 고객들의 여정에 도움이 되지 않을 경우 첫 제품 때와 달리 고객들은 열정적으로 구매하지 않을 확률이 높다.

　첫 제품을 출시할 때까지도 브랜드의 목소리를 정립하지 못한 사업가들이 많다. 어떤 경우 브랜드의 목소리와 정체성이 변하기도 한다. 특정 오디언스를 목표로 했지만 나중에 열성 팬들이 예상과는 다른 인구층에 형성되는 경우도 흔하다. 사업가가 오디언스를 제대로 파악하지 못했거나 관심사가 달라졌을 때 벌어지는 일이다. 첫 제품을 성공적으로 출시한 뒤 자신이 목표한 오디언스에 열정을 느끼지 못하고 있음을 뒤늦게 깨달은 사업가들이 얼마나 많은지 모른다. 이런 상황이라면 이상적인 고객층을 다시 설정하는 단계로 돌아가야 한다.

조너선이 나를 찾아왔을 때 그는 메이크업 가방으로 연매출 100만 달러를 올리고 있었다. 사람들의 사랑을 받는 제품을 만들어 100만 달러 매출을 달성했지만 괴로움에 빠져 있었던 그는 내게 멘토링을 받는 사람들로 구성된 소규모 그룹 백룸에 들어와 자신의 비즈니스와 목표에 대해 이야기했다.

그는 메이크업 가방을 판매하는 데 더는 관심이 없었다. 회사를 조금 더 키워 매각한 뒤 다른 일을 할 계획을 세우고 있었다. 하지만 나는 그에게서 한 가지 흥미로운 점을 발견했다. 새 아이디어에 대해 말할 때 그는 크리스마스트리처럼 반짝거렸다. 여행용 슈트 케이스를 출시하고 싶고 사람들이 목표를 달성하는 데 도움을 주는 저널을 만들고 싶다고 말하는 그의 얼굴에 활기가 돌았다. 그뿐 아니라 옷장 정리함 제작과 판매에 대해서도 무척 즐거운 표정으로 이야기했다.

어느 날 내 질문에 답하는 그를 보며 생각의 맥락을 찾을 수 있었다.

"조너선, 지금 말한 새로운 제품들이 어떤 점에서 흥미롭다는 생각이 들어요?"

그는 한숨을 내쉬었다.

"아마도 혼돈 상태인 제 머릿속을 정리하는 데 도움을 주고 싶은 것 같아요."

바로 그거였다! 메이크업 가방이나 여행 가방 같은 제품이 아니었다. 그의 브랜드는 그가 만든 제품이 불러오는 결과, 즉 고객의 복잡한 머릿속을 정리하는 것이었다.

그가 만든 메이크업 가방에 대해 고객이 열광하는 점이 바로 기발한 디자인이었다. 가방에는 모든 것을 각각 담을 수 있는 공간이 따로 마련되어 있었다. 또한 그가 구상 중인 여행 가방은 챙겨야 할 모든 것을 잊지 않고 짐을 쌀 수 있도록 설계되었다. 각 아이템을 넣을 수 있는 특별한 공간을 만들어 다음 여행에도 손쉽게 가방을 쌀 수 있었다. 그가 머릿속에 떠올렸던 옷장 정리함도 비슷했다. 그의 제품은 하나같이 신경을 쭈뼛 곤두서게 하는 요인들을 깔끔한 공간에 차곡차곡 정리해놓는 것 같았다.

조너선의 타깃 고객이 비단 핸드백 속이 어지러운 여성들에만 국한된 것이 아니라 나에게도 해당된다는 사실을 알고 적잖이 흥분되었다. 내 삶을 조금이라도 단순하게 만들어줄 말끔하게 정리된 여행 가방이 있으면 좋겠다는 생각이었다. 그가 계속해서 메이크업 가방만 출시했다면 메이크업 가방 회사로만 남았을 것이다. 하지만 자신의 비즈니스로 무엇을 하고 싶은지 깨달은 후 그는 더 큰 의미를 찾았다. 그의 브랜드는 혼란스러운 세상을 정리하기 위해 존재한다. 그렇게 정의하고 나니 제품 아이디어가 샘솟았다.

어떤 기업이 되길 바라는지 정확히 깨달은 후에는 고객의 여정에 도움을 주는 제품을 개발하는 것이 쉬워진다. 매번 홈런을 치지는 못하겠지만 각각의 제품들이 당신의 브랜드 안에서 저마다의 역할을 할 것이다.

다음 제품으로 무엇을 판매할지도 중요하지만 언제 출시할지를 판단하는 건 더욱 중요하다. 많은 경우 고객들이 숨 돌릴 틈도 없이 제품을 너무 빠르게 출시한다. 언젠가 아마존 셀러를 위한 셀러콘_{SellerCon}에서 질의응답을 할 때 한 참석자가 이렇게 물었다.

"제품 10개 출시를 앞두고 있습니다. 어떻게 해야 오디언스가 부담을 느끼지 않을까요?"

나는 그에게 이렇게 말했다.

"간단합니다. 하지 마세요. 그렇게 하면 안 됩니다. 오디언스는 분명 혼란스러워할 겁니다. 한 번에 하나씩 판매해야 합니다."

그가 반박했지만 나는 강경한 입장을 취했다. 한 번에 10가지 상품을 출시해서는 안 된다. 하나만 출시해야 한다. 그래야 더 많은 수익을 얻고 성장 동력도 유지할 수 있다. 눈덩이가 굴러가게 만들려면 하루 25개 판매가 발생해야 하는데 10가지 제품을 동시에 관리하고 판매한다면 이를 달성하기가 어렵다.

또한 기업 이미지에도 도움이 안 된다. 아마존에서 후기가 몇 개뿐인 10개 제품을 보유하는 것보다 훌륭한 후기가 가득한 제품 하나가 더욱 강력한 힘을 발휘하고 신뢰도도 높인다. 하나를 특출하게 잘한 뒤에 이 과정을 반복하는 것이 좋다.

메시지의 통일과 차별화로 시장을 장악하라

성공적으로 첫 제품을 출시한 후 이제 뭘 해야 할지 몰라 우왕좌왕하는 수많은 사업가에게 컨설팅을 제공하면서 알게 된 점이 있다. 대부분이 고객이 원하는 것에 집중하기보다는 분석 자료와 표면적인 수치에 얽매인 탓에 이런 문제를 경험하는 경우가 많았다.

맷과 시어 스트렝스를 시작할 때만 해도 아마존에서의 매출액이 얼마나 될지 예측하는 툴 같은 것은 없었다. 그러나 예상 매출액을 몰랐던 것이 우리에게 전략적 이점으로 작용했다고 생각한다. 첫 제품을 멋지게 출시해놓고도 두 번째 제품을 출시하는 데 고전하는 사업가들이 얼마나 많은지 모른다. 데이터에 겁을 먹은 탓이다.

시장점유율을 늘리거나 다른 이의 몫을 빼앗아야 한다는 생각으로 의사결정을 내리는 우를 범해선 안 된다. 당신의 비즈니스와 고객에게 가장 이로운 일을 해야 한다. 모두가 공존할 만큼 시장은 충분히 크다. 시장을 점령하지 않아도 된다. 그저 당신의 제품을 각각 25개씩 판매하는 데만 집중하면 된다. 오로지 고객을 만족시키는 데만 신경 쓴다면 숫자는 중요치 않다.

퀘스트 뉴트리션의 창립자 톰 빌류에게 경쟁에 대해서 물었을 때 그는 새로운 시각을 들려주었다. 퀘스트바는 업계에 처음 등장하는 유형의 제품으로 출시되자마자 크게 히트했다. 하지만 몇 년 후 수많은 팔레오 프로틴바가 등장하면서 시장이 혼란스러워지기 시작했다. 톰은 새로운 제품을 시장에 선보이고 약 18개월이 지나면 다른 업체들이 모방하기 시작한다고 말했다. 그전까지의 달콤한 시간을 누리되 누군가 곧 따라잡을 거라는 사실을 잊어선 안 된다. 해결책은 끊임없이 혁신하고 늘 한 발짝 앞서나가는 것이다.

대부분의 경우 경쟁사들이 제품에 대한 사람들의 인식을 높이는 덕분에 당신의 브랜드에 이점으로 작용할 때가 많다. 몇십 년 전만 해도 요가는 작은 시장에 불과했지만 많은 브랜드가 등장하며 요가 수행에 대한 인식을 높여 사람들의 관심을 불러일으켰고, 덕분에 업계 내 모두가 이득을 봤다. 만일 닥터 오즈Dr. Oz가 내가 판매하는 것과 비슷한 보조제를 대중에게 선보인다면 나는 기대하지 않을 수 없다. 그가 제품의 가치를 수용할 준비가 된 대규모 오디언스를 시장에 불러올 것이기 때문이다. 대부분이 그에게서 제품을 구매하겠지만 그중 몇몇은 내 제품을 구매할 것이다.

당신의 경쟁사라고 생각하는 업체가 어쩌면 훗날 당신의 기업을 인수할 수도 있다는 점을 염두에 두어야 한다. 당신은 당신의 일을 하고 그들은 그들의 일을 하게 두면 된다. 누군가 당신의 영역을 침범한다면 혁신을 계속하고 고객을 만족시키기 위해 노력하면 된다. 이와 동시에 협업 또는 경쟁에 늘 열린 태도를 유지하라. 이것이 협동적 경쟁이다. 결과적으로 당신과 경쟁사들이 전달하는 메시지는 동일하다.

톰은 이를 잘 이해하고 있었다.

"우리 기업의 미션은 프로틴바를 만드는 게 아닙니다. 우리의 미션은 대사성 질환에서 해방되는 겁니다. 만일 다른 기업이 우리보다 그 역할을 더욱 잘 수행한다면 우리는 그들을 지지할 겁니다."

내가 자문한 몇몇 브랜드는 똑같지는 않지만 유사한 제품을 취급하며 같은 시장에 속해 있다. 이들은 경쟁하지 않는 제품군에 한해서 각자의 오디언스에게 상대 기업의 제품을 소개한다. 이로써 오디언스에게도 도움이 되고 두 기업 모두 매출이 증가한다.

고객들은 제품을 바꾸긴 해도 브랜드를 바꾸는 일은 별로 없다. 고객의 입장에서는 새로운 브랜드를 시도하는 건 위험 부담이 크기에 새로운 비즈니스가 시장에 자리를 잡는 것이 쉽지 않다. 그러나 신뢰와 인정을 받은 후라면 사람들은 당신에게서 계속 구매할 것이다. 누군가 상품에 대한 인식을 높인다면 당신의 브랜드에 도움이 될 뿐이다. 당신의 경로를 지켜라. 경쟁사의 선택이 당신이 가는 방향을 결정하도록 두어선 안 된다.

브랜드가 되어야 하는 이유

제품 하나로 사람들의 주목을 받고 첫 제품의 효과가 추후 구매로 이어질 때 브랜드가 성공한다. 우리가 좋아하는 브랜드 대부분이 보통 주력 상품을 하나 보유하고 있고 이 상품이 다음 제품의 판매까지 촉진시키는 경우가 많다. 당신의 베스트셀프 저널, 방탄커피, 퀘스트바를 구매하기 위해 찾아오는 사람들은 둘러보다가 당신이 판매하는 다른 상품들까지 구매할 것이다. 오디언스가 중요한 이유도 여기에 있다. 상품이 출시될 때마다 화력을 집중시키는 오디언스의 능력은 가치를 매기기 어려울 정도로 귀중하다.

한편 브랜드를 알리는 대표 상품, 즉 주력 상품은 처음 출시하는 제품도, 두 번째 출시하는 제품도 아닐 때가 있다. 처음으로 출시한 제품이 나쁘지 않은 성적을 거두고 두 번째 역시 그럭저럭 괜찮다가 세 번째 제품이 히트를 치는 사례를 몇 번이나 봤다. 어떤 제품이 가장 큰 반응을 불러올지는 결코 알 수 없다.

1년 안에 100만 달러 비즈니스를 만들겠다는 가장 중요한 목표를 염두에 두어야 한다. 목표를 이루려면 30달러에 3~5가지 제품을 하루에 25개씩 판매해야 한다. 이것만 기억하면 된다. 출시 후 당신이 매진해야 할 단 하나의 목표는 하루에 제품 25개를 판매한 후 다음 제품을 출시하고 또 그다음 제품을 출시하는 것이다. 이 동력을 유지하는 데 집중한다면 눈덩이가 알아서 커지면서 빠르게 목표 지점까지 굴러갈 것이다.

때로 예상치 못한 고객층의 등장이
사업의 방향을 결정한다

폴 밀러는 빈손으로 코지폰즈CozyPhones를 시작했다. 앞서 사업에 실패하며 완전히 빈털터리가 되었던 그는 절망의 순간 한 번 더 도전하기로 결심했다. 4년 차에 접어들었을 때 코지폰즈는 매출 600만 달러를 기록했다.

"솔직히 말해서 당신의 영상이 제 인생을 바꿨어요."

얼마 전에 폴은 내게 이런 말을 했다.

"그 청사진이 없었다면 시작하지 못했을 거고 지금 이 위치에 있지도 못했겠죠."

몇 년 전 폴은 폭신한 헤드밴드 안에 스피커가 내장된 수면 헤드폰을 사용했다. 잠이 오지 않을 때 팟캐스트를(내 팟캐스트도 있었다) 듣는 용도였다. 헤드폰의 만듦새가 엉성했던 터라 자주 고장이 났다. 새 제품을 찾던 중 그의 머릿속에 한 가지 아이디어가 떠올랐다. 이거 제대로 만들 수 있을 것 같은데. 그는 브랜드와 상표명이 없는 수면 헤드폰을 소량 구매했다. 그런 뒤 제품에 수정을 가했다. 음질을 개선하고 다양한 색과 모양을 시도하고 내구성을 향상시켰다. 그는 수정한 수면 헤드폰 제품을 아마존에 출시했고 큰 인기를 얻었다.

하지만 이것이 코지폰즈의 진짜 시작은 아니었다. 적어도 매출에 한해서는 말이다. 제품 사진 촬영을 할 때 사진작가가 폴의 열 살 난 딸에게 헤드폰을 씌워주었다. 그의 머릿속에 굉장한 아이디어가 떠올랐다.

"계시를 받은 순간이었어요. 이런 생각이 들었죠. 와, 아이들이 써도 좋겠는데. 편안하고 누워서 쓸 수도 있고 고정도 잘되고 여행용으로도 좋잖아. 하지만 아이들은 좀 더 튀는 색깔을 원한다는 걸 알고 있었죠. 제 아이들이 무엇을 좋아할지 떠올렸고 바로 진행했어요."

첫 번째 디자인이었던 초록색 개구리 버전을 제작하는 데 딸의 도움을 받았다. 이 제품은 처음 아마존에 출시했던 제품보다 훨씬 빠른 속도로 뜨거운 반응을 이끌었다.

"어린아이들은 크고 투박한 헤드폰을 좋아하지 않아요. 코지폰즈는 편안할 뿐 아니라 음량을 제한하는 기능이 있어 귀에도 안전하게 사용할 수 있습니다. 아이들은 물론 부모님들도 무척 좋아하죠."

이 틈새시장을 발견한 것이 전세를 역전시켰다. 폴은 유니콘, 토끼, 여우, 고양이 등 동물을 테마로 제품을 만들어 시장의 요구에 부응했다. 그때 폴이 조금도 예상하지 못했던 고객들 사이에서 이 제품이 화제가 되었다. 코지폰즈가 자폐와 감각처리장애SPD를 가진 아이들에게 큰 인기를 얻었던 것이다. 당시 폴은 SPD가 무엇인지조차 몰랐다. 이후 헤드폰이 이 아동들에게 어떤 도움을 줄 수 있는지 깨달은 그는 자폐와 SPD를 위한 페이스북 그룹 여러 곳에 가입해 무료 샘플을 제공했다. 그리고 가족들에게 제품을 써본 뒤 피드백을 달라고 부탁했다.

"부모님들에게 감사 인사를 들을 때 기분이 무척 좋았어요. 물건을 판매하는 게 아니라 이들에게 도움을 주고 있다는 생각이 들었습니다."

코지폰즈는 여전히 성인용 수면 헤드폰을 판매하며 블루투스 기능이 탑재된 제품과 더불어 스타일 및 색깔을 다양화해 규모를 키워가고 있다. 하지만 무엇보다 아이들에게까지 제품을 확장한 것이 판도를 크게 바꿨다. 아동용 제품 이후 라이선싱 계약을 성사시키며 코지폰즈는 또 한 번 크게 도약했다. 폴은 현재 애니메이션 스튜디오 니켈로디언Nickelodeon과 협업해 〈퍼피 구조대〉, 〈닌자 거북이〉 등 다양한 캐릭터 헤드폰을 만들고 있다.

폴이 사업을 하며 마주한 최악의 난관은 무엇이었을까?

"우리 제품을 모방한 카피캣이죠. 사업 첫날부터 시작되었어요. 하룻밤새 100개나 되는 업체가 나타나서 우리와 똑같은 제품을 판매했습니다."

때문에 폴은 코지폰즈의 특허를 출원 중이다. 특허를 받은 후 경쟁사들과의 문제를 처리할 계획이다. 그는 지금도 혁신을 계속하며 다른 업체들보다 조금이라도 나은 제품을 선보이기 위해 노력하고 있다.

폴은 제품이 어떤 효과를 발휘할지 자신만의 좁은 시야로 판단하지 않는 게 중요하다고 강조한다.

"제 상품이 히트를 치리라고는 생각 못 했습니다. 이렇게 다양한 사람들이 코지폰즈를 사용한다는 데 정말 많이 놀랐습니다. 제가 이토록 폭넓은 고객층을 수용할 거라고는 상상조차 하지 못했어요."

그는 오디언스와 제품에 대해 틀에 박힌 고정관념에서 벗어나야 한다고 말한다. 제품에 수정을 더하면 다른 고객층도 사용할 수 있을지 늘 질문해야 한다. 얼마 전 폴은 러너를 위해 땀을 흡수하는 재질로 코지폰즈 헤드밴드를 만들었다. 그리고 현재 이야기 중인 여러 브랜드와 라이선싱을 맺어 앞으로도 더욱 사업을 확장할 계획이다.

"처음 시작할 때만 해도 100만 달러 비즈니스가 되면 정말 좋겠다고 생각했어요. 가능한 일이라는 건 알았지만 3년 안에 이루리라고는 꿈에도 생각지 않았습니다. 이제는 연매출 450만 달러를 넘어섰어요. 집에서 근무하면서 말이죠."

고객과 장기적인 관계 형성하기

:
:

10억 비즈니스로 향하는 지름길은 영향력이 있는 사람들에게 접근해서
이들이 오디언스와 쌓은 신뢰를 발판 삼아 당신의 추종자를 만드는 것이다.
이를 위해 광고 플랫폼을 어떻게 선택해야 하는지,
인플루언서와 어떻게 관계를 쌓아야 하는지 알아보자.

12개월 안에 100만 달러를 달성한다는 건 위대한 성과다. 마치 통과의 례를 거친 것과 같이 대단한 하나의 분기점을 넘은 것이다. 이를 목표로 삼은 사업가 수백 명에게 도움을 줄 수 있어 뿌듯하다. 하지만 이 대단한 성과를 조시 베조니와 조엘 매리언은 얼마 안 되는 푼돈을 벌 듯 쉽게 해 냈다.

두 사람은 몇 년간 쌓아온 관계를 바탕으로 다른 어떤 기업과도 차별화된 방식으로 고객의 니즈를 충족시키는 건강·피트니스 기업 바이오트러스트BioTrust를 설립했다. 첫해에 단지 100만 달러 매출만 달성한 것이 아니었다. 이들은 12개월 만에 1억 달러 이상을 기록했다. 아마존이나 소매점 유통은 물론 그 어떤 전통적인 방식의 마케팅도 시도하지 않았다. 오로지 자사 웹사이트에서만 제품을 판매했고 구식의 이메일 마케팅으로 고객을 유치했다. 나는 조엘을 캐피털리즘 컨퍼런스 무대에 초대해 공식 질문을 던졌다.

"도대체 어떻게 하신 겁니까?"

조엘의 답변은 간단하면서도 어찌 보면 시시했다. 또한 보통 사업가들이 따르는 조언과는 정반대되는 답변이기도 했다. 그의 답은 12개월 만에 1억 달러를 달성하려면 돈을 잃을 준비를 하라는 것이었다.

"90일 후에 고객에게서 30달러를 벌 수 있다고 생각한다면 먼저 고객을 모으는 데 25달러를 들이는 겁니다."

대다수 사람들은 30일 안에 수익이 나지 않으면 포기하지만 그는 추종자 및 고객과의 장기적인 관계를 내다봐야 한다고 설명했다. 장기적으로 필요한 이익을 얻을 수 있다는 사실을 안다면 단기적으로는 손해를 봐도 별 문제가 되지 않는다.

내가 아는 대부분의 사업가들은 단기적인 손실에 심각한 두려움을 느낀다. 1달러를 들였지만 곧장 2달러의 수익으로 회수되지 않으면 손실과 파산에 대한 두려움, 좀 더 과장하자면 삶이 끝날 것만 같은 공포를 느낀다. 하지만 고객들이 오래도록 함께할 거라고 느끼면 단기적으로 손해를 보는 건 감수할 수 있다. 마이클 더빈이 달러 셰이브 클럽으로 수많은 고객을 얻을 수 있었던 것도 이런 사고방식 덕분이었다. 조엘과 조시 또한 이런 믿음으로 바이오트러스트를 설립했다. 뭔가를 만들어내고 싶다면 능동적으로 고객을 확보할 준비가 되어 있어야 한다.

"고객을 확보하기 위해 제 경쟁사보다 많은 비용을 지출해야 한다면 한 번도 지지 않고 항상 더 많은 돈을 쓸 겁니다."

조엘이 말했다. 다른 것도 마찬가지지만 마케팅은 결국 헌신적인 관계를 쌓아가는 것이다. 하지만 대부분의 사람들이 마케팅을 하룻밤 관계처럼 접근한다.

예전에 사업가가 되는 길을 찾으려고 애쓸 때 한 행사에 참여해서 인터넷 마케터들을 잔뜩 만난 적이 있었다. 당시 가장 유명했던 마케터가 자신의 능력을 소란스럽게 과시하고 있었다. 수많은 사람이 마치 지혜의 말씀이라도 들으려는 듯 그의 주변을 에워쌌다. 나는 그의 전략을 듣고 종합해보기 위해 사람들을 밀치고 앞쪽으로 나아갔다.

"이런 식입니다. 우리 여덟 명이 이메일 리스트를 각자 갖고 있어요. 그래서 우리끼리 차례를 정합니다. 한 사람 차례가 되면 그 사람을 홍보해주는 겁니다. 온갖 순위에서 1위로 올려주는 거죠. 그런 뒤 다음 사람에게 차례가 넘어가고요."

나는 고개를 끄덕이며 말했다.

"그러니까 그 안에서 서로 밀어주고 당겨주고, 뭐 그러는 거네요?"

사람들이 웃음을 터뜨렸고 그는 손에 들고 있던 음료 너머로 나를 바라봤다.

"뭐, 그런 셈이죠."

내가 하고 싶은 비즈니스는 그게 아니라는 걸 그 순간 확실히 알았지만 한 가지 귀중한 교훈을 얻었다. 오디언스를 통제할 수 있는 사람들에게 접근할 수 있으면 어떤 제품이든 성공한다는 사실이다.

영리한 사업가들은 고객 유치와 장기적인 관계를 형성하는 데 돈을 투자한다. 고객이 여기에 만족하면 장기적으로 계속 돈을 지불할 것이다. 만일 요가 매트만 판매하거나 단 하나의 상품만 판매한다면 고객에게 투자하면서 사업을 운영하는 것은 말이 안 된다. 30달러짜리 요가 매트를 판매하기 위해 30달러를 쓴다면 큰돈은 벌지 못할 테니 말이다. 하지만 요가 블록과 타월, 매트, 차, 옷, 명상 방석까지 있다면 고객을 유치하는 데 30달러가 든다 해도 기쁘게 투자할 것이다. 결국 이 고객이 다시 찾아와 더 많은 제품을 구매하기 때문이다. 당신의 무기고 안에 여러 제품이 있다면 이렇게 접근해야 한다.

이런 사고방식으로 접근한다면 업계에서 금세 돋보일 수 있다. 당신이 직접 브랜드를 눈에 띄게 만들 때 계속해서 제품을 출시할 여건이 마련되고, 그러다 보면 어느덧 100만 달러대에 오른다. 이 단계를 골드라고 하는 이유다.

브랜드 노출을 극대화하는 법

100만 달러 비즈니스를 만들기 위해서는 세 가지가 필요하다.

> 1. 아마존이든 자사의 스토어든 킥스타터든 세 가지를 동시에 운영하든 제품을 판매할 플랫폼
> 2. 제품을 보여줄 소규모 추종자들과 유리하게 형성된 분위기
> 3. 새로운 오디언스에게 제품을 노출할 방법

내가 처음 시작할 때는 브랜드를 홍보하기 위해 이메일 마케팅에 주력했다. 요즘도 그 방식이 통하긴 한다. 하지만 이제는 더 많은 선택지가 있다. 잠재 고객들이 한곳에 모여 있는 덕분에 특정 집단을 대상으로 광

고를 하는 것이 쉬워졌다. 또한 같은 인플루언서를 팔로하는 경우가 많다. 광고의 목적은 굶주린 물고기가 모여 있는 장소에 미끼를 드리워 물고기를 낚아채는 것이다.

유료 광고를 통해서도 가능하고 인맥을 쌓는 것으로도 가능하다. 돈을 들여 잠재 고객들 앞에 노출될 수도 있으며 잠재 고객에게 영향력을 발휘하는 사람들과 관계를 쌓을 수도 있다. 두 전략 모두 효과가 있고 모두 수고를 요한다.

어떤 이들은 수천 또는 수백만 명의 팔로어를 거느린, 인지도가 비교적 낮은 유명 인사나 인플루언서들과 직접 교류하는 기회를 성배처럼 여기기도 한다. 대단한 유명 인사 중 한 명만 내 제품을 언급해도 수백만 명에게 홍보가 될 텐데! 그런 경우도 있지만 사람들이 생각하는 건 조금 다르다. 오닛은 조 로건으로, 어니스트 컴퍼니The Honest Company는 제시카 알바로 유명해졌지만 이런 사례는 인플루언서가 직접 기업을 운영하는 경우이며 대변인으로 활동한 건 아니다. 인플루언서를 경영에 참여시킬 정도로 관계를 쌓으려면 오랜 시간이 걸린다. 100만 달러 매출을 달성하는 데 효율적인 방법이 아니다.

이와 대조적으로 제품을 언급하는 대가로 소셜 미디어 유명 인사들에게 기꺼이 돈을 지불하는 비즈니스도 있다. 하지만 이런 거래로는 그어떤 신뢰도 형성할 수 없고 기대하는 만큼의 영향력도 발휘하지 못한다. 나는 인플루언서에게 비용을 지불하고 제품 홍보를 의뢰하는 건 돈도 잃고 좌절감도 느끼는 가장 빠른 방법이라고 본다.

한편 제품을 제대로 홍보하고 관계를 잘 쌓는다면 점진적으로 판매가 늘어날 수 있다. 이번 장에서는 홍보비로 빈털터리가 되는 일 없이 브랜드 노출을 극대화하는 방법을 소개할 것이다. 광고 플랫폼을 어떻게 선택해야 하는지, 인플루언서와 어떻게 관계를 쌓아야 하는지에 대해 구체적으로 다룬다.

우리의 목표를 이루기 위해 복잡한 마케팅 전략을 개발하거나 홍보에 큰돈을 들일 필요가 없다. 우리의 유일한 목표는 12개월 안에 100만 달러를 달성하는 것이며 여기에만 전념하면 된다. 100만 달러로 향하는 지름길은 영향력이 있는 사람들에게 접근해서 이들이 오디언스와 쌓은 신뢰를 발판 삼아 당신의 추종자를 만드는 것이다.

당신의 오디언스가 모인 곳을 공략하라

당신의 제품을 구매할 사람들과 유사한 구매 행동을 보이는 이들이 바로 당신이 공략해야 할 오디언스다. 팟캐스트를 운영하는 나는 팟캐스트 구독자들이 모여 있는 곳, 즉 다른 팟캐스트로 가서 노출을 극대화한다. 다시 말해 나는 오디언스를 형성하기 위해 팟캐스트를 듣는 사람들이 모여 있는 곳에서 어울린다.

많은 사람이 저지르는 실수 중 하나는 한 플랫폼에 모여 있는 사람들을 다른 플랫폼으로 옮겨오려는 것이다. 사람들을 다른 플랫폼으로 보내기 위해 시간을 낭비할 필요는 없다. 그저 사람들이 모여 있는 곳으로 가면 된다. 이 지점에서 수많은 이들이 묻는 질문이 있다.

"판매를 늘리려면 어느 플랫폼에 광고를 하는 게 가장 좋을까요?"

질문이 잘못되었다. 올바른 질문은 다음과 같아야 한다.

"제가 출시할 제품과 비슷한 제품을 구매하는 사람들은 누구이고 이들은 요즘 어디에 모여 있나요?"

이들이 모여 있는 플랫폼에 침투할 수만 있다면 내년의 구매자들은 확보한 셈이다. 어쩌면 이렇게 질문하는 것이 쉬울 수도 있다. '내 타깃 고객이 누구를 팔로하고 있을까?' 그 사람을 찾아 그가 어디서 콘텐츠를 만드는지 살피면 된다. 기준점이 되어줄 인플루언서 한 명을 찾은 뒤 그가 영향력을 발휘하는 영역을 파악한다. 그런 뒤 그와 비슷한 여러 인플루언서를 찾고 그들이 활동하는 플랫폼을 찾으면 된다.

판매에 끼치는 영향력 순으로 볼 때 가장 강력한 플랫폼은 팟캐스트, 블로그와 이메일 리스트, 유튜브 영상, 소셜 미디어 순이다. 홍보로 발생하는 트래픽 유입이 핵심이다. 다시 말해 누군가 당신의 제품을 홍보해 판매가 증가한다는 뜻이다. 팟캐스트, 블로그, 유튜브 채널 운영자들과 인맥을 쌓으면 충분한 얼리어댑터를 확보할 수 있다.

이를테면 '지성의 다크웹'intellectual dark web이라고 불리는 모임이 있다. 작가 샘 해리스, 팟캐스터 조 로건, 유튜버 데이브 루빈, 에디터 벤 샤피로 등 유명 팟캐스터와 유튜버들이 모인 소규모 집단이다. 2018년 조던 피터슨의 《12가지 인생의 법칙》이 출간되자 이 미디어 모임의 회원들이 앞다퉈 그를 팟캐스트와 인터뷰에 초대했다. 1년 후 책은 300만 부 이상이 팔렸다.

이와 비슷하게 실리콘밸리의 기업가 앤드루 양이 2020년 미국 대선에 출마하겠다고 선언했을 때만 해도 그에 대해 아는 사람이 별로 없었다. 그러나 양의 출마가 샘 해리스의 관심을 사로잡았고 해리스는 양을 팟캐스트에 초대했다. 이 일이 또 조 로건의 레이더에 포착되었고 그도 양을 팟캐스트 게스트로 불렀다. 이런 식으로 노출이 계속 이어졌다. 몇 달 후 양은 몇몇 주요 후보들보다 높은 지지를 받아 2019년 7월에 열린 민주당 대선 후보 경선 토론회 참여 자격을 얻었다.

이것이 무슨 뜻일까? 당신이 속해 있는 시장의 미디어를 통제하는 이런 엘리트 클럽에 침투만 한다면 당신의 브랜드는 무서울 정도로 빠르게 치고 올라갈 수 있다는 의미다. 비법은 팔로어 1만 명, 즉 100만 명도 1,000만 명도 아닌 그저 1만 명 정도의 팔로어를 거느린 인플루언서들에게 접근하는 것이다. 중간 순위의 팟캐스트와 그리 주목받지 않는 블로거, 보통 규모의 유튜브 채널을 노려라. 판매에 영향을 줄 정도는 되지만 당신의 제안에 동의할 정도로 작은 규모다. 시간이 흐를수록 당신이 목표로 한 시장 내에서 점차 자리를 잡아갈 것이고 블로그와 유튜브의 오디언스가 당신의 오디언스가 될 수 있다.

그렇다면 이들을 어떻게 찾아야 할까? 우선 인스타그램에서 해시태그를 검색하는 것부터 시작하자. 그리고 당신의 시장 또는 제품과 관련된 팟캐스트를 구독한 뒤 누가 게스트로 자주 초대되는지 살핀다. 관련 유튜브 채널을 구독하고 당신의 구역 내에서 벌어지는 잡담에도 촉각을 곤두세운다.

또한 큰 영향력을 발휘하는 블로그와 웹사이트를 볼 수 있는 시밀러웹닷컴(SimilarWeb.com) 활용을 추천한다. 여기에 대형 인플루언서의 웹사이트 URL을 입력하면 유사한 인구통계학적 속성을 지닌 웹사이트들을 보여준다. 당신의 제품에 대해 알리고 싶은 1만~5만 명 정도의 팔로어가 있는 10명의 후보를 추려 분석한다. 이들은 어떤 사람들인가? 이들과 쌓은 관계를 어떻게 활용할 수 있는가? 기억할 점은 그 분야의 모든 인플루언서가 당신에 대해 이야기할 필요는 없다는 것이다. 그저 인플루언서 몇 명만 당신에 대해 이야기하면 된다. 지금 상황에서는 이 몇 명이 모든 것을 변화시킬 수 있다.

물론 여기서 "잠깐만요. 저는 팟캐스트 여기저기에 나가는 것도 싫고 유튜브는 더더욱 싫은데요."라고 말하는 사람도 있을 것이다. 전혀 문제될 게 없다. 수백만 달러 비즈니스를 만들기 위해 직접 유튜브에 출연하거나 인터뷰를 할 필요는 없다. 다만 그런 일을 하는 사람들은 알아둬야한다. 자신의 사업적 야망이 무엇이든 타깃 고객이 속한 미디어를 통제하는 사람들을 알아야 한다. 그리고 이들과 관계를 쌓기 위해서는 상대방의 관계 통장에 입금부터 해야 한다.

'관계 통장'에 입금하기

당신의 오디언스가 형성된 곳을 파악했고 중간 규모의 핵심 인플루언서도 찾았다면 이제 이들과 관계를 만들 차례다. 나는 이 단계를 '관계 통장에 입금한다'고 표현한다. 입금도 하지 않은 통장에서 인출만 하려는 사람들이 너무도 많다. 관계는 은행 통장과 비슷하다. 잔고가 없는 통장에서 인출하다간 채무만 쌓인다. 관계도 같은 논리다. 당신의 계좌에 잔고가 더 많지는 못할지언정 최소한 양쪽 계좌가 동일하게 주고받아야하는 게 관계다.

하지만 어떻게 해야 할까? 예금부터 쌓아야 한다. 뭔가를 제공하는 것부터 시작해야 한다. 매일 내 인스타그램에 다음과 같은 메시지가 도착한다. "제게 멘토링을 해주시겠습니까? 이것 좀 도와주실 수 있나요? 부자가 되는 법을 알려주실 수 있습니까?" 예전에는 이런 메시지가 짜증나서 신경질적인 답장을 보내기도 했다. "저는 그쪽이 누군지도 모르지만 그럼요. 당연히 다른 일 다 제쳐두고 뭐든 알려드려야죠." 이제는 그냥 차단하는 쪽이다. 앞서 말했듯이 질문이나 부탁이 아니라 항상 뭔가를 제공하는 쪽이 되어야 한다. 늘 묻기만 한다면 눈치 없는 물음표 살인마가 된다. 그런 사람이 되어선 안 된다.

관계를 형성하는 것은 시간을 들여야 하는 일이기에 상대방의 통장에 빨리 입금할수록 하루라도 빨리 당신이 인출할 잔고도 생긴다. 만일 긍정적인 후기가 쌓인 제품이 아직 없다면 우선은 상대방에게 어떤 대가도 바라지 않고 베풀어야 한다. 당신의 브랜드를 분명 찾아보는 사람들이 있을 텐데, 제품에 대한 어떤 실적이 없다면 당신의 비즈니스를 진지하게 생각하기가 어렵다. 그렇다고 해서 관계 통장에 입금을 시작하기도 어렵다는 건 아니다. 다만 성장 동력을 갖추기 전에는 인플루언서들이 당신에 대한 이야기를 공개적으로 하지 않을 거란 의미다.

상대방이 '예스'라고 할 수밖에 없는 제안을 하는 것부터 시작하라. 상대가 동의하기 쉬운 제안일수록 예스를 받아내기가 쉽고 거기서부터 관계를 쌓아가야 한다.

가장 쉬운 '예스'부터 시작하라

한 번도 만나보지 못한 사람, 당신에게 관심을 가질 이유가 전혀 없는 사람의 관심을 얻으려면 어떻게 해야 할까? 은행 코드 번호도 모른다면 관계 통장에 돈을 입금할 수 없다. 영화 〈대부〉에 나온 말처럼 상대가 거부할 수 없는 제안을 해야 한다.

상대방이 가장 쉽게 '예스'라고 할 만한 것을 노려라. 무엇을 말해도 상대가 동의하게 만든다면 대화를 시작할 수 있고 관계 통장에 입금할 수 있다. 그렇다면 상대에게서 예스라는 답을 유도하는 가장 쉬운 방법이 무엇일까? 바로 돈을 제공하는 것이다. 새로운 사람들을 만날 가장 쉬운 방법은 이들과 비즈니스를 하는 것이다. 그리고 비즈니스를 시작하기 가장 쉬운 방법은 그들의 고객이 되는 것이다.

나는 누군가와 대화를 시작할 때 이렇게 말한다. "저기요, 제가 돈을 드리고 싶은데요." 이 말보다 더 사람의 관심을 사로잡는 말은 없다. 그런 뒤 이렇게 이어간다. "팟캐스트가 너무 좋아서 광고를 싣고 싶습니다. 제게 광고 요금표를 보내주시겠어요?" 당신의 광고를 수락한다면 바로 대화의 기회가 열린 것이다. 이렇게 당신이 만나고 싶어 했던 인플루언서가 열어놓은 문틈에 발을 들여놓는다.

내가 연사에게 강연료를 지불하고 자선단체에 기부하고 책을 대량으로 구매하고 팟캐스트나 행사에 후원자로 참여하는 것 모두 관계를 쌓기 위해서다. 내가 가장 가치 있게 쓴 돈이라고 말할 수 있다.

광고비를 쓰고 싶지 않거나 아직 광고할 만큼의 수익이 없다면 문을 열 만한 다른 제안을 찾아야 한다. 한번은 내가 만나고 싶어 했던 사람이 텍사스주 오스틴을 방문했는데 타코가 무척 먹고 싶다는 글을 트위터에 올린 것을 봤다. 나는 배달 업체 포스트메이츠Postmates로 타코를 주문해서 그녀가 있는 곳에 보내주겠다고 제안했다. 실제로 있었던 일이다.

존 룰린은 조금 다르게 접근한다. 그가 운영하는 기프톨로지Giftology는 그와 그의 고객들이 만나고 싶은 사람에게 깜짝 놀랄 만한 선물을 보낸다. 사실 우리가 처음 만났던 계기도 그랬다. 언젠가 내게 온 우편물을 열었더니 클리블랜드 인디언스의 사인 배트와 공이 들어 있었다. 편지도 발신인 주소도 없이 선물만 담겨 있었다. 발신인을 내가 찾아다녀야 했다! 이후 존은 우리 집을 방문할 정도로 가까워졌고 함께 인디언스 경기도 몇 번이나 보러 갔다. 그는 아무런 기대 없이 베풀었다. 이제 그가 전화를 하면 나는 무조건 받는다.

먼저 뭔가를 베풀어보라. 이로써 관계가 얼마나 빨리 변하는지 지켜보기 바란다. 인플루언서의 콘텐츠를 공유하거나 소개하겠다고 제안할 수도 있다. 당신이 갖고 있는 메일 리스트에 이들의 콘텐츠를 실어 메일을 보내겠다고 하는 것이다. 질문이나 부탁이 아닌 제안을 할 때 당신은 수많은 사람 속에서 돋보일 수 있다. 대부분의 사람은 물음표 살인마일 때가 많기 때문이다.

당신이 찾은 10명의 인플루언서를 살피면서 자신의 포지션을 정해보자. 당신은 이들에게 무엇을 제안할 수 있는가? 광고비 견적을 문의하거나 이들에 대해 언급하거나 콘텐츠에 대한 댓글을 남기거나 당신의 오디언스에게 소개해도 되는지 문의할 수 있다. 이들이 강연자로 출연하는 이벤트를 검색하고 VIP 자리를 구할 방법을 생각해보자. 이들이 몸담은 자선단체 중 당신이 후원할 수 있는 곳이 있는가? 창의적으로 생각한다면 어떻게든 관계를 쌓을 방법을 찾을 수 있다.

인플루언서의 오디언스에게 당신의 제품을 무료로 제공하는 것도 생각해볼 수 있다. "최근에 마라톤 완주하신 걸 봤습니다. 당신과 함께하는 사람들이 많을 것 같은데요. 관절 영양제 25개를 팔로어들에게 제공해도 될까요? 무료로요." 이 또한 관계 통장에 입금을 하는 셈이다. 이들이 마라톤을 완주하면 공개적으로 축하 인사를 전하고 당신의 오디언스에게 이들을 훌륭한 사람으로 소개하라.

영화 속 대부만이 거절할 수 없는 제안을 하는 게 아니다. 상대방이 거부할 수 없는 뭔가를 제공하는 것만으로도 제안을 할 수 있다.

꼭 인플루언서와 친해질 필요는 없다

오디언스를 중심으로 비즈니스를 만들어갈 때 경쟁우위를 선점할 확률이 높다. 어떤 이들은 단 한 명의 인플루언서, 유명 인사를 중심으로 비즈니스를 만들어 우위를 선점하기도 한다.

브라이언 리는 A급 파트너가 있을 때만 사업을 시작한다. 그의 첫 번째 10억 달러 벤처인 리걸줌LegalZoom의 중심에는 유명 변호사 로버트 카다시안이 있었다. 덕분에 엄청난 홍보 효과가 이어졌고 거대 기업으로 성장할 수 있었다. 그의 두 번째 성공작 슈대즐ShoeDazzle은 킴 카다시안과 함께였다. 세 번째인 어니스트 컴퍼니는 제시카 알바가 있었다. 그는 팀을 꾸리고 자금을 유치한 후 유명 인사를 합류시켜 10억 달러의 기업을 만들어낸다. 대단한 사업가다.

하지만 유명 인사라는 타이틀보다는 이들이 발휘하는 영향력이 핵심이다. 예를 들면 내 지인 한 명은 자신이 일하는 건강 보조제 기업의 홍보대사로 제니퍼 로페즈를 섭외했다. 좋은 선택이었지만 그녀는 단순히 돈을 받고 얼굴을 제공하는 역할에 불과했다. 그녀가 기업의 실제 고객이 아닌 터라 신뢰도가 떨어졌다. 제품을 사용하지도 않고 그저 제품에 얼굴만 가득 실은 그녀가 자신의 오디언스에게 영향력을 발휘할 수 있었을까? 아니었다. 회사는 금방 문을 닫았다.

제품에 대한 진정한 열정으로 추종자들에게 정직하고 유기적인 홍보를 할 수 있다는 것이 인플루언서가 홍보대사보다 더욱 강력한 힘을 발휘하는 지점이다. 인플루언서는 보통 해당 제품을 실제로 사용하고 진심으로 신뢰하지만 홍보대사는 제품 박스에 자신의 이름만 올릴 뿐이다. 오디언스는 유명 인사가 돈을 받았는지 금방 알아챈다. 유명 인사가 사람들에게 진정으로 영향력을 발휘하려면 그 제품을 사용하는 고객이어야 한다. 그리고 홍보는 일이 아닌 직접 말로 전하는 조언의 형태로 전달되어야 한다.

모든 광고가 그렇듯 인플루언서가 성공을 보장하는 확실한 방법은 아니다. 이들은 제품을 노출시키는 확실한 방법일 뿐이다. 무엇보다 제품과 브랜드가 매력이 있어야 한다. 유명한 인플루언서를 용케 섭외해서 열정적으로 제품을 홍보하게 만든다 해도 제품이 오디언스에게 맞지 않으면 대중은 꿈쩍도 하지 않을 것이다.

곤충에서 얻은 단백질 엑소 프로틴EXO Protein의 경우가 바로 그런 사례였다. 회사는 팀 페리스부터 데이브 아스프리까지 유명 인사들에게 후원하며 제품 홍보를 부탁했다. 유명 인플루언서가 제품을 언급할 때마다 판매가 급증했지만 이내 떨어졌다. 안타깝게도 시장은 귀뚜라미 단백질 파우더를 받아들일 준비가 되지 않았고 회사는 오래 버티지 못했다. 세상에서 가장 훌륭한 마케팅을 펼친다 해도 사람들이 원치 않는 제품을 구매하게 할 수는 없다.

첫 100만 달러 비즈니스를 만들겠다는 목표를 위해 유명 인사와 인맥을 쌓는 것은 불필요한 돈 낭비일 뿐이다. 당신의 목표는 당신의 제품을 발견해주고 사랑해주고 중간급의 인플루언서에게 공유해줄 소규모의 열성적인 팬층을 만드는 것이다. 당신의 제품을 아는 수백만 명이 필요한 게 아니다. 오히려 비즈니스를 운영하는 데 차질만 빚는다. 당신은 하루에 25개 판매만 달성하면 된다. 작은 것에 집중한다면 100만 달러 비즈니스가 어느새 코앞에 와 있을 것이다.

관계 레버리지를 이용하라

어떤 인플루언서는 공손하게 혹은 무례하게 거절 의사를 밝힐 것이다. 몇몇은 아예 대답조차 하지 않을지도 모른다. 하지만 적어도 한 명은 당신의 제안을 수락하고 마침내 당신은 이들을 후원하고 협업하며 후기용 제품을 보낼 기회를 얻게 된다. 그러면 이제 어떻게 해야 할까?

인플루언서들의 홍보를 바탕으로 당신만의 소통 채널을 만들기를 강력히 권한다. 즉 그들의 팔로어를 당신 쪽으로 데려와 친절하게 대한다면 이들이 점차 구매자로 자리 잡을 것이다. 요즘처럼 혼란스럽고 정신없는 시대에도 구매전환율이 가장 높은 채널은 이메일 마케팅이다. 아마존 외에 판매 채널을 만들 수만 있다면 고객의 이메일 리스트를 만들어 점차 키워나가길 제안한다.

예를 들어 내가 케토 커피 크리머를 판매하는 사람으로서 어떤 팟캐스트에 후원을 하고 있다면 팟캐스트 광고에 절대로 '아마존에서 클린 케토 커피 제품을 구매하실 수 있습니다'라는 문구를 넣지 않는다. 엄청난 기회를 잃는 셈이니 말이다. 나라면 '아마존에서 1,000개 이상 후기로 검증된 클린 케토 커피를 저희 쇼핑몰에서 10퍼센트 할인된 가격으로 만날 수 있습니다'라고 한다. 이렇게 해야 링크를 타고 오는 방문객을 확인할 수 있고 고객의 이메일 주소도 확보할 수 있다.

인스타그램 인플루언서를 후원할 때도 이 방법을 쓴다. 인플루언서에게 제품을 언급하는 대가로 돈을 지불하고 제발 제품이 판매되길 기도하는 대신, 우리 계정을 팔로하면 할인을 받을 수 있다는 이야기를 해달라고 말한다. 그런 뒤 인스타그램의 바이오나 스토리에 스와이프업으로 링크를 건다. 대부분의 기업들이 인플루언서에게 돈을 지불하고 매출로 이어지길 기다리지만 이렇게 하는 것은 큰 실수다. 사람들을 당신의 통제 영역 안으로 불러들여야 한다.

무료로든 유료로든 당신의 제품을 이야기하는 인플루언서를 돋보이게 만들어야 한다. 이들이 올린 게시물에 댓글로 소통하거나 공개적으로 감사 인사를 전하거나 당신이 만든 제품을 한데 담아 패키지로 선물하는 등 노력을 해야 한다. 시간이 지나면 이 중 몇몇은 당신이 비용을 지불하면 제품을 홍보하는 거래 관계로 어느 정도의 거리를 유지하는 사이가 될 수도 있다. 어떤 경우는 진짜 관계로 발전해 상대의 팔로어들과도 적극적으로 교류하고 이들의 삶에 관여할 수도 있다. 또는 인플루언서가 당신 브랜드의 열혈 팬이 되어 금전적인 대가 없이도 당신에 대해 계속 이야기할 수도 있다.

어떤 식으로든 인플루언서가 당신에 대해 포스팅했다면 그 글을 캡처해야 한다. 그 이미지가 일종의 광고가 될 수 있으며 콘텐츠로도 활용할 수 있다. 아니면 다음 제품을 출시할 때를 위해 아껴둬도 된다.

인플루언서를 계속 감동시켜야 한다. 언젠가 팟캐스트에서 내가 가장 좋아하는 책《클락워크》Clockwork를 언급했더니 곧장 저자인 마이크 미칼로위츠가 책 여러 권을 선물로 보내주었다. 내 관계 통장에 입금한 것이다! 보답으로 나는 그가 보낸 책 사진을 찍어 내 인스타그램에 올렸고 그 결과 책 판매량이 늘었다.

목표는 당신의 관계 통장에 출금보다 입금이 꾸준히 상회하도록 하는 것이다. 게리 바이너척은 이를 레버리지라고 부른다. 친절함을 베풀고 대가를 바라지 않는 것이 호감도를 높인다. 게다가 사람들은 항상 친절함에 보답하고 싶어 한다.

브랜드를 확산시키는 관계의 힘

많은 사람이 마이크로 인플루언서의 힘을 간과하지만 이들은 당신의 브랜드를 완전히 바꿔놓을 만큼 대단한 영향력을 발휘할 수 있다. 팔로어가 1만 명 정도인 인플루언서와 인맥을 형성하면 이 관계를 이용해 팔로어가 2만 5,000명인 인플루언서와도 관계를 쌓을 수 있다. 2만 5,000명이 따르는 인플루언서 네 명만 확보하면 10만 명에게 노출될 수 있다!

수문이 열리는 순간이다. 이들에게 제품을 무상으로 제공하라. 필요하다면 비용도 지불하라. 어떻게 해서든 눈덩이가 굴러가도록 만들어야 한다. 팔로어가 5만인 인플루언서부터 시작해 10만 어쩌면 100만 팔로어를 가진 사람들에게 접근할 수도 있겠지만 솔직히 말하면 그리 필요치 않은 일이다. 이런 식으로 계속 더 많은 팔로어를 거느린 사람들과 관계를 키워갈 수 있지만 대규모 팔로어를 대상으로 하는 기업들이 이미 너무 많다.

10만 명에게 노출되면 하루에 수백 건의 판매를 꾸준히 발생시킬 수 있다. 그리고 이들은 새로운 제품을 출시할 때마다 기존 제품의 판매를 증폭시키는 역할을 한다. 비로소 100만 달러 비즈니스를 겁 없이 넘볼 수 있는 단계에 온 것이다.

만일 내게 홍보를 할 수 있는 창구가 하나뿐이라면 나는 다른 오디언스(오디언스는 블로거나 유튜버 같은 개인이 될 수도 있지만 어떤 집단이나 조직이 될 수도 있다)와 관계를 쌓고 팟캐스트, 유튜브 채널, 블로그, 소셜 미디어에 홍보를 조건으로 비용을 지불할 것이다. 이 홍보 방식은 그 정도로 효과가 뛰어나며 당신의 브랜드를 100만 달러 또는 그 이상으로 성장시킬 수 있는 힘이 있다. 이후에는 단 한 가지 과제만 남았다. 브랜드를 더욱 확장하거나 매각하는 것이다.

한 번 달성한 매출은 두 번, 세 번도 할 수 있다

잠깐 계산을 해보자. '100,000×12'는? 그렇다. 120만이다. 지금 이 단계에 올 때쯤이면 월 매출액이 10만 달러를 달성하는 수준이 되어 대부분 사람들 눈에 성공한 비즈니스로 보이는 시기다. 100만 달러 비즈니스에 들어선 것이다. 이제 마지막 구간에 진입했다. 아직 좀 남았지만 홈

플레이트가 보이기 시작한다.

지금껏 거쳐온 모든 단계는 이 순간을, 100만 달러 비즈니스를 이루기 위한 것이었다. 당신이 해야 할 일을 모두 마쳤고 큰 수익을 눈앞에 두고 있다. 다음 단계는 높이 도약하는 것이다. 수익뿐 아니라 사업가로서의 마인드에도 해당하는 이야기다. 처음으로 월 매출 10만 달러를 입에 올리기 시작할 때 많은 것이 달라진다.

첫째, 이제 당신은 100만 달러 비즈니스를 운영하고 있다. 잠시 새로운 현실을 받아들일 시간을 갖기 바란다. 모두들 당신이 대단한 사람이라고 생각할 것이다. 당신은 백만장자가 되었다. 100만 달러짜리 비즈니스를 운영하고 있다. 전부 다 이뤄낸 사람처럼 보일 것이다. 하지만 대부분의 사람들이 그렇듯 당신도 여전히 애쓰고 노력하면서 언제쯤 상황이 달라질지 의아해할 것이다.

하지만 한 가지 다른 점이 있다. 이제 당신의 브랜드는 확장하거나 매각할 수 있을 정도로 규모를 갖췄다는 점이다. 당신의 브랜드가 수익을 창출한다는 점을 증명했다. 브랜드를 따르는 오디언스가 있고 인플루언서들에게 지지를 받는다는 것도 증명했다. 이제는 수백만 달러로 성장시킬지 아니면 매각할지 결정할 수 있다. 1년에 100만 달러 이상 매출을 기록하는 비즈니스라면 이론적으로는 100만 달러 이상의 금액을 받고 매각할 수 있다. 보수적으로 투자한다면 평생을 자유롭게 살 수 있는 금액이다. 하지만 당신도 다른 사람들과 같다면 이는 단지 시작에 불과하다고 여길 것이다.

시어 스트렝스가 월 매출 10만 달러를 달성했을 때 맷과 나는 크게 놀랐다. 마케팅 활동과 제품 출시 때마다 판을 유리하게 만드는 데만 정신이 팔려 몇 달간은 수익을 제대로 들여다보지도 못했다. 나는 숫자를 확인하고는 몇 달 전 맷과 첫 제품을 출시하던 때 나눈 대화를 떠올렸다.

"월 10만 달러를 달성하면 기분이 어떨 것 같아?"

내가 묻자 맷은 내가 농담을 한다고 생각했는지 냉소적으로 답했다.

"아니, 라이언. 난 한 달에 10만 달러나 벌 생각이 없어."

당시만 해도 요원한 꿈처럼 느껴져 어떤 기분일지 상상조차 할 수 없었기에 맷은 내가 농담한다고 생각했던 것이다. 하지만 나는 계속 말을 이어갔다.

"맷, 나 진지하다고. 월매출 10만 달러를 목표로 노력하고 싶어."

"알겠어. 솔직히 말하면 2,000달러만 더 벌어도 행복할 것 같지만."

그래서 우리가 완벽한 파트너였다. 나는 이상주의자였고 그는 실용주의자였다. 0에서 월매출 10만 달러에 이르기까지 정확히 12개월이 걸렸다. 100만 달러까지 12개월이 걸린 셈이다. 하지만 한 가지 희한한 일이 벌어졌다. 목표를 달성했는데도 아무 느낌이 없었다. 백만장자로 아침에 눈을 뜨면 세상이 새롭게 보일 것만 같았다. 눈앞이 선명해지고 음식도 더 맛있고 사람들도 내게 더 친절하고…. 뭐라고 해야 할까, 부자가 된 것 같은 느낌이 들 줄 알았다.

하지만 그렇지 않았다. 당시에는 그냥 숫자에 불과했고 비즈니스가 다음 단계로 넘어간 것뿐이었다. 그때서야 100만 달러는 원래부터 그저 숫자였을 뿐임을 깨달았다. 100만 달러라고 해서 어떤 마법과도 같은 경험을 하는 건 아니었다. 나는 이미 100만 달러 비즈니스를 만들었고 앞으로도 몇 번이고 이뤄낼 수 있다는 걸 알고 있다. 100만 달러를 만들 수 있는 프로세스가 있기 때문이다.

수익은 언제 가져가는가?

"언제쯤 수익을 가져갈 수 있을까요?"

늘 받는 질문이자 누구나 궁금해할 만한 질문이다. 처음에도 말했듯이 100만 달러 비즈니스는 단순한 부업이 아니다. 오롯이 헌신하고 시간과 에너지를 쏟아야 하는 일이다. 그렇다면 이 노력에 따른 대가를 언제부터 받을 수 있을까?

맷과 내가 월 10만 달러를 달성하기 전까지는 번 돈을 모두 사업에 재투자하고 제품을 사들여 재고를 빠르게 확장했다. 당신도 아마 이렇게 할 것이다. 하지만 월 10만 달러를 달성한 뒤에는 한 가지 큰 변화가 찾아온다. 자기 몫의 수익을 챙기기 시작해도 된다!

내가 1년 동안은 돈을 벌 수 없다는 뉘앙스로 말하면 사람들은 혼란스러워한다. 내 대답은 간단하다. 비즈니스가 성장하는 단계에서 수익은 당신의 돈이 아니다. 회사 돈이다. 너무 이른 단계에서 본인의 몫을 챙기면 성장이 멈춘다. 자금을 너무 빨리 회수하면 눈덩이를 만들 돈이 부족해진다. 아주 단순한 논리다. 100만 달러 비즈니스를 만드는 과정에서 돈은 당신의 주머니에 있는 것보다 비즈니스에 쓰일 때 훨씬 가치가 있으므로 사업 자금으로 두어야 한다. 그러나 월 매출 10만 달러에 도달했을 땐 돈을 당신의 주머니 속으로 넣어도 된다.

시어 스트렝스로 이 지점에 이르렀을 때 나는 맷이 직장을 그만두고 전업으로 함께 사업을 운영하길 바랐다. 그러나 그는 월급을 포기하는 걸 불안해했다.

"지금 얼마 벌지?"

내가 문자 연봉 6만 8,000달러라는 답이 돌아왔다.

"좋아. 거기에 배로 벌고 싶지 않아?"

그 금액을 월급의 기준으로 삼았다. 좀 더 과학적인 방법이나 철저한 계획 아래 산출했다고 말할 수 있으면 좋겠지만 사실은 그렇지 않았다. 맷이 나와 함께 전업으로 비즈니스를 운영하도록 그의 연봉에 맞춰 월급을 정했다. 비즈니스에 올인하기로 결심했다면 본인이 받던 연봉을 기준으로 수익을 지급하면 된다.

일시적인 매출 변동에 휘둘리지 마라

대다수 사업가들과 같다면 당신도 아마 이런 상황을 마주할 것이다. 월 매출 20만 달러를 달성했다. 득의양양하다. 하지만 그다음 달에 매출이 3분의 1로 떨어진다. 늘 있는 일이니 걱정할 필요가 없다. 문제는 이런 상황에도 100만 달러 비즈니스라고 볼 수 있느냐.

경험상 3개월 동안 평균 매출액 10만 달러 이상을 유지한다면 당신은 100만 달러 비즈니스를 운영한다고 볼 수 있다. 수입은 변동이 있기 마련이지만 이 책에 나온 프로세스를 한 단계씩 차분히 잘 따랐다면 변동의 폭이 그리 크지 않을 것이다. 대부분은 노력의 결과로 일관된 성장을 경험할 가능성이 크다.

판을 자신에게 유리하게 형성하고 새로운 제품을 출시하는 시스템을 갖췄다면, 시간을 들여 인플루언서와의 관계를 만들고 오디언스를 만들었다면 당신의 비즈니스는 자력으로 꾸준히 성장해나갈 것이다. 사실

수입의 변동은 당신이 조절할 수 있다. 오디언스를 통제할 수 있기 때문이다. 수입을 늘려야 하는가? 프로모션을 하면 된다. 부진한 판매를 끌어올려야 하는가? 인플루언서에게 도움을 청한다. 안 좋은 후기가 들어오기 시작했는가? 오디언스에게 직접 물어보면 된다.

변동의 폭이 가장 커지는 때는 사실 좋은 경우다. 블랙 프라이데이처럼 말이다. 크리스마스 대목도 있다. 제대로 노출된 팟캐스트 인터뷰, 블로그, 인플루언서의 활동으로 사람들의 관심을 확 받을 때도 있다. 아마존 프라임 데이 또한 당신에게 중요한 기간이 될 것이다.

당신의 브랜드가 경험할 좋은 변동의 예를 하나 들자면, 얼마 전 나는 샌디에이고로 휴가를 떠나 아버지를 모시고 웨스트 코스트를 둘러봤다. 오래전부터 결심했던 일이었다. 어느 날 아침 아버지가 욕실에서 나오길 기다리며 호텔 방에 있는 TV를 켰는데 〈투데이〉 쇼가 나오고 있었다. 건강 보조제 전문가들이 패널로 나와 단백질 파우더에 대해 이야기를 나누던 중 한 명이 별생각 없이 어떤 브랜드를 말하며 패널들이 모두 좋아하는 브랜드라고 설명했다. 내 친구가 운영하는 브랜드였다.

나는 바로 핸드폰을 들어 그에게 메일을 보냈다. "나 지금 〈투데이〉 보고 있는데 네 브랜드가 나왔어!" 5분 후 그가 답장을 보냈다. "와, 갑자기 주문이 밀려드는 게 그것 때문이었구나! 오예!!"

이런 계기로 판매가 폭주하는 일은 운에 가깝다. 아마도 평생 경험해보지 못할 확률이 높다. 아직까지도 친구는 그 패널이(좀 더 정확히는 그 패널의 홍보 담당자가) 어떻게 자신의 브랜드를 알았는지 모른다. 당신의 브랜드에도 벌어질 가능성이 완전히 없는 것은 아니다. 구글과 아마존을 들여다보며 제품 순위를 파악하고 트렌드에 주목하고 제품을 추천하는 일을 업으로 삼은 사람들도 있으니 말이다. 사전에 당신에게 유리하게 준비해놓고 당신의 브랜드를 이야기할 사람들을 충분히 만들어놓는다면 이들이 당신의 비즈니스를 알아서 광고해줄 것이다.

이 프로세스를 잘 운영한다는 건 틈새 기술을 쌓는 것과 같다. 처음 두 제품을 통해 제대로 출시하는 법을 연습해야 하지만 한번 자리가 잡히고 나면 세 번째, 네 번째, 다섯 번째 제품을 출시할 때는 브랜드가 인지도뿐 아니라 매출에서도 높은 성과를 내는 위치에 있을 것이다.

이제 당신은 무한대로 브랜드를 성장시킬 수 있는 도구와 지식을 모두 갖추고 있다. 지금껏 배운 것을 바탕으로 세계적인 브랜드를 만들 수 있다. 제대로만 한다면 다른 기업들이 수표를 들고 문을 두드릴 것이다.

19세에 10억 달성의 비결은
고객과 숫자에 집중하는 것

제러마이아 클링먼이 첫 사업 트라이브 피트니스Tribe Fitness를 시작한 건 어느 정도 우연이라고 볼 수 있다. 열여덟 살 때는 매각을 꿈꾸며 창업할 생각을 하는 사람들이 별로 없으니 말이다. 그 역시 젊은 허슬러들처럼 현금을 만들기 위해 도매처에서 물건을 구매한 후 아마존에서 물건을 판매해 차익을 남기는 일을 했다. 제품을 제작하는 일에 대해선 아무것도 몰랐고 '트라이브 피트니스'라는 이름도 아마존에 가입할 때 즉흥적으로 만든 것이었다. 그는 브랜드가 없는 중국산 스마트폰 암밴드를 첫 상품으로 실험했으며 첫 주문으로 400개를 의뢰했다.

얼마 지나지 않아 그는 양질의 고객 후기가 브랜드의 성공에 절대적이라는 사실을 깨달았다. 잘나가는 브랜드는 하나같이 훌륭한 후기들이 가득하다는 것을 발견하고는 고객들에게 피드백을 간곡히 부탁했고 그들이 원하는 것은 무엇이든 들어주었다. 그리고 중국에서 소량씩 묶음 포장된 암밴드가 도착했다. 그는 피드백을 반영해 묶음별로 제품에 변화와 조정을 더했다. 팔이 가는 사람에게는 밴드가 너무 컸고 체격이 큰 사람에게는 밴드가 너무 작았다. 시행착오를 여러 차례 겪었다. 밴드 한 묶음을 손본 후 너무 조인다는 피드백을 받으면 다른 묶음에는 새롭게 조정하는 식이었다. 스트랩을 수백 번이나 수정한 후에야 느슨하게 하고 싶을 때는 암밴드의 한 면에만 감고, 조이고 싶을 때는 양쪽 면에 모두 감는 기술을 찾아냈다. 당시만 해도 이런 제품이 없었다. 시장에서 단연 차별화된 상품이었다.

그 결과 트라이브 피트니스는 3개월 만에 일일판매량 25개라는 마법의 숫자를 달성했다. 하지만 제러마이아는 암밴드 업계에서 톱 셀러들이 하루에 1,000개 이상을 판매한다는 사실을 알고 있었다. 그 정도 판매량이면 자신도 100만 달러를 벌 수 있을까 궁금해졌다. 트라이브 피트니스는 암밴드에만 전념하며 6~7개월을 보낸 후에야 두 번째 제품을 출시했다.

제러마이아와 그의 파트너는 약 1년 동안 암밴드에 다양한 변화를 더하며 좋은 후기를 받기 위해 노력했고 여러 제품 버전에 A/B 테스트를 하며 어떤 제품의 구매전환율이 가장 높은지 실험했다. 후기가 많이 쌓일수록 판매도 높았다. 트라이브 피트니스는 경쟁사들과 비교해 두 배 높은 수준, 즉 전체 고객의 4퍼센트에게 후기를 받는 데 성공했다.

오래지 않아 기업은 무서운 속도로 아마존 검색 상위에 올랐고 연간 잠정 매출 100만 달러를 빠르게 넘었다. 열아홉 살의 나이에 제러마이아는 수백만 달러의 자금력을 갖춘 기업들을 앞서고 있었다. 어떻게 가능했을까?

제품과 고객 경험에 대한 헌신 덕분이었다. 작은 것에 집중한 덕분에 대기업들을 물리칠 수 있었다. 제러마이아는 오늘날 실물 상품을 판매하는 비즈니스에서 가장 중요한 것은 오디언스 형성이라고 믿는다.

"4~5년 전만 해도 오디언스 구축이 그리 중요하지 않았습니다. 사업을 시작하고 그럭저럭 운영하다 보면 오디언스에 신경 쓰기도 전에 이미 연매출 100만 달러를 달성하는 일도 있었죠. 하지만 지금은 무척 어려운 일이 되었어요. 이제는 충성도 높은 고객층을 형성하고 이들의 데이터를 끊임없이 수집해야 하죠."

제러마이아는 오디언스를 만들려면 무엇보다 비즈니스의 주력 사업에 집중해야 한다는 걸 배웠다. 무엇이든 효과가 있는 것, 비즈니스를 나아가게 하는 것에 집중해서 최대한의 노력을 쏟아야 한다.

"한 가지 조언을 더 하자면 자기 자신에게 거짓말을 하지 말라는 겁니다. 대충 하고 싶을 때도 많고 '아마도'를 '확실히'로 여길 때도 많을 겁니다. 하지만 고객이 무엇을 원하는지, 앞으로 어느 방향으로 나아가고 싶은지 정말 알고 있나요? 무엇도 짐작해서는 안 됩니다. 숫자를 잘 들여다봐야 해요. 숫자로 현재 비즈니스의 상황을 이해해야 합니다. 판매가 급증하거나 급락하면 무슨 일이 벌어지고 있는지 꼼꼼하게 봐야 해요. 분석 자료에 집중하고 숫자를 읽는 법을 배워야 합니다. 정직하게 말입니다."

트라이브 피트니스를 설립하고 4년 후 제러마이아는 갖고 있던 칩을 현금으로 바꾸기로, 즉 회사를 매각하기로 결심했다. 그는 중개인들과 토론하고 매도 가격을 협의했다. 셀 수 없이 많은 질문지와 재무 기록, 서류를 작성했다. 6개월간 바이어들과 며칠에 한 번씩 미팅을 해야 했고 어느새 그것이 하나의 일처럼 느껴지기까지 했다.

"저랑 똑같은 과정을 거쳤던 친구가 사업을 매각하는 건 1년 내내 세무 자료를 정리하는 것과 비슷하다고 말했어요. 매각 과정을 제대로 이해하는 친구였죠!"

몇 차례 시작 단계에서 엎어지고 거래가 중단된 일을 겪은 후 제러마이 아는 마침내 기다리던 돈을 손에 쥐었다. 스물한 살에 수백만 달러짜리 수표를 받았다. 이 일로 그는 메인주에서 가장 부유한 청년이라는 별명을 얻었고 내 팟캐스트에서도 그를 이렇게 소개했다. 투자만 잘한다면 앞으로 그는 평생 동안 일을 하지 않아도 된다. 요즘 그는 좀 더 큰 목표를 염두에 두고 있다. 바로 다음 사업 말이다.

1년에 10억 버는
3G 프로세스

：

3단계 프로세스만 기억하라.

그라인드 단계에서는 판매를 발생시키는 데 집중한다.

그로스 단계에서는 일일판매량을 25개로 끌어올린다.

골드 단계에서는 일일판매량을 유지하면서 새로운 제품을 늘리면

스노볼 효과를 통해 10억 비즈니스로 성장할 수 있다.

프로세스는 간단하다. 쉽지는 않지만 간단하다. 간단함이 바로 이 프로세스의 장점이다. 수많은 사업가가 이 프로세스를 활용해 성공한 이유도 이 때문이다. 사업 활동의 잡다한 이야기를 지우고 나면 결국 특정한 고객층을 타깃으로 훌륭한 제품을 만들고 고객에게 구매할 기회를 제공하며 친절하게 대하면 성공한다. 그리고 기본 마케팅을 활용해 반응이 있는 제품의 판매량을 더욱 증폭시킨다. 그렇게 100만 달러 매출을 기록할 때까지 이 과정을 반복하면 된다.

가장 어려운 부분은 모든 결정을 지나치게 분석하라고 말하는 머릿속 잡음을 제거하는 일이다. 이 프로세스로 100만 달러 비즈니스를 이룬 사업가들의 이야기를 들어보면 이들에게 가장 큰 도움이 되었던 건 목표를 달성하는 데만 초점을 맞춘, 단순하면서도 입증된 방법이라고 했다. 이 책이 바로 그 방법을 담고 있지만 당신의 머리는 어쩔 수 없이 무엇이든 지나치게 복잡하게 만들려고 할 것이다. 내가 사업가들에게 가장 많이 하는 말이 이 프로세스에서 말하는 것 외에는 그 무엇도 하지 말라는 것이다.

혼란스럽거나 난관을 마주할 때면 다음 단계별로 정리된 프로세스가 성공으로 향하는 길을 밝혀줄 것이다.

1단계: 그라인드(0~4개월)

비즈니스를 시작하고 처음 몇 개월간 해야 할 일은 판매를 발생시키는 것이다. 물건이 판매되기 전까지는 무엇도 이룬 것이 아니기에 가능한 한 빨리 판매가 발생하는 지점에 도달해야 한다. 모든 것을 준비할 필요도 없고 모든 문제에 대비할 필요도 없으며 멋진 웹사이트를 마련할 필요도 없다. 제품 포장 상태가 완벽하지 않아도 되며 모든 사람의 의견에 귀를 기울이지 않아도 된다. 이 단계에서 당신이 할 일은 완벽하지 않은 결정을 빠른 속도로 내리는 것이다.

이미 백만장자가 되어 다음 기회를 기다리는 중이라면 위의 조언은 무시해도 된다. 하지만 자유를 바라고 성공을 갈망하며 사업가의 삶을 꿈꾼다면 빨리 결정을 해치운 뒤 나아가야 한다. 잘못된 결정이라도 괜찮다. 나중에 새로운 결정으로 잘못된 결정을 수정할 수 있다. 어쩌면 잘못된 제품을 고를 수도 있다. 경쟁이 너무 심한 시장에 진입할 수도 있다. 제품 가격을 완벽하게 설정하지 못했을 수도 있다. 하지만 지금으로서는 무엇이 잘못되었는지 알 길이 없으며 아무리 많은 정보가 있다 해도 때가 되지 않으면 알 수 없다. 그러니 우선 선택을 내리고 나아가야 한다. 전진하는 것이 완벽한 것보다 훨씬 중요하다.

조사를 하는 것은 선택과는 관계없다. 그리고 인맥을 쌓는 것, 여정을 기록하는 것 역시 선택이 아니다. 선택이란 앞으로 나아가는 것, 앞으로 무엇을 할지를 결정하는 것이다. 언제든 되돌아가 얼마든지 다른 선택을 내릴 수 있지만 앞으로 나아가기 위해서는 우선 무엇이든 선택해야만 한다.

다음은 그라인드 단계를 가능한 한 빨리 벗어나는 방법이다.

1. 핵심 고객을 정하라

이상적인 고객층을 정해야 앞으로의 결정이 용이해진다. 이론적으로는 이 단계를 거르고 훌륭한 제품을 개발하는 데 매진할 수도 있지만 그러다 보면 흔히 말하는 '황금 똥'을 만들 위험이 있다. 당신이 윤이 나도록 반짝반짝 닦으며 소중히 여기는 상품이지만 막상 사려는 사람이 없는 상품을 뜻한다. 핵심 고객을 알고 있다면 이런 제품이 탄생할 일은 없다고 봐도 된다.

핵심 고객층을 구상하는 과정에서는 고객이 어떤 집단에 속해 있는지, 고객 스스로가 자신을 어떻게 규정하는지에 주목해야 한다. 이 과정에서 시장을 좁혀야 한다면 그것도 괜찮다(추천하는 바이기도 하다). 목공과 정원사 모두를 대상으로 한 장갑을 판매한다면 둘 중 한 집단만 골라 타깃으로 삼는 게 좋다. 이렇게 좁혀진 핵심 고객들이 당신의 메시지를 널리 전달해줄 것이다.

모두를 위한 제품을 만들 수는 없다. 누군가를 위한 제품만 가능하다. 따라서 제품이 핵심 고객층을 넘어 어필할 여지가 있다 하더라도 누구를 대상으로 하는 제품인지 결정해야 한다. 당신의 핵심 고객들이 사랑할 만한 제품을 만들고 이들이 널리 제품의 존재를 알리도록 맡기면 된다.

2. 핵심 고객이 구매할 3~5가지 제품을 정하라

당신의 고객은 여정을 시작하며 무엇을 구매할 것 같은가? 세 가지 제품이 떠오르지 않는다면 사람들에게 묻거나 다른 시장을 찾아야 한다. 100만 달러를 달성하려면 여러 가지 제품이 필요하다. 당신이 선택한 시장이 다양한 아이템을 필요로 하지 않는다면 더 진행시켜서는 안 된다.

피젯 스피너와 일식 안경(진짜 이런 안경이 있다)을 판매해 단기간에 돈을 번 사람들을 몇몇 알고 있다. 그러나 유행이 사라진 후에는 모두 사업을 접었다. 이들은 다음 제품을 찾아 허둥지둥 떠났다. 이런 비즈니스로는 확장이나 매각이 어려우므로 더 진행시켜서는 안 된다. 그렇지 않으면 당신은 진짜 사업가가 아니라 계속 허슬러로만 남게 된다.

생각해둔 제품을 모두 출시할 필요도 없고 모든 제품에 온갖 노력을 쏟을 필요도 없다. 핵심 고객들이 여러 가지 제품을 계속 구매하도록 만들어야 한다는 점만 기억하면 된다. 당신은 장기적으로 고객을 계속 불러올 수 있으며, 제품 하나만 판매하고 말 사업을 하는 것이 아니다. 이를 지키기 위해서는 여러 가지 제품이 필요하다.

3. 첫 제품을 선택하라

대략적으로 정한 제품 리스트 가운데 다른 제품의 구매를 유도하는 게이트웨이 상품 하나를 선택하라. 눈에 띄는 상품이 없다면 가장 흥미롭다고 생각하는 상품을 선택한다. 아니면 개선의 여지가 확실하게 보이는 제품을 찾는 것도 방법이다. 당신의 핵심 고객이 싫어할 만한 특징을 지닌 제품이 있는가? 만약 그렇다면 집중할 때다. 당신이 어쩌면 대단한 제품을 만들지도 모른다는 징후다.

4. 당신의 여정을 기록할 곳을 정하라

당신의 성장 과정을 공유한다면 잠재 고객층을 포함한 오디언스를 형성할 수 있고 이렇게 형성된 인맥 네트워크를 통해 새로운 기회를 열 수도 있다. 당신의 브랜드를 매력적이라고 느낀 누군가가 인플루언서나 블로거, 소매업자를 안다면 여정이 극적으로 달라진다.

당신의 오디언스가 형성되어 있는 곳을 택해 기록을 시작하라. 아니면 당신이 꾸준히 할 수 있는 플랫폼을 택하라. 오디언스가 특정 인스타그램 인플루언서를 팔로한다면 인스타그램에 기록한다. 당신의 계정에 타인의 콘텐츠를 공유하고 댓글, 좋아요, 메시지, 공유까지 어느 하나 빼놓지 않고 답하고 호응한다.

5. 시제품을 주문하고 제조사에 첫 주문을 하라

다양한 공급업체에서 샘플을 받아보고 그중 가장 마음에 드는 제품을 고른다. 어떤 업체와 거래해야 할지 결정할 때 오디언스의 피드백을 받는 방법도 있다. 제품이 거의 다 비슷하다면 의사소통이 가장 잘되는 업체를 택한다. 나라면 비용이 높아도 먼저 적극적으로 의사소통을 하는 공급업자와 거래할 것이다.

마음에 드는 제품이 있다면 감당할 수 있는 선에서 가능한 한 많이 재고를 주문한다. 아마도 당신이 겪을 가장 큰 난제는 판매가 아니라 재고를 충분히 확보하는 일일 것이다. 이런 이유로 대부분의 경우 재고는 많이 확보해둘수록 좋다. 만일 크라우드 펀딩으로 오디언스를 형성하거나 비즈니스 자금을 만드는 경우라면 아주 소량의 재고를 마련한 뒤 나중에 주문하는 것도 가능하다.

6. 판을 유리하게 만들어라

물량이 준비되는 동안 규모는 작지만 열정적인 오디언스를 구축하면 100만 달러 비즈니스를 달성하는 데 유리한 위치에 오를 수 있다. 만일 당신의 여정에 관심을 갖고 지켜보는 수백 명이 있다면 흐름을 바꿀 정도의 오디언스를 형성한 것이다. 수백 명의 첫 팬을 만들기 위해 광고를 고려하는 것도 좋다. 하루에 10달러면 가능하다.

당신의 이상적인 고객을 대표하는 최소 10명의 지인(친구, 동료도 괜찮다)을 확보한 뒤 이들에게 당신의 행보에 동참해달라고 부탁한다. 당신이 올린 포스트에 호응하고 출시 날 제품에 대한 이야기를 해주면 된다. 무상으로 제품을 제공한 뒤 이들이 제품을 들고 있는 사진을 찍는다. 이 사진들은 훌륭한 콘텐츠이자 광고 이미지로도 좋다.

가능하다면 1만 명의 팔로어를 거느린 오디언스와 관계를 형성하는 것이 좋다. 오디언스는 사람이 될 수도 있고 집단이나 조직이 될 수도 있다. 핵심 고객 1만 명이 모여 있는 곳이면 당신을 유명하게 만들어줄 잠재력이 있다고 봐도 된다.

7. 주문을 받아라

가능한 한 빨리 판매를 발생시켜라. 당신의 '수금 날'을 미루지 마라. 많은 사업가가 더 많은 콘텐츠를 만들거나 완벽히 준비해야 한다는 핑계로 출시를 미룬다. 이렇게 해서는 안 된다. 먼저 판매부터 시작하고 다른 문제는 천천히 해결하면 된다. 성공적으로 판매를 발생시켰다면 이제 다음 단계로 나아갈 수 있다.

2단계: 그로스(5~8개월)

판매가 발생했다면 이제는 제품을 하루에 25개씩 꾸준히 판매하는 데만 온전히 몰입한다. 이것이 몇 주 안에 가능한 경우도 있다. 어떤 경우에는 몇 개월이나 걸리기도 한다. 얼마나 걸리든 다음 단계로 가기 전까지 하루에 25개 판매를 달성해야 한다. 그렇지 않으면 100만 달러 비즈니스의 기틀을 만들 수 없다.

이 목표에 이르려면 오디언스와 적극적으로 교류하고 좋은 후기를 받아야 한다. 이 기간 동안은 상상 이상의 노력을 다해 고객을 행복하게 만들어야 고객들이 자발적으로 당신에 대해 이야기하고 당신의 비즈니스를 공유하며 후기와 다른 제품 구매로 당신에게 피드백을 준다. 댓글에 모두 답하고 사진을 모두 공유하라. 소셜 미디어에 베스트 후기를 사진으로 찍어 올려라.

그로스 단계에서는 다음과 같은 몇 가지를 고려해야 한다.

1. 오디언스가 정말로 당신의 제품을 원하는가

판매가 저조하다면 이전 단계로 되돌아가야 한다. 오디언스에게 진정한 피드백을 요청한 적이 있는가? 고객은 당신의 제품을 어떻게 생각하는가? 제품에 대한 평은 좋지만 판매가 저조하다면 시간이 좀 더 걸리는 경우일 수도 있다. 피드백이 그리 좋지 않다면 한발 물러나 제품 라인에 대해 재고해본다.

2. 작게 생각하라

하루 25개 판매를 달성하기 위해 대단히 복잡한 시스템을 만들어야 하는 건 아니다. 충분히 시간을 들여 작은 일들을 꾸준히 해낸다면 얼마든지 이룰 수 있는 목표다. 하루에 후기 하나를 받고 고객 한 명을 대단히 행복하게 만들면 된다. 소셜 미디어에 좋은 피드백은 무엇이든 전부 올리고 마이크로 인플루언서와 인연을 쌓아라. 이런 작은 걸음들이 하나씩 차곡차곡 쌓인다.

3. 핵심 구매 고객을 양성하라

VIP 리스트를 만들거나 페이스북 그룹 같은 소셜 미디어 커뮤니티를 형성하거나 첫 고객 리스트를 만들어라. 퀘스트 뉴트리션은 새로운 제품을 개발할 때면 그들의 팬 그룹인 '팀 퀘스트'를 대상으로 테스트를 하고 신제품이 출시되면 가장 먼저 제공한다.

4. 클릭당 지불 광고와 영상 광고를 활용하라

아마존에서 판매를 하고 있다면 당연히 아마존에 광고를 해야 한다. 고객 확보 비용을 감수해야 하겠지만 대신 눈덩이를 만들기가 쉽다. 자신의 모습을 찍은 셀프 영상이라도 찍어서 소셜 미디어에 올리는 것도 생각해볼 수 있다. 그중 하나가 오디언스의 마음을 사로잡는다면 그 영상을 광고로 내보내 판매 증대를 노릴 수 있다.

그로스 단계는 사업가의 흉터를 몸에 새기는 시기다. 고객 피드백을 처리하는 법을 배우고 제품을 판매하는 과정에 익숙해지는 법을 배운다. 이 단계에서 그만둔다면 성공할 자격을 얻지 못한다. 오로지 고객을 만족시키는 데 집중한다면 이 단계는 금방 지나갈 것이다.

3단계: 골드(9~12개월)

이 단계에서 당신이 할 일은 집중력을 잃지 않고 감당할 수 있는 수준에서 가능한 한 많은 제품을 출시하는 것이다. 스노볼 효과가 나타나는 시기이기도 하다. 제품을 출시할 때마다 성공과 고객 참여가 더해지면서 재구매 고객이 생겨나고 광고 기회가 발생한다.

제품을 출시하는 과정은 첫 번째, 두 번째 출시 때와 같다. 다만 세 번째, 네 번째, 다섯 번째 제품을 출시할 때는 스노볼 효과가 커질 뿐만 아니라 그 속도도 빨라진다. 브랜드를 향한 고객의 참여가 걷잡을 수 없이 커지기 시작한다. 재구매 고객들이 점점 더 크게 형성되고 소셜 미디어에서 브랜드가 언급되는 횟수가 늘어난다.

제품을 출시할 때마다 그 과정이 조금씩 더 쉬워지고 빨라질 것이다. 몇몇 제품은 1, 2루타를 치겠지만 홈런을 치는 제품들도 나온다. 그렇기에 몇 개의 제품을 더 출시해야 대단한 도약의 기회도 얻을 수 있다.

골드 단계에서는 다음과 같은 사항을 염두에 두어야 한다.

1. 승수효과를 내는 제품들만 출시하라

기존 제품에서 색이나 사이즈를 달리한 건 신제품이 아니다. 이런 제품들도 포함시켜야 할 경우도 있지만 신제품만큼의 승수효과는 내지 못한다. 다시 한 번 말하지만 당신의 고객은 여정을 시작했고 여기서 당신의 역할은 고객이 앞으로 마주할 난관을 수월하게 극복하도록 돕는 것이다.

2. 인플루언서나 오디언스를 통해 광고하라

경제적 여건상 한곳에서만 광고를 할 수 있다면 인플루언서나 다른 누군가가 형성한 오디언스를 활용한다. 블로그, 그룹, 소셜 미디어 페이지, 유튜브 채널, 팟캐스트 등이 있다. 주의할 점은 당신의 이상적인 고객층을 대표하는 오디언스만을 대상으로 광고해야 한다는 점이다.

3. 거래가 아닌 관계를 형성하라

단순한 거래가 아니라 인플루언서나 채널과 관계를 쌓는다는 생각으로 접근해야 한다. 이들의 관심을 얻기 위해 처음에는 거래를 제안해야 할 경우도 있지만 그보다 한발 더 깊이 들어가는 접근법을 취해야 한다. 감사 카드와 선물을 보내고 당신의 소셜 미디어 채널에 이들의 좋은 이미지를 부각시켜야 한다.

4. 자신에게 수입을 지급하라

월매출 10만 달러 정도를 달성하면 비즈니스에서 자신의 월급을 가져갈 수 있다. 전업으로 비즈니스에만 집중할 정도의 금액을 산정하고 수익은 지속적으로 비즈니스에 재투자한다. 자금이 필요한 것은 당신보다 비즈니스다.

5. 전략적 리스크를 감행하라

100만 달러를 달성했다면 어느 정도 모험을 시작해도 좋다. 새롭고 혁신적인 제품을 출시하거나 새로운 형식의 광고를 실험하거나 빚을 활용해 재고를 확충할 수 있다. 당신의 기업에 가능성이 있다는 사실은 이미 입증해 보였다. 그러니 이제는 조금 더 대담하게 나갈 차례다.

이 책에 나온 프로세스를 차례대로 따른다면 당신과 당신의 사업이 앞으로 나아가는 걸 목격할 것이다. 반드시 100만 달러를 달성할 거라고, 모든 것이 장밋빛일 거라고 보장할 수는 없지만 그래도 진전은 분명히 있다. 적어도 상품을 만드는 과정과 그 상품을 시장에 내놓는 방법만은 확실히 배운다.

이제부터 성공할지 여부는 당신의 고객이 정한다. 설사 실패한다고 해도 이후 새로운 아이디어나 기회가 찾아올 때 무엇을 어떻게 해야 할지는 알고 있는 셈이다. 내 경우 일생일대의 아이디어는 6개월에 한 번씩 찾아오곤 한다. 이 프로세스가 있는 이상 아이디어가 떠올랐을 때 얼마든지 시작할 수 있다.

현명한 엑시트를
위한 조언

:
:

당신이 경영에서 손을 떼도 성장할 수 있어야 진짜 비즈니스다.
10억짜리 비즈니스를 만들었다면 이 단계에서 당신의 역할은
회사가 당신을 넘어 더욱 멀리 뻗어나가는 데 필요한 리더가 되는 것이다.

50대 초반인 마크 시손은 마크데일리애플닷컴(MarksDailyApple.com)에 자신의 이야기를 기록하기 시작했다. 건강 문제와 사업 운영에 차질을 겪고 있었던 그는 자신의 이야기를 세상에 공유하기로 했다.

마크는 몇 가지 비즈니스를 시도해 어느 정도의 성공을 거두기도 했다. 자녀들도 모두 자랐고 이제 노후 시기에 접어든 그는 자신이 좋아하는 일, 즉 글쓰기와 자신의 지식을 타인에게 공유하는 일에만 집중하기로 했다. 물론 그는 일반 사람들이 생각하는 52세 남성이 아니었다. 어느 50대가 식스팩을 장착하고 자신보다 20~30년은 어린 사람들을 앞지를 수 있을까? 결론적으로 마크의 블로그와 책, 팟캐스트는 큰 주목을 받았다.

사실 이 이야기는 그가 제품을 출시하기 10년 전의 이야기다. 60대 초반에 들어서자 마크는 팔레오식 소스를 취급하는 프라이멀 키친Primal

Kitchen을 시작했다. 건강식은 시중에 많았지만 건강에 좋은 소스를 만드는 기업이 없었다. 그는 그 시장에 뛰어들기로 결심했다.

마크는 이미 판을 유리하게 형성해놓은 상태였다. 그의 블로그를 찾는 사람만 해도 한 달에 수만 명이었다. 또한 이전의 비즈니스 경험에서 쌓은 인맥도 있었다. 그럼에도 프라이멀 키친은 모험이었다. 그와 비슷한 연령대의 사람들은 그에게 일을 줄이라고, 계속 글을 쓰고 가족들과 시간을 보내라고 말했을 것이다. 그러나 다시 한 번 말하지만 마크는 평범한 60대가 아니었다. 그는 샐러드드레싱, 바비큐 소스, 마요네즈, 케첩, 머스터드소스 등 팔레오 커뮤니티를 위한 다양한 소스를 출시했다. 오로지 팔레오 커뮤니티만을 완벽하고도 세심하게 겨냥했고 오디언스는 그의 제품에 열광했다.

얼마 지나지 않아 프라이멀 키친의 제품이 미국 전역의 소매점에 입점했고 아마존 순위가 무서운 속도로 상승했다. 사업을 시작한 지 4년이 채 되지 않았을 무렵 마크는 딱히 아군이라고 볼 수 없는 사람들과 친분을 쌓았다. 바로 하인즈의 경영진이었다. 어떤 이들은 하인즈가 건강하지 않은 음식을 대표하는 기업이라며 적대시한다. 하지만 하인즈는 건강식에 대한 수요를 인식했고 마크가 그 시장을 개척했다는 걸 발견했다. 2019년 초 하인즈는 마크에게 2억 달러 수표를 전달했다.

마크가 신념을 저버렸다고 비난한 사람들도 있었지만 그는 좀 더 큰 세상에 침투할 수 있는 기회라고 생각했다. 고객들이 좀 더 건강한 선택지를 요구하고 이런 식품이 대기업 제품보다 더 잘나갈 때는 적군인 경쟁 업체들도 이 시장에 관심을 갖기 시작한다. 이것이 바로 구체적인 집단을 타깃으로 해서 훌륭한 제품을 만들어냈을 때 갖는 힘이다.

마이크로 브랜드 시장은 새로운 흐름이다

미팅에 참여하기 위해 걸음을 옮기던 찰나 주머니에서 진동이 느껴졌다. 핸드폰을 꺼내자 잠금 화면에 아래와 같은 문자가 떠 있었다.

"라이언! 예전부터 팔로어였던 사람입니다. 팟캐스트도 듣고 최근 캐피털리즘 컨퍼런스도 갔었어요. 덕분에 2월에 비즈니스를 시작했는데 오늘 그 회사를 1,000만 달러에 매각할 생각이거든요. 몇 가지 여쭤볼 수 있을까요?"

나는 이 사람이 어떻게 내 전화번호를 알았는지 알 수 없었다. 하지만 그건 별 상관이 없었다. 이런 메시지야말로 정말 기쁘기 때문이다.

회사를 1,000만 달러 이상에 매각한다는 것은 조금의 과장도 없이 삶이 변하는 일이다. 다음 세대의 삶까지도 바꾸는 일이다. 이런 일을 수차례 봤지만 아무리 봐도 질리지 않는다. 이 책에 나온 방법을 활용한다면 당신도 언젠가 창업한 회사를 매각하는 날이 온다. 당신이 원한다면 말이다. 제품이 훌륭하고 좋은 비즈니스를 만들고 지금껏 소개한 단계를 차근차근 밟아나갔다면 분명 가능한 일이다.

사실 회사를 매각해야 제대로 돈을 벌 수 있다. 매출 100만 달러를 초과한 후에도 얼마 안 되는 월급을 받고 비즈니스에 재투자해야 하는 건 마찬가지다. 마침내 칩을 현금으로 바꿀 때가 돼야 자축할 수 있다. 이제 막 비즈니스를 시작해서 하루에 25개를 판매하려고 아등바등하는 시기에는 엑시트를 떠올리는 것조차 막막하게 느껴지리라. 그러나 처음에 100만 달러 비즈니스가 불가능해 보였던 것처럼 100만 달러를 달성한 후에도 기업을 매각하는 일은 불가능해 보인다.

회사를 팔든, 규모를 확장해 차세대 오닛이나 불릿프루프 360, 알엑스바, 퀘스트 뉴트리션, 어니스트 컴퍼니, 프록터앤드갬블로 성장하든 지금 당신이 얼마나 대단한 카드를 갖고 있는지 생각해보자. 이 책에 나온 프로세스를 따른다면 다른 업체들보다 유리한 고지에 오른다는 점은 확실하다. 현재 시장을 잠식하는 큰 기업들보다도 말이다.

큰 비즈니스를 운영하는 사람들은 크게만 생각한다. 사람들을 위해 좋은 제품을 만들기보다 규모를 확장할 길만 생각한다. 대기업은 사람, 고객, 문제, 불편 사항과 같이 미시적인 문제가 아니라 최종 결과와 거시적인 문제(큰 규모의 사업 부서와 확장 가능한 수입원을 만드는 등)에만 집중한다. 당신이 오디언스와 직접적으로 소통하며 이들이 하는 말을 경청해서 기업의 미션을 만들고, 그에 따른 행보를 보이는 데 시간과 돈을 들인다면 이런 거대 기업들을 아주 빠르게 추월할 수 있다.

끝없이 자본이 투입되는 거대 기업들이 세상을 움직였을 때는 이들만이 유일한 자원이자 이들의 길이 유일한 길이었다. 이제는 당신이 만들려고 하는 마이크로 브랜드가 새로운 흐름이다. 이 흐름 속에서는 우선 작은 것에 집중해야 크게 생각할 수 있다.

당신의 브랜드를 원하는 사람은 누구인가

나는 큰 비즈니스, 작은 비즈니스 모두 매각해봤다. 멘티들의 비즈니스 인수에도 참여한 경험이 많다. 거래와 관련해서는 거의 모든 경험을 해봤고 인수 합병된 비즈니스 경영에도 참여한 바 있다.

사업을 매각한다는 건 대단한 통제권을 넘겨주는 일이므로 당신의 아이를 남의 손에 맡길 때처럼 제대로 된 집에 입양되는 건지 확실히 해야 한다. 당신의 회사나 고객을 당신처럼 돌보는 바이어는 극소수다. 당신이 비즈니스에 쏟았던 만큼의 투지와 에너지, 열정을 가질 오너들은 거의 없다. 안타깝지만 나도 겪은 일이다. 새 주인에게 맡긴 비즈니스가 방치되는 모습을 바라보며 상당한 좌절감을 느꼈다.

그나마 좋게 말해 좌절감이라고 표현한 것이다. 아직 인수자로부터 돈을 받지 못했고 실제로 그 돈을 볼 수 있을지 없을지도 모르는 상황에 놓이면 잠도 못 자고 후회가 밀려오기 시작한다. 내가 어떻게 아는지 물어봐도 좋다(아니, 물어보지 말길 바란다. 비명부터 나올 것 같다).

물론 인수가 매끄럽게 진행되는 경우도 있고 새 오너가 1,000만 달러 비즈니스를 5,000만 달러 혹은 그 이상으로 성장시키는 일도 있다. 이렇게 되는 것이 우리의 바람이다. 이런 일이 정말 가능하려면 당신의 회사를 매각한다는 것이 어떤 의미인지 분명히 알아야만 한다. 가능성의 장을 이해하고 당신이 왜 이 시장에 진입했는지 이유가 명확해야 당신이 바라던 방향으로 상황이 흘러가지 않아도 기습을 당할 일이 없다. 그리고 훗날 당신의 선택이 기업의 역사에 오점으로 남지 않도록 경로를 전환할 수 있다.

사업을 인수한 후 뻔한 실수를 저지르는 기업도 많이 봤다. 가장 큰 실수는 비즈니스를 전문화하기 위해 돈을 낭비하는 것이다. 수익성 높고 성장이 빠른 당신의 비즈니스를 전문화한다는 명목 아래 고루한 마케팅 전략을 주장하는 몸값 비싼 경영진을 앉히는 순간 기업의 성장세는 둔화하기 시작한다.

판을 유리하게 형성하고 오디언스의 불꽃을 촉발시키기 위해 그동안 활용해온 프로세스를 완벽히 무시하는 새 경영진을 나 역시 몇 번이나 경험했다. 오디언스를 형성하고 이들과 관계를 쌓는 데 투입되었던 자본은 잡지 광고와 경영진의 연봉으로 들어가고 제품 개발에 썼던 돈이 열정도 없는 옛날 세일즈 매니저들의 말도 안 되는 연봉으로 소비된다.

어느 쪽이 더 나쁘다고 말하는 건 아니다. 기업에 따라 후자가 필요한 경우도 있다. 다만 최신 마케팅을 활용해 민첩하게 움직이는 작은 기업들에 비해 충분한 자본력을 갖춘 대기업들이 얼마나 취약한지 여실히 보여주는 사례임은 분명하다. 대기업들은 소규모 기업들처럼 게임할 수 없다. 작은 일들을 잘해내는 것은 오래되고 안정적인 기업의 경영 방식에 상당한 위협이 된다.

이런 혼란에 대기업들은 적절하게 대응하지 못한다. 시어 스트렝스가 3년 차에 접어들었을 때 맷과 나는 한 메이저 보디빌딩 쇼에 스폰서 기업으로 참여했다. 그곳에서 우리는 오디언스 중심 온라인 마케팅이 무서울 정도의 영향력을 발휘한다는 사실을 실감했다. 우리는 화제의 중심이었다. 참석자들은 하나같이 이렇게 말했다.

"여기저기서 진짜 많이 봤어요! 아마존에서 대단하던데요. 페이스북은 그쪽 회사 이야기로 도배되었어요."

모두들 중서부 출신의 깡마른 청년 두 명이 운영하는 회사와 관계를 쌓고 싶어 했지만 정작 우리는 쇼에 참가한 대형 스폰서들을 경외감 어린 눈으로 보고 있었다.

우리는 '아마존에서 보조제를 몇 개 샀더니 몸이 이렇게 됐어요'라는 유머러스한 문구를 넣은 티셔츠를 제작해 사은품으로 나눠 주었다. 굉장히 히트를 쳤지만 대기업에서 나온 사람들만은 예외였다. 그날 가장 많이 들은 건 이 말이었다.

"소매점이 아니라 온라인에서 제품을 판매하는 당신 같은 사람들이 보조제 시장을 망치고 있어요."

우리의 접근 방식이 효과가 있다는 방증이었다. 대기업들은 제대로 준비조차 하지 못한 게임에서 우리가 이기고 있었다. 대기업들이 새로운 게임에 뛰어들 준비가 안 되었기 때문에 우리는 비즈니스를 설립할 때부터 게임에서 우위를 선점한 것이나 다름없었다. 특정 오디언스를 목표로 이들이 원하는 것을 제공하는 일만큼은 다수의 대기업이 분명 크게 앞지르고 있지만 이를 행할 만큼 민첩하지는 않았다.

속도가 느린 대기업 스타일이 이커머스같이 빠르게 변화하는 업계에 진입하려면 비용을 크게 들일 수밖에 없다. 예를 들어 어떤 기업은 다른 브랜드를 론칭하는 레버리지 포인트로 활용하고자 내 비즈니스를 인수하려고 했다. 이들은 아마존의 프록터앤드갬블을 꿈꿨다. 비즈니스를 성공적으로 확장하는 법을 배우기 위해 사례 연구용으로 내 비즈니스를 인수한 것이다. 내가 만든 비즈니스 스타일을 모방해 큰 인프라스트럭처를 만들려는 계획이었다.

처음에는 이들이 내 비즈니스를 본보기로 삼았다는 점을 영광스럽게 생각했다. 어찌나 감동을 받았는지 비즈니스를 매각한 후에도 1년 동안 방향을 조언해주기까지 했다. 하지만 매주 회사를 방문할 때마다 같은 이야기를 반복해야 했다.

"확장과 모방에만 빠져 있어요. 너무 크게 생각하고 있다고요. 처음 이 비즈니스를 만든 요소들은 전혀 구현하고 있지 않잖아요."

이들은 내 말을 무시했다. 크게만 생각하는 사람들이기에 내가 보듯 상황을 볼 수 없었다. 어떤 특이성을 갖추기도 전에 빨리 규모를 확장할 욕심만 부리다 투자금 수백만 달러를 손해 보곤 했다. 내가 매각한 사업 말고도 여러 곳에서 이런 일이 벌어지는 걸 몇 번이나 목격했다. 나이가 지긋하고 부유한 사업가들이 말 그대로 온라인 비즈니스의 속도와 동력을 얻고자 인수를 진행하는 경우도 있다. 이런 사람들은 시작부터 실패가 예견된 것이나 다름없다. 크게만 생각하는 사람은 작게 생각하는 사람이 일궈놓은 동력을 결코 유지할 수가 없다.

이 경험을 통해 나는 이 책에 나온 전략이 얼마나 효율적인지, 대기업들이 얼마나 취약한지 깨달았다. 이들은 고객과 단절되는 순간 금세 폐업 수순을 밟을 것이다. 패를 쥐고 있는 건 그들이 아니라 당신이다.

당신이 없어도 성장할 수 있어야 성공한 비즈니스다

일일 판매량 100개를 꾸준히 기록하면 게임의 판도가 달라진다. 이후로는 연매출 100만 달러에서 300만, 500만 달러로 커진다. 첫 100만 달러 고지를 넘어 골드 단계에 진입하면 수익을 성장의 다른 부분, 예를 들면 새로운 형식의 마케팅, 새로운 스폰서십, 팟캐스트 광고, 콘텐츠 제작, 물류 확장 등에 투자할 수 있다. 무엇보다 중요한 점은 이 모든 것을 책임지고 진행할 팀을 꾸리는 일이다. 과거에는 능률적인 판매 기계에 가까웠던 사업을 진짜 비즈니스로 만들 시스템을 만들어야 한다.

당신이 경영에서 손을 뗄 수 있어야, 당신 없이도 성장해야 진짜 비즈니스다. 당신이 모든 것을 다 한다면, 당신 없이는 모든 것이 젠가처럼 무너져 내린다면 그건 판매 기계이지 비즈니스가 아니다. 비즈니스는 한 차원 높은 인력과 시스템, 최적화가 필요하다. 처음 100만 달러를 달성한 후 내가 어지럽혀놓은 걸 질서 정연하게 정리하길 좋아하는 직원을 가장 먼저 고용한 것도 그런 이유였다. 그래야 내가 성장에만 집중할 수 있기 때문이다. 직원을 고용하는 일도 나름의 어려움이 따른다. 지금 이 단계에서 당신의 역할은 회사가 당신을 넘어 더욱 멀리 뻗어나가는 데 필요한 리더가 되는 것이다. 바로 당신이 이런 말을 하게 되는 때다.

"사업가로서의 내 최대 역량을 넘어설 정도로 비즈니스가 성장한 것 같군. 이제 이 아이를 안정된 10대로 잘 키워줄 사람에게 맡겨야 할 때가 왔어."

여러 가지 실수를 저지르기 쉬운 시기이기도 하므로 다음과 같은 일은 반드시 피해야 한다.

---

1. 허영 지표에 맞춰 기업을 최적화한다

허영 지표vanity metrics는 방문자, 가입자, 다운로드 등 활동성을 나타내는 수치지만 조작이 가능하며 실제 매출 및 이익과는 연관성이 낮다. 팔로어 수나 수익이 아니라 판매량, 소셜 미디어 지표, 유명 인사의 지지, 팀의 규모 등으로 당신과 비즈니스를 가늠하고 싶은 마음이 생길 것이다. 이런 지표들은 결국 얼마나 많은 사람이 당신을 좋아하는지를 확인하고 만족감을 느끼는 수단일 뿐이다. 경쟁자의 수치와 비교하며 우쭐함을 느끼는 것이다. 하지만

비즈니스의 건강 상태나 성장과는 거의 관련이 없는 지표다.

팬 수나 유명 인사의 지지에 높은 가치를 두고 싶은 마음이 많이 들 것이다. 하지만 이 같은 지표가 당신의 고객에게 만족감을 주는가? 기업의 건강 상태와 같은 가치를 지니는가? 예전에 내 경쟁 업체 한 곳이 인스타그램 팔로어를 사들이고 유명 인스타그램 모델과 보디빌더들에게 스폰서십을 제공하며 비즈니스를 만들었다. 이 기업은 형편없는 제품을 판매하고 있었지만 단기적 관심과 위치를 이용해 약점을 포장했다. 그리고 결국 크게 무너졌다. 허영 지표는 단기적으로는 만족감을 주지만 당신의 에고 외에는 그 무엇을 위해서도 가치를 창출하지 못한다.

2. '사람 비즈니스'라는 사실을 잊는다

결국 사람이 핵심이라는 사실을 명심해야 한다. 당신은 상품 비즈니스가 아니라 사람 비즈니스에 몸담고 있는 것이다. 두 번째, 세 번째, 네 번째, 다섯 번째 제품을 출시하고 하나씩 성과가 나타나는 모습을 지켜보고 매출이 눈덩이처럼 불어나는 과정을 보는 건 중독성이 있다. 하지만 그 희열을 좇아 계속 제품만 출시하는 데 빠지면 안 된다. 집중력이 흐트러질 뿐 아니라 제품을 첫째로, 고객은 둘째로 여긴 사례를 남길 수도 있다. 그뿐 아니라 고객들의 집중력도 흐릴 위험이 있다. 캐피털리즘 컨퍼런스 무대에서 모이즈 알리가 한 말도 이와 상통한다.

"네이티브 데오도런트가 크게 성장하자 치약과 비누도 취급해야 한다는 사람들이 많았습니다. 하지만 우리는 타깃 고객에게만 집중하고 급히 움직이지 않기로 결정했어요. 우리의 경로를 지켰습니다."

3. 알고리즘에 근거한 의사결정을 내린다

사업가들 중에는 사람이 아니라 알고리즘에서 힌트를 얻는 게 습관이 된 이들이 많다. 이를테면 비즈니스 오너가 내부 지표를 보고는 아마존의 유행에 따라 제품 관련 의사결정을 내리는 것이다. 단기적인 수익과 눈앞의 현금을 거머쥘 기회에 눈이 먼 결정은 브랜드 빌딩이 아니다. 고객을 전혀 고려하지 않으면 비즈니스는 결국 크게 고통받는다.

두더지 잡기 게임처럼 재고를 채우고 판매하고, 재고를 채우고 판매하는 일이 반복된다. 하루 판매량이 50개 이상 나오겠지만 다른 제품들까지 영향을 미치지 못하기 때문에 눈덩이가 만들어지지 않는다. 비즈니스에 승수효과를 불러오는 제품과 아이디어에 투자하고 단기적 이익을 증대시키는 일은 피해야 한다.

패는 당신이 쥐고 있다

내가 인수 거래와 관련해 일찍 알았더라면 하고 아쉬워하는 점이 한 가지 있다. 만일 유명하고 수익성 높은 비즈니스를 갖고 있다면 파티에서 뜨거운 눈길을 받는 관심의 대상은 바로 당신이다. 누구나 당신을 바라고 있다. 자산을 갖고 있는 것은 당신이며 협상력을 쥐고 있는 것도 당신이다. 당신의 비즈니스를 인수하고 싶어 하는 사람들에게는 없는 힘과 통제권이 당신에게 있다.

이 사실을 예전에 알았더라면 협상 과정이 완전히 달라졌을 것이다. 나는 내 기준과 요구를 앞세워 협상에 임하고 사람들에게 이렇게 말했을 것이다.

"제가 원하는 것은 이겁니다. 이 요구를 들어주실 수 있습니까?"

그러나 대부분의 사람들은 이와 완전히 반대되는 태도로 협상에 임한다.

'돈을 가장 빨리 받을 수 있는 방법이 뭘까?'

누구든 수표를 가장 빨리 써줄 수 있는 사람이 이기는 게임이 된다. 본인이 미처 깨닫기도 전에, 장기적인 목표를 생각해야 할 순간에 눈앞의 돈 때문에 자신의 소중한 가치를 어느새 넘겨주고 만다. 당신의 비즈니스를 일으켜 세우고 크게 성장시킨 힘이었던 장기적 안목과는 모순되는 행보다.

장기적인 안목을 유지해야 한다는 걸 일찍 알았더라면 내가 받을 돈에 눈이 가려지는 일 없이 내 회사를 더욱 보호하려 했을 것이다. 지금 아는 것을 첫 거래 때도 알고 있었다면 직접 인수자들을 대조하고 심사했을 것이다. 실제로 내가 넘긴 비즈니스에 어떤 일이 벌어지는지 확인하고 다시 인수하려고 했던 적이 몇 번이나 있었다. 새 오너에게 전화를 걸어 이렇게 말하기도 했다.

"지금 당신에게 전화를 하는 이유는 제가 입양 보낸 강아지가 나쁜 주인에게서 학대당하는 걸 구조하기 위해서예요."

기업을 매각하는 건 100퍼센트 업무로만 볼 수 없는 일이다. 상품을 판매하는 것과는 다르다. 손을 깔끔하게 뗄 수 있는 일이 아니다. 여러 감정과 기대가 뒤엉켜 있다. 잘못되었을 때는 한동안 상당한 고통을 느끼고 기회를 놓친 것 같은 아쉬움, 당신의 손안에 있었지만 스스로 날려버린 것 같은 안타까움이 남는다.

그런데 비즈니스를 매각할 때 100퍼센트 모두 넘기고 회사에서 손을 떼는 경우는 드물다. 보통은 60퍼센트 정도의 지분을 대량 매각하고 남은 지분은 자신이 보유하는 사례가 많다. 새로운 오너가 궤도에 오를 때까지는 고문으로서 경영에 참여하게 된다. 따라서 당신이 비즈니스를 함께하고 싶은 사람들, 비즈니스를 성장시킬 능력이 있는 사람들을 선택하는 것이 중요하다.

내가 100만 달러 이상을 달성한 사업가들과 함께 일하며 이들의 비즈니스가 다음 단계로 올라갈 수 있도록 돕는 데 집중하는 것도 이 같은 이유에서다. 나는 보통 20퍼센트 정도의 소지분 파트너로 사업에 참여해서 이들의 성장과 기업 매각을 지원하고 합당한 수준의 금액을 받을 수 있도록 돕는다.

돈은 행복이 아닌 자유를 준다

나는 하루아침에 1,000만 달러가 찍힌 계좌를 볼 때 어떤 기분이었는지 말했다. 또한 큰돈이 생겼다고 해서 내 인생이 완벽해지지는 않았다는 사실도. 회사 매각을 마무리하던 몇 주 동안 아내와 별거 중에 있었다.

사실 수표를 받고 집에 돌아온 날 아파트에 있던 가구가 모두 사라져 있었다. 백만장자가 되었지만 집에는 펼치면 트윈베드로 변하는 접이식 소파 하나만 남아 있었다. 그 많은 돈을 갖고도 빈털터리가 된 기분이었다.

비즈니스가 나의 가정 문제와 관련이 있다는 뜻은 아니다. 일과 가정에서 벌어진 일을 명쾌하게 설명할 방법이, 두 가지 일의 상관관계를 극적으로 표현할 만한 방법이 없다. 그저 내 인생의 한 부분은 아주 잘 굴러가고 있었고 다른 한 부분은 난장판이 되어 있었던 것뿐이다. 내 인스타그램 계정에는 자축과 성공만 있었지만 진짜 현실에서는 외로움을 느꼈다. 내 소셜 미디어 속 삶과 비교하며 자신의 삶을 비하하는 사람들이 있을지도 모른다는 생각을 했다. 누구나 소셜 미디어에 올린 아주 정교하게 다듬어진 삶의 작은 조각만 보고 자신의 삶을 비교한다. 하지만 그건 진짜가 아니다.

돈이 모든 문제를 해결해줄 거라고 생각하는 사람들이 많다. 하지만 그렇지 않다. 통장 잔고의 규모만 달라질 뿐 아무것도 달라지지 않는다. 우리는 살면서 재정적으로 엄청난 성공을 거두기도 하고 엄청난 손해를 경험하기도 하지만 그건 삶의 본질이 아니다. 삶의 의미가 아니라 그저 성취일 뿐이다.

돈은 훌륭한 삶을 만드는 데 필요한 연료를 제공한다. 사업가의 역할 중 일부는 삶이란 무엇인지, 자신의 뜻대로 삶을 산다는 것은 어떤 의미인지 정립하는 것이다. 솔직히 말해 누군가를 비판하려는 것이 아니라 대부분의 사업가들이 제대로 못하고 있는 것이기도 하다. 돈을 얼마나 벌고 싶은지, 허영 지표를 얼마나 달성하고 싶은지, 다른 사람들과 비교해 자신의 위치가 어디쯤인지를 가늠하는 데는 능하다. 하지만 삶에서 실제 우리가 경험하는 것들의 의미를 깨닫는 데는 소질이 없다.

큰돈을 벌고 나면 다음 두 가지 중 하나를 택한다. 어깨를 으쓱하고는 또다시 뛰어들 기회로 삼는 것이다. 새로운 비즈니스를 시작한다. 이게 다 무슨 의미인지는 나중에 보면 알 거라 생각하며. 아니면 자신의 삶이 어떻게 펼쳐지길 바라는지 답을 찾아가는 고단한 자아 발견의 길을 택할 수도 있다.

꿈과 야망이 있었던 열아홉 살의 내게 누군가 가르쳐주었으면 좋았을 것들 중 하나는 바로, 필요한 돈을 모두 얻고 난 후 어떤 삶을 살고 싶은지 명확한 그림이 있어야 한다는 것이다. 돈은 술과 비슷해서 내면의 본질을 겉으로 드러낸다. 불안정한 사람에게 돈을 주면 그는 더욱 불안정해진다. 베푸는 사람에게 돈을 주면 더욱 많이 베푼다.

큰돈이 생기기 전에 삶을 멋지게 만들어놓을 계기가 있었더라면 얼마나 좋았을까 하고 바랐다. 첫 비즈니스를 매각한 후 내 여정은 훌륭한 삶이란 어떤 것인지를 배워가는 과정이었다. 나는 훌륭한 삶에 대해서는 아는 것이 없었다. 내 시간과 에너지를 돈과 맞바꾼 덕분에 성공도 거두었지만 진정으로 행복한 삶을 이루기 위해서는 비즈니스에 쏟아부었던 만큼, 어쩌면 더 많은 노력이 필요하다는 사실을 깨달았다.

당신이 목표로 했던 돈을 벌고 난 후에는 깊은 내면을 들여다보고 삶의 의미에 대해 생각해보는 여유를 가질 것이다. 나는 그러지 못했다. 이 일을 더욱 미루는 실수를 저질렀다. 내 개인적인 성장에 저항하고 싶었던 마음 때문에 새로운 비즈니스와 계획을 펼치고 자신을 몰아붙였다. 그 과정에서 나는 내가 저항했던 것들, 내가 간과했던 것들이야말로 내 삶을 행복하게 만들어주는 요소라는 걸 깨달았다.

행복이란 사람들과의 관계 속에서, 당신이 시간을 보내는 방식에서, 당신이 좋아하는 사소한 것들에서 찾을 수 있다. 돈은 당신의 선택지를 넓혀줄 수 있다. 어떤 사람들은 더욱 커진 선택지를 활용해 더 깊은 관계를 쌓고, 즐거움을 더 느끼고, 작은 것들을 더 감사히 여긴다. 또 어떤 이들은 진정한 행복을 알아보지 못하고 정신을 분산시키는 재밌고 멋진 새 물건을 구매하며 자신의 에고를 확장시킨다. 전자를 행한 사람들은 부유하고 행복하게 늙어간다. 후자는 자멸의 길을 걷는다.

기업이 성장하는 동안 당신의 삶을 위한 노력도 기울인다면 더욱 높은 수익을 달성할 뿐 아니라 더욱 행복해지고 원하는 삶을 살 수 있도록 당신의 비즈니스가 힘이 되어줄 것이다. 비즈니스가 지닌 이 위대한 잠재력을 돈과 맞바꿔선 안 된다. 벤저민 프랭클린의 명언을 달리 인용하자면 "자유를 안전과 맞바꾸는 자들은 자유도, 안전도 누릴 자격이 없다." 벤저민만큼 극단적으로 생각하지는 않지만 그래도 그의 말이 진실에 가깝다고 믿는다. 돈과 행복을 맞바꾼다면 결국에는 둘 다 잃을 것이다.

모험은 영원히 계속된다

맺과 내가 시어 스트렝스의 첫 100만 달러를 달성했을 때가 12월이었다. 제품을 처음 판매한 날부터 약 6개월이 걸린 셈이었다. 그 겨울은 이상할 정도로 우울했다. 앞서 팀 페리스와의 저녁 식사 이야기를 하며 언급하기도 했지만 당시 나는 엄청난 돈을 벌었고 백만장자라는 꿈도 완벽하게 이루었다. 하지만 불행했다. 그래, 굉장한 성과를 달성했어. 그런데 이제는 뭘 하지? 이걸로 끝인가? 계속해야 할까? 새로운 사업을 시작해볼까?

100만 달러를 달성하고 나면 이상하게 우울증 비슷한 감정이 찾아온다. 아주 새로운 종류의 자아 발견 시기다. 당신이 생각만큼 좋은 사람인지, 당신이 이렇게 큰돈을 가질 자격이 있는지 의구심이 든다. 사실 가장 많이 하는 생각은 모든 것이 한순간에 사라지진 않을까 하는 것이다.

이상하게 들리겠지만 이 책에 소개한 방법의 가장 큰 단점은 너무 단

기간 안에 목표를 달성하게 된다는 점이다. 당신이 성취한 새로운 수준의 성공에 미처 적응할 시간이 없었던 두뇌는 방어 태세를 유지한다. 온종일 컴퓨터 앞에 앉아 비즈니스를 구석구석 살피며 불씨가 살아난 곳은 없는지 확인한다. 지금껏 100만 달러라는 결승선만 생각하고 달려왔던 터라 이 결승선을 지나고 난 후에는 다시 길을 되돌아가 (가상의) 위급 상황을 떠올리며 혼자 이리 뛰고 저리 뛰며 바쁘게 움직인다.

그때 내 사고 패턴은 '아무것도 하지 않으면 전부 다 사라져버릴지도 몰라'였다. 무척이나 피로했다. 한편으로는 걷기 시작할 때부터 인생의 목표로 삼았던 클리블랜드 인디언스 구단을 살 정도로 돈을 벌지 못해 짜증이 나기도 했다.

초보 사업가들을 위해 비즈니스계의 훌륭한 인물을 초청해 이야기를 듣는 캐피털리즘 컨퍼런스를 기획할 당시 나는 여느 아마추어들처럼 시작했다. 강연 에이전시를 구글에 검색해서 함께 대화를 나누고 싶은 사람들에게 무작정 전화를 돌렸다. 끈기가 필요했고 실제보다 훨씬 전문가처럼 보이도록 말하는 법도 배워야 했지만 어쨌거나 게리 바이너척을 초대하는 데 성공했다. 유튜브 동영상 시리즈인 '게리비에게 물어보세요'와 바이너미디어가 있기 훨씬 전인 2008년부터 동경해온 인물이었다.

두 번째로 초대한 사람은 〈샤크 탱크〉의 로버트 헤이야비치였다. TV 프로그램을 통해 실물 상품 브랜드가 지닌 영향력을 확인했기 때문이었다. 세 번째 인물은 그랜트 카돈이었는데 당시에는 내가 배울 점이 많다고 생각했다. 결과적으로는 전혀 아니었다. 팟캐스트를 통해 카돈과의 문제는 공개적으로 언급한 바 있다. 간단히 설명하면 영웅이라고 생각하는 사람을 막상 실제로 만나면 당신이 전혀 닮고 싶지 않은 인물임을 깨닫는 경우가 있다.

그렇게 개최한 첫 컨퍼런스는 단순히 내 생각과 내 지식을 고취하기 위한 자리였다. 물론 내 친구들을 비롯해 유튜브 채널과 팟캐스트를 통해 내가 비즈니스를 설립하는 과정을 공유하며 만난 헌신적인 팔로어들의 생각과 지식을 확장하는 데도 도움이 되었다. 당시 나는 100만 달러를 달성한 후 앞으로 나아갈 방향을 찾고 있었다. 내 예산이 허락하는 선에서 초대할 수 있는 가장 성공한 사업가들을 모아 함께 머리를 맞대면 앞으로의 경로를 찾을 수 있을 거라고 생각했다.

곧장 다음 해를 기약할 수 있을 정도로 대단한 성공을 거두었지만 컨퍼런스를 마친 뒤에는 100만 달러 이상의 비즈니스를 일군 뒤 느꼈던 약간의 그늘이 또다시 찾아왔다. 똑같은 일이 벌어지고 있었다! 가벼운 우울감을 느꼈고 앞으로 어떻게 해야 할지 알 수 없었다. 이제 뭘 해야 하지? 코칭 전문가이자 올림픽 선수들의 자문가인 토드 허먼이 내게 전화를 걸어 상태가 어떤지 물었다. 나는 그동안 느꼈던 우울함에 대해 솔직히 털어놨다.

"왜인지 알아?"

그가 물었다.

"아뇨, 왜일까요?"

"목표 이후가 아니라 목표를 향해 계획을 세웠기 때문이야."

그는 목표를 달성한 후에는 뭘 해야 할지 모르기 때문에 우울함을 겪는 것이 일반적이라고 설명했다. 하지만 목표 이후의 계획을 세우면 목표는 그저 길고 긴 여정의 한 단계일 뿐이다.

그의 말이 옳았다. 캐피털리즘 컨퍼런스를 두 해 진행한 후에는 내가 무대에 초대하는 사람들과 내 삶의 여정 간에 깊은 연관성이 보였다. 무엇이 가능한지에 대한 내 인식이 점차 확장되기 시작했다. 시야가 넓어졌다. 나 자신을 그저 성공한 사업가가 아니라 멘토로 여기기 시작했다. 그동안 투지와 추측 그리고 엄청난 고집으로 헤쳐온 정글 속 길을 공유하며 사람들이 비즈니스의 꿈을 이루도록 돕고 싶었다.

내가 성공할 수 있었던 데는 아주 중요한 요인이 한 가지 더 있었다. 이 모든 과정 내내 훌륭한 멘토들과 함께였다. 누구나 삶이 크게 바뀌었던 순간이 있다. 이 책이 당신에게 그런 순간 중 하나로 기억되길 바라는 마음이다. 내 인생이 달라졌던 순간은 우연히 들어갔던 바에서 훗날 평생의 멘토가 될 트래비스 세이고를 만났던 일이다. 그 만남으로 결국 성공을 향한 길을 걷게 되었고 이 책을 쓰게 되었다. 당신이 100만 달러를 달성한 후 바를 이곳저곳 돌아다니다 나처럼 우연히 그를 만난다면 감사 인사를 하기 바란다.

믿기진 않겠지만 열아홉 살이었을 때 나는 신학대학을 다니고 있었다. 목사가 되기 위해 공부했다. 앞서 사업가의 길을 걷는 것이 판도라의 상자를 여는 것과 같고 이 길에 들어선 후에는 자신도 몰라볼 정도로 달라져 있을 거라고 했던 말을 기억하는가? 바로 내 이야기였다. 마음속 깊은 곳에서는 내가 신학대학을 간 이유가 죄책감 때문이었고 진짜 하고 싶었던 일은 사업가라는 걸 알고 있었다.

아버지에게 100만 달러가 얼마나 되는 돈인지 물었던 날, 백만장자가 되겠다고 결심했던 그날부터 피어난 불꽃을 한 번도 잊은 적이 없었다. 고등학교 때부터 잡다한 부업을 했던 것도, 교회에서 일하기 위해 준비하는 와중에도 허름한 기숙사에서 온라인 마케팅 비즈니스를 운영했던 것도 모두 마음속 불씨가 꺼지지 않도록 하기 위한 나만의 방편이었다. 그렇게 계획한 일과 하고 싶은 일 사이의 커다란 격차로 나는 극심한 피로감을 느꼈다.

그래서 며칠 동안 샌디에이고에 머물며 온라인 사업가를 위한 컨퍼런스에 참여했다. 기숙사에서 월급 정도는 벌고 있었고 대학 친구들에게 우쭐해하며 말할 때는 대단한 듯 느끼기도 했지만 사실은 내가 그저 '추측'으로만 하고 있음을 잘 알고 있었다. 진정한 사업가가 될 거라면 진짜 비즈니스를 만드는 걸 도와줄 사람이 필요했다. 나를 이끌어줄 누군가가 필요했다. 어머니에게는 비즈니스를 성장시키는 법을 배우기 위해 컨퍼런스에 참석한다고 말했지만 지나고 보니 그곳에 간 이유는 딱 하나였다. 트래비스를 만나기 위해서였다.

그날 저녁 바에 들어갈 때만 해도 평범한 레스토랑이라고 생각했다. 몇 시간 후 댄스 클럽으로 순식간에 바뀌는 것을 보고 어안이 벙벙해졌다(물론 미성년자가 저녁을 먹으러 들어갔다가 눈에 띄지 않고 앉아 있었을 뿐 엄밀히 말해 바에 몰래 들어간 건 아니다). 그곳에서 내가 제일 어려 보였다. 술도 전혀 안 마셨고 또래 여자들과 대화하는 법은 아직도 모른다. 그곳에서 얼마나 어색했을지 짐작이 가는가?

트래비스와의 인연은 온라인 포럼 범마케터BumMarketer에서 시작되었다. 함부로 판단할 일이 아니다. 온라인상의 대화만으로도 내가 배우고자 했던 모든 것을 가르쳐줄 수 있는 사람임을 단번에 알아볼 수 있었다. 트래비스를 만나 나를 기억하게 만든다면 그것만으로도 가치 있다고 생각했다. 사업을 어떻게 해야 하는지 알려주는 사람이 아무도 없었다. 사업가란 원래 외롭지만 어린 시절에 멘토 없이 성장했다면, 항상 홀로 시간을 보내고 부모님의 이혼으로 우울하다며 피넛 버터를 다 먹어치우지 않으려 간신히 참은 적이 있다면 당신도 당신에게 길을 보여줄 누군가의 가르침을 간절히 바랐을 것이다.

그날 밤 샌디에이고에서 어둠 속에 앉아 기다란 컵에 담긴 물을 마시며 댄스 플로어에서 여자들이 춤추는 모습을 지켜보던 나는 제발 행운이 찾아오길 기도했다. 나 같은 사람은 그리고 당신 같은 사람은 배움의 과정을 단축시켜줄 사람을 만날 기회가 있다면 어떤 노력도 불사할 것이다. 내게는 그 사람이 바로 트래비스였다. 그가 나를 위해 길을 밝혀줄 거라고 믿었다.

그때가 내 인생이 바뀐 순간이었다. 온라인 비즈니스를 통해('온라인 마케팅'이란 말은 당시만 해도 잘 쓰지 않았다) 알게 된 남성들과 대화를 나누고 있을 때 바 안으로 들어오는 트래비스가 보였다. 나는 하던 말을 멈추고 그에게 다가가 인사했다. 그러나 너무도 긴장해서 이렇게 말했다.

"트래비스, 전 라이언입니다."

"오, 라이언!"

얼굴 가득 미소를 짓는 그의 얼굴을 마주한 나는 어느새 아칸소식의 커다란 포옹을 받고 있었다. 그는 인터넷에서 나를 만났던 것을 기억하고 있었다. 기분이 좋았다.

"라이언, 뭘 마시고 있어요?"

뭐라고 답해야 될지 몰라 망설였다. 난 아무것도 마시고 있지 않았다. 사실 대학을 졸업하기 전까지는 술을 마시거나 그 어떤 성적인 행위도 하지 않겠다는 서약을 한 상태였다. 사교댄스 자리에도 참석할 수 없었다. 그런 자리에 가면 자연스럽게 술을 마시기 때문이다. 아니면 내가 성적 행위를 할 수 없기 때문에, 춤을 추다 보면 자연스럽게 그럴 수 있기 때문인지도 모른다. 정확히는 모른다. 지금도 뭐가 먼저고 순서가 어떻게 되는지는 잘 모르겠다.

어쨌거나 스카치를 주문하는 그에게 콜라 아니면 물을 부탁했던 것 같다. 그로부터 몇 년 후 트래비스 덕분에 나도 스카치를 마시기 시작했다. 언젠가 우연히 나를 만나서 술을 한잔 사주고 싶다면 글렌리벳 15년 산으로 부탁한다. 하지만 딱 한 잔이면 된다. 두 잔째부터는 발음이 어눌해지기 때문이다.

트래비스가 바깥 테라스에 앉자고 권했고 그곳에서 눈을 뜨고 있기 힘들 때까지 대화를 나눴다. 다시 호텔로 돌아가며 그를 다시 만날 수 있을까 생각했던 것도 기억난다. 어찌되었든 내 목표 중 하나는 이뤘다는 것만은 확실했다. 트래비스는 나를 알고 있었다. 그리고 나를 기억해주길 바랐다. 좋은 멘토를 찾는 건 5~10년은 걸리는 어려운 일이다 (실제로 지금 나는 2년간 목매고 있는 멘토를 만나러 가기 위해 탑승한 비행기 안에서 이 글을 쓰고 있다). 그날 밤 바에서 있었던 일이 마치 새치기를 한 것처럼 느껴지기도 했다. 앞으로 내가 평생을 사업가로 살 거라는 점을 알았지만 그때는 그저 워밍업 단계에 있었다. 한 명의 멘토가 내 모든 것을 바꿔놓았다.

다음 날 아침 피곤함을 느끼며 호텔 방에서 어기적거리며 나와 컨퍼런스로 향했다. 컨퍼런스에 입장하기 위해 접수대 앞에 길게 늘어선 줄 뒤에 섰다. 컨퍼런스에 별다른 기대는 없었다. 그저 기회를 열어줄 누군가를 만나고 싶을 뿐이었다. 내 나이의 두 배는 되는 그리고 나보다 10배는 성공했을 사업가들 사이에서 어색하게 서 있는데 누군가 어깨를 툭 치는 것이 느껴졌다.

"라이언!"

고개를 돌리니 어찌된 일인지 나보다 훨씬 멀끔해 보이는 트래비스의 다정한 얼굴이 보였다. 그가 나를 기억하고 있었다. 좋은 신호였다.

"소개해줄 사람이 있네."

그가 말했다. 트래비스는 막 모퉁이를 돌아 나오는 한 청년을 가리켰다. 우리는 서로를 확인한 후 얼어붙었다. 이곳에서 스물한 살 이하는 우리밖에 없었다. 트래비스가 말했다.

"아마도 자네들이 가장 젊은 친구들일 것 같은데. 서로 대화 나누면 좋을 거야. 나중에 보자고!"

그렇게 그는 다른 사람들과 대화를 하기 위해 사라졌다. 하지만 그 잠깐의 대화만으로도 그는 내 인생 경로를 바꿔놓았다. 그가 내게 소개했던 그 사람이 누구였을까? 맷이었다.

그 순간을 늘 생각한다. 트래비스는 내가 어떤 사람인지 잘 몰랐다. 밤새 나와 대화를 나누고 내 삶을 바꿀 사람을 소개해서 그가 얻는 게 무엇일까? 내가 그에게 줄 가치보다 그가 내게 준 가치가 훨씬 컸다. 하지만 그게 핵심이었다. 그는 자신이 얻을 가치를 생각하며 그랬던 것이 아니었다. 그가 창조할 가치에 중점을 두었던 것이다. 그는 내 안에 자리한 사업가라는 열정을 위해 기꺼이 희생하겠다는 확신을 봤고 내게 베팅해 볼 만하다고 생각한 것이다.

그날 컨퍼런스에 대한 기억은 하나도 없다. 내가 기억하는 것은 맷과 트래비스, 이 두 사람을 만났다는 것뿐이다. 그날 이후 트래비스는 10년 넘게 내 멘토가 되어주었다. 그는 이제 우리가 형제 사이라고 말하겠지만 말이다. 맷과는 좋은 친구가 되었고 그로부터 5년 후 우리는 비즈니스 파트너가 되었다. 이 책에 나온 방법을 개발하고 테스트하고 증명하는 모든 과정을 맷과 함께했다.

처음 만난 날부터 맷과 나는 성공에 대한 깊은 열정과 투지가 비슷했다. 5년간의 오르막과 내리막, 승리와 손해, 성공과 실패를 함께 겪으며 우리는 도전을 멈추지 않았다. 정신이상이란 혹시 다른 결과가 나올까 기대하며 같은 일을 몇 번이고 반복하는 것이라는 이야기를 들은 적이 있다. 내게는 정신이상이 아니라 사업가를 정의한 말이다. 허슬러에서 사업가가 되는 유일한 방법은 올인하는 것밖에 없다. 올인하겠다는 결정을 내리기 어렵다면 엉덩이를 한번 걷어차이는 게 필요할지도 모른다. 맷과 나는 그런 강한 자극을 받았고 결국 모든 것을 걸고 뛰어들 수밖에 없었다. 5년간의 시도 후 우리는 제대로 된 뭔가를 만드는 걸 거의 포기하고 있던 참이었다. 그러던 중 우리에게 차례로 '임신 테스트기의 양성 표시'라는 커다란 자극제가 찾아왔다.

맷과 트래비스를 만났던 컨퍼런스 날로부터 5년도 더 지난 스물여섯 번째 생일이었다. 생일을 맞아 여자 친구와 함께 가려고 오스틴 시티 리미츠 뮤직 페스티벌 티켓 두 장을 구매했다. 커비 레인 카페에서 성대한 아침 식사를 한 후 옷을 갈아입으려고 집으로 돌아왔다.

"나 하루 늦었는데. 테스트 좀 해봐야겠어. 이따가 죄책감 없이 술 편히 마시려면."

여자 친구가 대수롭지 않게 말했다. 간략하게 말하면 우리는 그날 뮤직 페스티벌에 가지 않았다. 대신 서로를 안고 기쁨과 두려움에 눈물을 흘리며 우리에게 아이가 생겼다는 사실을 받아들이려고 노력했다. 가장 먼저 이 사실을 알린 것은 맷이었다.

"나 곧 아빠가 될 거야. 우리 빨리 뭐라도 해야 한다고."

의심의 여지가 없었다. 나는 올인해야 했다. 어떻게든 비즈니스를 살릴 방법을 찾는 것 외에는 달리 선택권이 없었다. 두 번째로 전화한 상대는 트래비스였다. 이미 그는 내게 비즈니스 멘토 이상의 의미였다. 수년 동안 사업상 어려움을 헤쳐나가도록 도와준 그는 내게 삶을, 리더십을, 진정한 남자가 되는 법을 가르쳐주었다. 그는 나를 안심시켰고 방향을 알려주었으며 일으켜 세워주었다. 나는 두 가지 모험을 앞둔 상태였다. 사업가가 되어야 했고 아빠가 되어야 했다.

몇 달 후 아기가 쓸 가구를 잔뜩 장만해 새집으로 이사하면서 새로운 모험을 시작할 준비를 하던 중 전화기가 울렸다. 맷이었다. 비즈니스가 조금씩 가능성을 보이기 시작했던 터라 나는 그가 판매 수치를 알려주려고 전화한 줄 알았다. 하지만 아니었다! 그는 내게 전혀 다른 소식을 전하기 위해 연락했다.

"라이언, 혹시 임신 테스트기에 양성이 잘못 뜰 수도 있어?"

통화 첫마디로 이보다 멋진 말은 없다고 자부한다. 운명이 우리 둘을 또 한 번 만나게 해주는 것 같았다. 이번에는 두 개의 임신 테스트기였다. 우리 둘 다 완벽히 올인해야 했다. 우리에게는 투지도 있었다. 마인드셋도 있었다. 열정도, 아이디어도 있었다. 하지만 아이가 생긴 것이 우리를 밀어붙였다. 그렇게 우리는 함께 100만 달러 비즈니스를 만들었다.

이 책을 손에 쥐고 있는 이상 당신도 그 목적을 달성하기 위해 필요한 것은 모두 갖춘 셈이다. 이 방법은 분명 효과가 있다. 하지만 당신은 어떤가? 본격적으로 뛰어들게 해주는 당신만의 신호가 있는가?

앞으로 12개월 동안 이 책에 나온 단계에만 집중해야 한다. 사업가의 삶으로 얻을 자유에 대한 꿈을 자각할 것이다. 100만 달러를 향한 12개월의 시간은 앞으로 훨씬 길게 펼쳐질 여정의 겨우 12개월일 뿐이라는 걸 기억하길 바란다. 대부분의 사업가들처럼 당신에게도 비즈니스는 겨우 여정의 절반일 뿐이다. 이 모험은 당신이 어떤 사람인지를 깨닫게 해주고 그 이상의 사람으로 성장하게 해줄 것이다. 더 많은 책임감을 느끼게 하고 한 번씩 무릎을 꿇을 정도로 겸손하게 만들며 삶에서 중요한 것이 무엇인지 가르쳐줄 것이다. 사업가의 삶이란 자기 발견을 향한 아름다운 관문과도 같다.

물론 좌절감에 빠져 모두 그만두고 싶은 순간이 오기도 한다. 이게 다 무슨 의미일까? 혼란스러운 질문에 빠지는 순간은 많을 것이다. 다른 무엇과도 비교할 수 없을 정도의 흥분에 사로잡히는 순간도 있다. 이 모든 것을 경험하며 나아가야 한다. 스티브 잡스가 남긴 유명한 말처럼 지나고 나서야 그 의미를 알 수 있다.

성공은 직선으로 펼쳐진 길이 아니다. 굽이치는 길을 지나 오르막과 내리막을 거쳐 말도 안 되게 휘어진 길을 마주한다. 결국 이 과정을 거치며 당신이 어떤 사람이 되느냐가 가장 흥미로운 부분이다. 책임감 있고 행복하며 베풀 줄 아는 사람이 될 때 누구도 당신을 막을 수 없다. 또한 그때가 당신이 부자가 되는 시점이다.

캐피털리즘닷컴의 슬로건은 '변화를 창조하라'다. 모든 것을 걸고 올인하는 한 사람이면 변화를 일으키기 충분하기 때문이다. 당신의 재정적 앞날뿐 아니라 업계를 바꿀 수도 있다. 당신의 세상을, 아니 어쩌면 이 세상을 바꿀 수도 있다. 삶은 당신이 배우고 성장하며 펼쳐나갈 기회를 계속 제공하고 이 변화가 당신의 비즈니스에 고스란히 드러날 것이다.

이 책을 집필하며 다음 비즈니스에 대한 그림을 완성했다. 과거 모든 비즈니스를 합친 것보다 더 성공할 거라는 자신감도 있다. 새로운 비즈니스를 위해 서류 몇 곳에 사인을 했고 얼마 전 두 번째 아이가 태어날 거라는 소식을 들었다. 또다시 올인이다. 당신을 위해서도 더욱 올인하겠다.